卓越学术文库

国家社科基金重大项目"中西叙事传统比较研究"课题编号：16ZDA195）阶段性成果；
河南省科技发展计划项目"河洛姓氏文化及其乡村旅游开发研究"课题编号：182400410442）阶段性成果；
河南省教育厅高校人文社科项目"甲骨文氏族世系叙事特点研究"课题编号：2021-ZZJH-463）阶段性成果；
中南大学中央高校基本科研业务费专项资金资助项目"湖南部分明清族谱叙事中的礼仪范式及其当代价值"课题编号：2021zzts0015）阶段性成果

私修谱牒叙事的主要模式及文化内涵

SIXIU PUDIE XUSHI DE ZHUYAO MOSHI JI WENHUA NEIHAN

河南省高等学校哲学社会科学优秀著作资助项目

王忠田 著

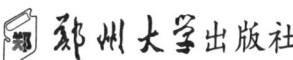

郑州大学出版社

图书在版编目(CIP)数据

私修谱牒叙事的主要模式及文化内涵／王忠田著. —郑州：郑州大学出版社，2022.4
（卓越学术文库）
ISBN 978-7-5645-8273-9

Ⅰ.①私… Ⅱ.①王… Ⅲ.①谱牒学－研究 Ⅳ.①K810.2

中国版本图书馆 CIP 数据核字(2021)第 215829 号

私修谱牒叙事的主要模式及文化内涵
SIXIU PUDIE XUSHI DE ZHUYAO MOSHI JI WENHUA NEIHAN

策划编辑	孙保营	封面设计	苏永生
责任编辑	成振珂	版式设计	凌 青
责任校对	吴 静	责任监制	凌 青 李瑞卿
出版发行	郑州大学出版社	地 址	郑州市大学路40号(450052)
出版人	孙保营	网 址	http://www.zzup.cn
经 销	全国新华书店	发行电话	0371-66966070
印 刷	新乡市豫北印务有限公司		
开 本	710 mm×1 010 mm 1/16		
印 张	17	字 数	280千字
版 次	2022年4月第1版	印 次	2022年4月第1次印刷
书 号	ISBN 978-7-5645-8273-9	定 价	86.00元

本书如有印装质量问题,请与本社联系调换。

序一

20世纪60年代末,受结构主义的影响,叙事学逐渐成为一门独立的学科。叙事学在中国的研究始于20世纪80年代,在短短几十年的学科发展过程中,经历了结构主义叙事学、经典叙事学和后经典叙事学。当前,叙事学已成为中国文艺理论的显学,涉及学科从最初的文学逐渐延伸至社会学、教育学、历史学、新闻学、心理学、哲学和法学等领域;研究方向主要涉及叙事学前沿理论、跨媒介和跨学科叙事研究、叙事学视角下的中外叙事作品阐释、中外叙事理论比较和中国叙事理论建构及发展等。其中,跨媒介、跨学科研究成为叙事学研究的主要特色之一,并呈现蓬勃发展之势,出身文艺学、民俗学的王忠田同仁就是该领域的实践者之一。

以叙事学为视角的跨学科研究正在中国学术界遍地开花,其中叙事学与历史学的结合是一个不可忽视的现象。以叙事学为理论工具阐释历史学的最早建构者是美国著名批评家、史学家海登·怀特教授,他提出的历史叙事理论在西方史学界和文学批评界产生了重要的影响,并为当代史学的发展开辟了一条新路径。海登·怀特把史学研究和文学批评结合起来,从两者的亲和性入手,在不同的历史叙事中探寻共同的结构因素,并进一步寻找历史想象的深层结构,最终形成了一种文史哲三学科相互融合的宏大叙事。

国内学界,历史叙事的研究范畴主要集中在正史方面,且渐渐成熟。在历史构成上,中国和西方有些差异,就中国而言,历史的构成由三部分组成,主要包含正史、方志和私修谱牒。如果要建构中国历史叙事学,那么就要从正史叙事、方志叙事和私修谱牒叙事三个方面入手。我校王忠田同仁一直从事私修谱牒叙事研究,近十年间在河洛地区持续开展多次调研,搜集整理私修谱牒和方志,为建构中国历史叙事学奠定了部分文献基础。

本书以历史叙事学视角论析私修谱牒的叙事特点,具有一定的创新性。当前,国内尚无关于私修谱牒叙事研究相关的专业论著,本书的出版试为中国历史叙事研究拓展一条新路径。此外,王忠田同仁也在考虑从叙事学角度审视方志文本,我们在此期待他的研究取得丰硕成果,并为中国历史叙事学的建构与发展贡献一己之力。

吴泽强教授

郑州商学院校长

序二

忠田兄的著作《私修谱牒叙事的主要模式及文化内涵》行将出版，邀余为之作序。我从人类学角度考察中国宗族已有二十余载，但学力仍有不逮，深感惶恐。思之再三，计于多年学友，复抱着学习的态度，勉为其难，叨絮几句。

过往宗族研究多从实体主义角度看待族谱，利用族谱上所记录的信息重构世系群历史面貌，或从整体上裱糊一个宗族的文化图像。忠田博士独辟蹊径，从叙事学角度考察族谱的撰写工作，并建立起了一套分析理论，这不能不说是开辟了中国宗族研究的新路径，打开了一个新视野。因而，有必要祝贺这部作品问世！我想，这不仅是忠田博士个人的事情，也是一件中国宗族学史上值得庆贺的事情。

这部作品主要以河洛地区私修谱牒的文本为研究对象，以历史叙事学与文化叙事学为理论基础，结合结构叙事学的某些理论成果，对私修谱牒的叙事话语、叙事体例、情节模式、文化内涵等进行了研究。它从私修谱牒叙事体例内容的含量与叙事性强弱入手，将其叙事体例分为宏观叙事体例、中观叙事体例与微观叙事体例三部分分别加以考察；在对私修谱牒的叙事话语分析时，特别注重直义性与转义性特征；在对私修谱牒人物传记叙事分析时，注重情节结构的编排；在对私修谱牒叙事内容进行分析时，关注其潜含的意识形态内涵。该书最大的创新之处在于从叙事学角度切入私修谱牒研究，从理论上探讨、总结私修谱牒的叙事特征和文化功能，为后来的研究者研究私修谱牒文本提供一个新视角。

然而，全书最具核心地位的是私修谱牒的"叙事话语"这一概念。所谓私修谱牒的叙事话语，是指在私修谱牒叙事文本中以宗族社会背景为语境的叙述者与受述者之间的语言沟通活动。编纂者在编纂谱牒叙述宗族史时，根据自己的意识将自己认为可以编纂成故事的宗族史材料按照自己所设想的模式组织起来，以供本宗族成员阅读，这里自己的意识往往由本宗族的文化传统与个人的生存境遇相互融合后而决定的。本宗族成员在阅读的时候会把文本中的故事与自己意识中的故事模型进行比较,这里的关键是本宗族成员是否可以确立故事的新模型,不同的人阅读的结果是不一样的,这样也就形成了叙事话语的不同理解。罗兰·巴尔特认为:"如我们仅仅通过其结构就能看到的,在不诉诸其内容的本质的情况下,历史话语本质上是一种形式的意识形态阐释。或更确切的说,是一种想象的阐述,意思是说这是一种'言语行为',它在性质上是'述行的',通过这种言语行为,话语的说话者(一个纯粹的语言实体)'填补'了说话主体(一个心理或意识形态主体)的位置。"[①]罗兰·巴尔特从文本的结构出发,认为叙事话语的本质是形式的意识形态阐释,若从文化叙事学的角度分析,叙事话语的本质是阐释宗族文化内涵,意识形态是最主要的方面。在这里可以看出,叙事话语其实是一种族谱的作者与读者之间搭建的共主体性,即通过长期的互动、交流、理解而共建出的一种意识结构或平台,是一个集体性的深层结构。[②]

忠田具体将叙事话语分成三个层次理解。第一层是进入宗族史叙事中的宗族历史与人物的原生态资料,相当于俄国形式主义所说的"故事"。即未被特定叙事作品组织的事件的自然时空形态,又称之为"事序结构"。这些进入宗族史叙事中的宗族历史与人物的原生态资料主要存在于用话语表现具体叙事对象层面,主要是直义行为。第二层是这些原生态事件在具体作品中的存在形态,即叙事结构或情节。若是直陈其事属于直义,若是隐陈其事属于转义,这一层次是直义行为与转义行为的结合体。第三层是宗族史的整体的深层意蕴,这些只有通过对作品中"情节"进行还原性处理才可以知道,主要是转义行为。

应该说,族谱的叙事话语是一种元话语,是躲藏在宗族叙事背后的深层次东西。在这一核心概念驭使下,谱名、像赞、目录、凡例、谱序、姓氏源流、恩纶录、世系、传记、族规、宗族风俗、仕宦、祠堂、坟茔、族产、艺文志、字辈排行和领谱字号等要素被组织成一个文本整体。

[①] 海登·怀特:《后现代历史叙事学》,张永果、张王娟译,北京:中国社会科学出版社,1997年,第141页。

[②] 杜靖:《主体间性:哲学赐给人类学的一滴奶液》,《青海民族研究》,2021年第1期,第75—85页。

就中国历史叙事学研究而言,多数研究者把研究重点放在正史作品上,少数研究者也对中国谱牒文本进行叙事分析,但其研究的重心则主要集中在官修谱牒文本上,涉及中国私修谱牒文本的叙事研究很少。就人类学发展史而言,这可以说是一部典型写文化研究实例,值得引起中国人类学界的关注。

作者之所以能取得这番成就,首先与他的一段独特的工作经历有关。2006年至2011年忠田在洛阳理工学院图书馆工作,当时该馆馆藏了236种私修谱牒(2005—2008年),主要是从洛阳周围县区民间搜集到的。他有幸较为系统的接触了河洛地区的这些私修谱牒,并重点翻阅和记载了其中比较有名望的私修谱牒的基本内容。此外,与他硕士研究生阶段的学术积累有关。2011年,王忠田进入湖北师范大学攻读文化叙事学研究生,研读国内外叙事学的主要著述,对历史叙事学与文化叙事学有浓厚的兴趣和较为深刻的认识。可以说,没有这样的机缘和用功,我们今天就很可能看不到这部著作的问世。

职是之故,在此愿借助忠田博士赐给的机会,谨向学术界介绍此书。特别是,族谱的"叙事话语"这一概念,值得今后宗族研究者参用。

辛丑年(2021)二月十六日
杜靖谨识于崂山金鸡岭下

前言

私修谱牒是中国历史的重要组成部分,其文本中的叙事成分是历史叙事的有机组成部分。私修谱牒叙事是从叙事学角度对私修谱牒的文本进行论析的理论性知识系统。美国历史哲学家海登·怀特是历史叙事学最主要的建构者,中国叙事学专家张开焱是文化叙事学最早建构者,历史叙事在中国成熟较早,本书运用历史叙事学与文化叙事学对私修谱牒的文本进行叙事分析,试图完成三个重要的任务:一是通过对私修谱牒文本与历史文本的对比,进行叙事分析,证明私修谱牒叙事性研究的可行性;二是系统利用历史叙事学与文化叙事学理论阐释私修谱牒叙事文本,总结私修谱牒主要的叙事模式,从叙事体例、叙事话语、人物传记情节编排模式以及叙事中潜含的意识形态等诸多方面展开,同时间接回答了私修谱牒叙事文本的真实性与虚构性、主观性与客观性等问题;三是通过整体论析私修谱牒叙事性,为历史叙事拓展出一条新的领域。

本书分以下八个部分:

绪论:这一部分首先交代了本书写作背景与意义;其次,论述了与本书相关的研究成果;最后,阐明本书对私修谱牒的文本论析时运用了历史叙事学与文化叙事学相结合的研究方法,并进一步阐明本书的创新之处是私修谱牒文本与叙事相结合。

第一章:运用历史叙事学论析私修谱牒的叙事文本,把叙事文本结构划分为宏观叙事体例、中观叙事体例和微观叙事体例三部分;并对叙事体例的文本构成、叙事时间、叙事时速、叙事视角以及谱图叙事进行详细论析。

第二章:从历史叙事的角度论析叙事话语,从用话语表现具体叙事对象层面与通过宗族历史与人物的叙述表达特定宗族文化观念和意识形态层面进行分析私修谱牒的叙事话语,从中可知在大量直义之下离不开转义,是直义与转义的结合体,在转义中除对隐喻、换喻、转喻、提喻等修辞语言进行分析外,还对意象进行了重点的叙事分析。此外还借助部分私修谱牒文本案例分析叙事话语。

第三章:从传记人物生平故事化的主观性与必然性入手,对私修谱牒中的人物传记模式进行叙事分析,总结出私修谱牒人物传记情节结构的编排模式,在祖宗崇拜性这一统一意识之下,可划分为励志型、炫耀型、悲剧型与含蓄型四种类型。

第四章:从编纂者和读者层面分析私修谱牒叙事的主观虚构性。由于编纂者和读者各自的文化程度、宗族身份、社会背景和对私修谱牒叙事文本编纂或阅读的目的各不相同,从而对私修谱牒叙事文本解读形成了虚构,最终导致私修谱牒叙事文本成为一种虚构的虚构。

第五章:从神秘数字研究入手,分析私修谱牒叙事文本中存在的宗族圣数。宗族圣数主要包含一、三、五、九等,这些宗族圣数潜含着一定的宗族文化,是宗族集体无意识的一种表现形式,在数字的表层之下蕴含了"亲亲"和"尊尊"的文化意义。

第六章:从传统叙事的视角分析中西私修谱牒叙事传统中的文本体例,探究体例差异所体现的叙事目的及叙事观念。在叙事观念上,中国私修谱牒的叙事显示的是家庭本位主义,强调以德服人、以礼待人的中和思维,凸显天人合一的思想;而西方私修谱牒的叙事显示的个人本位主义,崇力尚争,以个人为中心,坚持功利主义的道德原则。

第七章:从文化叙事学角度分析私修谱牒中潜含的意识形态及文化功能。意识形态主要包括:祖宗崇拜意识、生殖崇拜与血缘至上意识、男权中心意识、忠孝意识、光宗耀祖意识、宗族一体意识等。文化功能主要涉及建构宗族知识史;传达和强化宗族观念,满足族人归宿需求;激励族人光宗耀祖、奋发有为;强化宗族文化,强化社会组织的横向联系,强化村民社会文化空间,有利社会控制与安定等。

结语:通过对私修谱牒进行叙事分析,可知其体例从叙事角度可分为宏观叙事体例、中观叙事体例和微观叙事体例;其话语是直义与转义的结合体,且以直义为主;进一步分析其内容,可知私修谱牒中潜含着丰富的意识形态。因此,私修谱牒叙事研究完全可以成立,并为中国历史叙事研究拓宽了空间。

目录

绪论 ·· 1

第一章 私修谱牒基本叙事体例 ······································· 9
- 第一节 私修谱牒概念界定及其在历史叙事中的地位 ········· 10
- 第二节 私修谱牒叙事体例的基本构成 ···························· 28
- 第三节 私修谱牒叙事宏观体例:宗族世系 ······················· 38
- 第四节 私修谱牒叙事中观体例:宗族史 ·························· 43
- 第五节 私修谱牒的微观叙事体例:图、传、志、文 ··········· 51

第二章 私修谱牒叙事话语特征:直义与转义结合的话语形态
·· 69
- 第一节 私修谱牒叙事话语的直义特征 ···························· 70
- 第二节 私修谱牒叙事话语的转义性 ······························· 79
- 第三节 案例分析:河洛若干家族宗谱叙事话语特征分析 ···· 93
- 第四节 案例分析:少数民族《彝族创世谱牒》叙事话语特征分析
·· 103

第三章 私修谱牒人物传记故事化的特征及其情节编排 ······ 110
- 第一节 传记人物生平故事化的主观性与必然性 ··············· 111
- 第二节 传记的人物类型与情节编排模式 ························ 116
- 第三节 案例分析 ·· 121

1

第四章　私修谱牒叙事的主观虚构性 …… 126
第一节　编纂者的虚构性 …… 126
第二节　宗族成员的虚构性 …… 138

第五章　私修谱牒叙事中的宗族圣数 …… 143
第一节　神秘数字 …… 144
第二节　宗族圣数 …… 156
第三节　宗族圣数的叙事意义 …… 187

第六章　中西私修谱牒叙事传统中文本体例比较论析 …… 190
第一节　中西私修谱牒叙事体例类型 …… 191
第二节　中西私修谱牒传统叙事中的表 …… 193
第三节　中西私修谱牒叙事中的史 …… 198
第四节　中西私修谱牒叙事中的图 …… 201
第五节　中西私修谱牒中的传、志、文 …… 208
第六节　中西私修谱牒传统叙事文本的虚构性 …… 210

第七章　私修谱牒叙事渗透的文化观念与功能 …… 213
第一节　私修谱牒叙事积淀和表达的文化观念 …… 214
第二节　私修谱牒叙事的文化功能 …… 234

后记 …… 241

参考文献 …… 243

附录　河洛地区部分私修谱牒名称一览表 …… 251

绪 论

一、选题背景及意义

2017年10月18日,习近平总书记在党的十九大报告中强调:"没有高度的文化自信,没有文化的繁荣兴盛,就没有中华民族伟大复兴。"①文化是民族的血脉,是人民精神的家园。传承和弘扬中华优秀传统文化就要大力弘扬中国优秀的传统思想理念,主要包含守诚信,讲仁爱,尊公德,重民本,尚正义,求大同等思想,这也是坚定文化自信的基本路径之一。私修谱牒是中国传统文化的组成部分,通过对私修谱牒文本进行叙事分析,探索其叙事模式及文化内涵是对中国传统文化的一种弘扬,有利于促进敦睦纯厚社会风尚的形成。

笔者于2006年至2011年在洛阳理工学院图书馆工作期间,有幸较为系统地接触了河洛地区的私修谱牒,并重点翻阅和记载了其中比较有名望的私修谱牒的基本内容;2011年进入湖北师范大学攻读文化叙事学研究生,研读国内外叙事学的主要著述,对历史叙事学与文化叙事学有浓厚的兴趣和较为深刻的认识。因此,本书定位为从叙事学角度切入私修谱牒的研究,以期深入剖析私修谱牒的叙事模式、叙事话语、人物传记情节结构编排模式

---

① 习近平:《决胜全面建成小康社会,夺取新时代中国特色社会主义伟大胜利——在中国共产党第十九次全国代表大会上的报告》,人民出版社,2017年版,第41页。

以及潜含的意识形态内涵与文化功能。

谱牒可分为官修谱牒和私修谱牒,所谓官修谱牒,即是历代中央或地方政府主持修撰的谱牒,主要记载国家或一个区域的历史、地理、风物、人物、重大事件等的历史文献(如国史与方志);而私修谱牒,则是民间修撰的谱牒。本书以私修谱牒为研究对象,其主要是记载宗族世系、家庭、宗族历史和人物的文献。私修谱牒还有一些比较常见的叫法如家谱、族谱、家乘、玉牒等,最常用的称谓是谱牒、家谱或族谱。

时至今日,中国私修谱牒还存有多少种呢? 武新立认为目前我们所能知道的国家谱的收藏情况是:中国有 39 813 余种(包括台湾地区 10 613 种,香港 700 种)、日本有 1750 种、美国有 1430 种,共计 42 993 种。假如其中有五分之一的重复部分,那么尚有三万四千多种。① 也就是说,国内外在 1988 年的时候至少存在 34 000 多种。葛剑雄在认同这一观点的同时提出散在民间又未经著录或收藏的还有不少,如江西、湖南、福建、山东等省散藏于民间的远比见于著录的为多,因此他认为"现存于国内外的中国家(族)谱超过 4 万种。"② 王鹤鸣也认为应该注重民间私修谱牒的搜集,在《〈中国家谱总目〉的编纂》中指出"汇总到上图的家谱著录表共达 76 781 份,其中约 40% 为复本,扣除复本,则家谱种数达 47 000 余种。以前反映中国家谱各地区收藏情况的综合目录,以 1997 年中华书局出版的《中国家谱综合目录》最为丰富,收录条目为 14 000 余种,而《总目》收录的条目数量为其 3 倍以上,是迄今为止收藏中国家谱最多的专题性目录。实际上存世的家谱当远远超过此数,尚有大量散藏在民间的家谱,由于种种原因未能汇总到上图统计内,这是十分遗憾的,却又无可奈何的事。"③ 由此看来,民间的私修谱牒是十分可观的,洛阳理工学院图书馆馆藏的 236 种私修谱牒(2005—2008 年)就是主要从洛阳周围县区民间搜集到的。中国自古就有盛世修谱的传统,修谱的风潮在民间长兴不衰,因此,客观来说国内外现存的中国家谱 50 000 多种应该不为过。

---

① 武新立:《中国的家谱及其学术价值》,《历史研究》,1988 年第 4 期,第 34 页。
② 葛剑雄:《家谱:作为历史文献的价值和局限》,《历史教学问题》,1997 年第 6 期,第 3 页。
③ 王鹤鸣:《〈中国家谱总目〉的编纂》,《国家图书馆学刊》,2008 年第 1 期,第 38 页。

在如此丰繁的私修谱牒基础上,产生了中国的"谱牒学"①研究,尽管"谱牒学"这一学科是否成立尚有争议,但大量研究成果的相继问世则是不争的事实。从目前的研究成果来看,私修谱牒的研究主要集中在史学、文化人类学、民族学、社会学与图书馆学等方面,比较有名的论著有罗香林《中国族谱研究》(1971 年)、中国谱牒学研究会《谱牒学研究》(1—4 辑)(1989—1995 年)、欧阳中书《中国家谱》(1993 年)、上海图书馆《中国谱牒研究》(1999 年)、徐建华《中国的家谱》(2002 年)、吴强华《家谱》(2006 年)、王鹤鸣《中国家谱通论》(2011 年)、冯尔康《中国宗族制度与谱牒编纂》(2011 年)等。比较有影响的论文有潘光旦《中国家谱史略》(1929 年)、杨殿珣《中国家谱通论》(1941—1945 年)、刘光禄《谱牒述略》(1981 年)、武新立《中国的家谱及其学术价值》、仓修良《关于谱学研究的几点意见》(1997 年)、徐建华《家谱的地方性特色及价值》(2005 年)、冯尔康《清代宗族祭礼中反映的宗族制特点》(2009 年)、王鹤鸣《中国家谱体例概说》(2009 年)、钱杭《宗族的世系学研究》(2011 年)等。

在以上所列举的比较有代表性的论著中,基本没有专门从叙事学角度系统研究私修谱牒的成果。事实上,谱牒最基本的表述方式就是叙述,因此,叙事性是其基本的形式特征,这意味着从叙事学角度对它进行研究是完全可能和必要的。

叙事学(narratology)一词最早于 1969 年由法国学者茨维坦·托多罗夫在《十日谈》中提出。在《叙述学辞典》中,杰拉德·普林斯将"narratology"阐释分为三个方面:"①(受结构主义者启发而发展的)叙述世界/叙事 NARRATIVE 理论。叙述学研究叙述的本质、形式和功能(不包括其表述媒介),并试图描述叙述能力的特征。尤其是,它检验一切叙述所共有的(在故事、叙述行为及其相互关系的层面上)和能够使一切叙述彼此有所不同的东西,并且试图解释生产和理解这些叙述的能力。②作为一种对有时序的情

---

① "谱牒学"这一名称存在争议:有些学者认为"谱牒学"还不是一门具备现代科学要素的学科。有些学者如著名人类学家李济认为"谱牒学在中国是一门正规科学,这使大量丰富的家谱材料得以存留下来"(张光直:《李济文集》卷一,上海人民出版社,2006年版,第 155 页),中国谱牒学研究会成员以及在《谱牒学研究》上发表论文的众多学者也认可这一称谓。

境与事件进行表述的语词模式的叙述研究(热奈特)。在这一有限的意义上,叙述学忽视本身的故事层面,而专注故事与叙述文本、叙述行为与叙述文本以及故事与叙述行为之间的可能关系。③从叙述学模式和类别的角度,对特定的叙述进行研究。"①从索绪尔语言学、布拉格结构主义与俄国形式主义理论基础上衍生的叙事学,一开始就不是一个单一起源,它是多种学科的兴趣交集。结构主义范式的经典叙事学与强调文化政治语境的叙事研究即后经典叙事学先后受到研究者的关注。谱牒本身是中国历史文化的组成部分,历史的基本表达方式就是叙事。对历史与文学方面的作者而言,在创作上"历史学家和诗人之间的差别不在于一个用散文书写,一个用韵文创作……两者的真正差别在于一个叙述了已经发生的事,另一个谈论了可能发生的事。"②从某种意义上说,历史的创作因存在而叙述,文学创作是因想象而叙述。私修谱牒的编纂者也是运用宗族的原始材料,融合自己的思想,进行分析、综合、重构,从而形成具有叙事意义的谱牒文本。从现有研究成果看,官修谱牒的叙事研究较多,涉及的文本主要有《左传》《春秋》《史记》《汉书》《资治通鉴》等历史著作,而私修谱牒叙事研究的成果则十分少见,在这个领域叙事学角度的研究基本是空白的。

从以上背景分析,可以导出本书的理论意义:由于已有成果基本是从社会学、档案学、文献学、文化人类学、民族学、图书馆学等学科研究私修谱牒,运用叙事学研究私修谱牒的几乎没有,故而本书试图从叙事学角度研究私修谱牒,从大量的私修谱牒文本中寻绎其叙事模式,并挖掘其潜含的意识形态和文化功能,有可能为谱牒研究拓展出一个新的领域,将为中国宗族文化的研究提供某些参考,这是本书的理论意义与实践意义所在。

二、研究现状

由于本书的研究对象为私修谱牒,主要运用的是历史叙事学与文化叙事学的理论,因此这里仅对国内历史叙事学与文化叙事学方面的研究现状进行了回顾。

---

① 杰拉德·普林斯:《叙述学词典》,乔国强译,上海译文出版社,2011年版,第152页。
② 亚里士多德:《修辞术·亚历山大修辞学·论诗》,颜一、崔延强译,中国人民大学出版社,2003年版,第320页。

在中国历史叙事学的研究主要集中在官修谱牒方面,涉及的文本主要有《左传》《春秋》《史记》《汉书》《资治通鉴》等历史著作,比较有代表性的著述有杨义的《中国叙事学》(1995年),在尝试建构中国自己的叙事理论体系时,较多地举史传为例赋予中国叙事学以本体论的地位,并融入了"还原→参照→贯通→融合"自觉的方法论追求;傅修延的《先秦叙事研究——关于中国叙事传统的形成》(1999年),此书设有专章《事实与虚构——史传运事的兴盛》,对《左传》等的叙事做了深入系统的分析,直接以先秦的叙事载体、叙事工具、叙事形态为研究对象;王靖宇的《中国早期叙事文研究》(2003年)所集十一篇论文中,他从中国早期的史传著述如《左传》《史记》《国语》和《战国策》的研究着手,从比较文学与叙事学的角度来论析中国传统叙事文的特性。

从文化角度进行叙事研究的著述主要有张开焱的《文化与叙事》(1994年),论著中将文化外延划分为三个层面:物质文化、制度文化和精神文化,并从宏观的角度论析文化的这三个层面对叙事的影响和制约,且在该书中建构了一个文化叙事学的宏观理论构架,被钱中文等著名学者认为"在叙事的文化学研究方面,开辟了新领域,具有开创性意义。"①谭君强的《叙事理论与审美文化》(2002年),该论著借助经典叙事学向后经典叙事学发展这一背景,提出"审美文化叙事学"的构想,从理论上展开研究,并在这一理论构想的观照下,通过理论与叙事作品分析相结合的方式,探讨诸如叙述者与意识形态、叙述聚焦与性别意识、文本与语境等相关问题,目的在于深化既有的叙事理论研究,为开拓新的研究领域做出贡献。高小康在其《中国古代叙事观念与意识形态》(2006年)中认为道德阐释是历史叙事的根本意义,从中国叙事观念的演变入手,分析古典叙事中的元叙述模式,借助古典叙事中的世界图景进一步分析神话、历史与市井社会等这些文化中占社会统治地位的生活方式和价值观念如何转换为一般精神生活,变成了叙述意图背后的集体无意识。

截至2020年11月,在中国期刊网(CNKI)上输入不同主题词检索,主题

---

① 钟科:《探求自己的叙事理论:中国社科院文论室邀请在京专家召开张开焱叙事文化学专著座谈会综述》,《湖北师范学院学报》,1995年第4期,第28页。

含有"历史叙事"四个字的论文共6 974篇,主题含有"文化叙事"四个字的论文共3 189篇,主题含有谱牒、家谱或族谱三个词语中任意一个的论文共11 541篇。但是从叙事学角度分析私修谱牒的论文很少,除了笔者发表的8篇学术论文之外,比如主题含有"私修谱牒叙事"或"家乘叙事""玉牒叙事"的论文一篇也没有,题名含有"谱牒叙事"的1篇,主题含有"家谱叙事"的1篇,主题含有"族谱叙事"的4篇。其中,涉及"谱牒叙事"的论文是《上古金文谱牒及其叙事艺术》(俞林波,2016年),该论文分析了金文谱牒的产生和上古金文谱牒的现实存在,在分析其叙事艺术时提出:"上古金文谱牒的叙事艺术主要有两个特点:一是人物传记处于主体地位,二是叙事时间隐晦朦胧。运用醒目的人物叙事和隐晦的时间叙事相结合的手法将一家的辉煌世系表现出来,形成一种隐形结构将世系谱暗含于对一代代祖先丰功伟绩的歌颂记叙之中。这种把人物传记放在主体地位的叙事特点,对后世传记散文具有启示意义。"①涉及"家谱叙事"的论文题目是《黑河市富察哈拉满文家谱调查——江东六十四屯后人叙事缩影》(张杰等,2013年),论文主要从富察哈拉家谱的保藏、黑河富察哈拉萨满祭祀习俗与富察家族域外血统三个方面讲述一次一个小时左右的实际调查。可以看出,这篇论文并未运用叙事学理论分析黑河市富察哈拉满文家谱文本。涉及"族谱叙事"的论文有《民间故事、地方传说与祖先记忆——以广府地区族谱叙事中的罗贵传奇为中心》(石坚平,2013年),论文从族谱叙事中珠玑巷移民故事的早期版本、族谱叙事中珠玑巷移民故事的"传说化"与族谱叙事中罗贵传奇的文本异同辨析三个方面,阐释罗贯传奇这一民间故事在族谱中成为一种用于诠释地方宗族祖先来源记忆的典型叙事模式,并认为族谱叙事中的罗贵传奇是由一系列相对独立的情节单元所组成的。最后得出结论:"族谱叙事中罗贵传奇不同文本中的歧义,与其说是传抄流传过程中无意识的衍误,不如说是不同叙事主体之间有意识地争夺对罗贵传奇叙事话语权的产物。"②《闽南客家族谱的祖源叙事与族群认同研究——以诏安二都为中心的探讨》(朱忠飞,

---

① 俞林波:《上古金文谱牒及其叙事艺术》,《中南民族大学学报(人文社会科学版)》,2016年第6期,第163页。

② 石坚平:《民间故事、地方传说与祖先记忆:以广府地区族谱叙事中的罗贵传奇为中心》,《广东社会科学》,2013年第4期,第111页。

2014年)一文认为在闽南客家族谱中,存在宁化石壁和追随陈元光入闽两种祖源叙述模式,更多的是从文化角度来说明叙事中潜含着祖宗崇拜意识,并认为这两种祖源叙述模式都代表了对北方中原正统的心理诉求,也进一步反映出两种不同的族群认同取向。《试析族谱中"英雄祖先"叙事的社会文化意义——以黔北〈廖氏族谱〉为例》(廖秋梅,2016年)是一篇硕士论文,作者研究的旨趣在于论述黔北《廖氏族谱》中有关"英雄祖先"叙事的社会文化功能。《学业与志业:近代中国族谱叙事中的新女性——基于江西吉安 M 家族知识女性的考察》(葛孝亿,陈岭,2019年)一文以学业与志业为主题,以传统女性向现代新女性的转变为议题考察江西吉安 M 家族知识女性,通过考察发现:"随着近代女子教育的发展,家族女性开始走出内闱,走向社会。接受过新式教育的知识女性,在教育、文化、社会活动等领域都获得了与男性同等的职业资格。基于族谱记载中的女性叙述,对民国时期知识女性的转变进行了细致分析,结果表明,学业与志业是她们自我形塑的重要方式,她们由此开始了从'贤妻良母'向现代'女国民'的转变历程。"①该论文只是给予题目以叙事的形式,并未真正从叙事学视角考量中国族谱。

上述四篇文章只是对特定族谱个案的叙事内容进行分析,尤其是后一篇只是在文章最后点到为止地引用王明珂的话语提了一下叙事,从严格意义上讲,并非专业性的族谱叙事论文。而且,这仅有的几篇论文都是个案分析,没有在个案基础上对整个私修谱牒的叙事问题进行具有普适性的理论研究,笔者写作本书就是在广泛阅读河洛地区 236 套私修谱牒的基础上,对私修谱牒叙事问题进行理论研究,以期概括出其共同的叙事构成特征和文化内涵,而这个工作,迄今尚未看到有人尝试。

三、研究方法与创新之处

中国的历史叙事成熟较早,自古以来我们就有自己的历史叙事传统与历史叙事理论,但是作为一门独立学科的后现代历史叙事学是以当代美国著名历史哲学家海登·怀特为代表建构的。他在 1973 年出版的《元史学:

---

① 葛孝亿、陈岭:《学业与志业:近代中国族谱叙事中的新女性:基于江西吉安 M 家族知识女性的考察》,《中国教育:研究与评论》,2019 年第 2 期,第 92 页。

19世纪欧洲的历史想象》、1978年出版的《文化批评论集》、1987年出版的《形式的内容:叙事话语与历史表现》、1999年出版的《比喻实在论:模拟效果研究》等,奠定了后现代历史叙事学的理论基础。

  本书主要以河洛地区私修谱牒的文本为研究对象,以历史叙事学、文化叙事学为理论基础,结合结构叙事学的某些理论成果,对私修谱牒的叙事话语、叙事体例、情节模式、文化内涵等进行研究。本书从私修谱牒叙事体例内容的含量与叙事性强弱入手,将其叙事体例分为宏观叙事体例、中观叙事体例与微观叙事体例三部分分别描述;在对私修谱牒的叙事话语进行分析时,特别注重其直义性与转义性特征;在对私修谱牒人物传记叙事分析时,注重情节结构编排的探索;在对私修谱牒叙事内容进行分析时,注重对其潜含的意识形态内涵的探究。本书注重中西理论结合剖析中国私修谱牒叙事文本的同时更加注重私修谱牒中所拥有的中国传统的东西,比如对私修谱牒文本中意象叙事与谱图叙事的挖掘等。

  本书最大的创新之处在于从叙事学角度切入对私修谱牒进行研究,从理论上探讨、总结私修谱牒的叙事特征和文化功能,为后来的研究者研究私修谱牒文本提供一个新的视角。

第一章

私修谱牒基本叙事体例

  20世纪70年代,海登·怀特在《元史学:19世纪欧洲的历史想象》中谈到自己的历史叙事学理论时特别强调指出:"在该理论中,我将历史作品视为叙事性散文话语形式中的一种言辞结构。"①这表明了海登·怀特的立场,历史作品本身具有浓郁的叙事性。新历史主义叙事学的形成是以海登·怀特早期《元史学:19世纪欧洲的历史想象》等论文、论著为标志的,在中国历史叙事学研究中,多数研究者把研究重点放在正史作品上,少数研究者也对中国谱牒文本进行叙事分析,其研究的重心集中在官修谱牒文本上,涉及中国私修谱牒文本叙事研究的很少,那么私修谱牒的叙事研究是否具有可行性呢?如若可行,那么,私修谱牒叙事的概念究竟该如何界定?并且,其在中国历史叙事文化格局中有着怎样的地位?这些都是本章着重研究的问题。

---

① 海登·怀特:《元历史·十九世纪欧洲的历史想象》,陈新译,译林出版社,2003,第1页。

第一节　私修谱牒概念界定及其在历史叙事中的地位

中国历史的组成来源于三个部分:其一是正史,其二是方志,其三是私修谱牒。私修谱牒是中国这一国度特有的宗族文化,在中国历史中占有重要的地位。无论是形式,还是内容,不但与正史、方志在某些地方相去甚远,并且与官修谱牒也大不相同。因此,对私修谱牒进行尝试性的叙事分析,旨在拓宽历史叙事学的范畴,同时,也冀望为历史叙事学的研究提供一定的参考价值。

一、私修谱牒叙事来源

(一)谱牒来源及发展历程

"谱牒"这一名词,最早出现于先秦时期,司马迁在《史记·三代世表》中写道:"维三代尚矣,年纪不可考,盖取之谱牒旧闻……余读牒记,黄帝以来皆有年数,稽其历谱牒、终始五德之传,古文咸有不同,乖异。"①从中可以看出,先秦时期就已经存在维系血缘关系的谱牒,并且各有不同。"谱"的解释在《说文解字诂林》中为:谱,籍录也。也就是谱为簿、籍、册、录。《释名》与《史记·三代世表》都认为:谱,布也,列其事。关于牒的解释,唐朝司马贞在《史记索隐》中说:"牒",是纪系谥之书,并认为"稽诸历谱"谓历代之谱。冯尔康认为"据今人的研究,认为牒,原用以记录帝王世系、谥号,后来发展为谱书的传记;谱,始初是记叙帝王、贵胄血缘疏密关系的,后来发展为谱书的世表。"②"谱"是全面而系统地布列宗族事物,"牒"是宗族之间世系关系的载体,所以谱牒是主要记述具有血缘宗族之间的世系关系及宗族成员生命

---

① 司马迁:《史记》卷13《三代世表》,中华书局,1959年版,第488页。
② 冯尔康:《中国宗族制度与谱牒编纂》,天津古籍出版社,2011年版,第252页。

信息的一种载体。与谱牒含义相同的名称很多,比较常用的有:天潢玉牒、玉牒、族谱、宗谱、家谱、家乘、支谱、房谱、百家谱、氏族谱等,由于本书涉及谱牒中的叙事问题,采用谱牒这一名词有利于对其绘画叙事、空间叙事、文本叙事进行研究,所以本书统一采用"谱牒"这一名词。

中国谱牒的起源时间有多种说法,比较重要的有五种说法。一是母系氏族起源说,提出这一观点的是杨冬荃,其文《中国家谱起源研究》利用商代甲骨文、金文中的世系记载,以及文字产生以前的结绳家谱与口传家谱记载内容,通过社会学与民俗学的调查,证实了母系家谱的存在。最终认定"人类家谱的最早起源应该是母系社会的母系家谱。"① 持有相同观点的还有黎小龙,他进一步确认为"家族谱系产生于家族起源之后的母系氏族晚期,反映家族与家庭的血缘关系的谱系的出现,也就是家谱的起源。"② 王鹤鸣与黎小龙持有相同的观点,也认为"中国家谱的起源应自母系氏族社会开始,其标志是口传家谱与结绳家谱……古人类学、社会学、考古学的研究表明,口传家谱、结绳家谱始于母系氏族社会晚期。"③ 二是父系氏族起源说,陈直在其《南北朝谱牒形式的发现和索隐》中,提出谱牒起源于父系氏族形成以后。三是夏商周起源说,刘光禄的《谱牒述论》与欧阳中书的《中国家谱》持有夏朝起源说的观点,欧阳中书认为早在夏朝就已经存在家谱档案;郭沫若、于省吾、陈梦家等学者认为殷商时期的甲骨文中已开启了谱牒的形式,有了家族世系的存在;东汉桓谭、南朝王僧孺、唐朝刘知几,近代潘光旦与杨殿珣,当代杨廷福与仓修良等皆认为谱牒起源于周朝。四是宋代起源说,源于欧阳修编纂的《欧阳氏谱图》与苏轼编纂的《苏氏族谱》。五是汉代起源说,源于汉代司马迁在《史记》中记载了"世家"。在这五种起源说中,第三种周代起源说被视为最流行的观点,但就科学性而言,马克思曾说:"氏族名称的职能在于使这一名称全体成员对于共同世系的记忆……氏族名称本身是共同

---

① 中国谱牒学研究会编:《谱牒学研究(第一辑)》,文化艺术出版社,1989年版,第74页。

② 中国谱牒学研究会编:《谱牒学研究(第三辑)》,文化艺术出版社,1992年版,第26页。

③ 王鹤鸣:《中国家谱通论》,上海古籍出版社,2011年版,第13页。

世系的证据。"①母系氏族晚期已经形成了血缘团体,这种血缘关系又有口传与结绳为载体,所以谱牒的起源应该从母系氏族晚期开始。例如,口耳相传的彝族谱牒起源于母系氏族,一直流传着"生子不见父"的传说:"乌乌格子一,格子格念二,格念迪列三,君长迪列支,一世生子不见父,二世生子不见父,阿俄阿书三代人,生子不见父,阿勒阿苏乃第五代,生子不见父,苏乃格勒第六代,生子不见父……我生来无父,我要去买父,我要去寻父。"②这应该记述的是:彝族母系氏族社会时期,孩子只知道自己的母亲是谁的,不知道自己的父亲是谁。在彝族创世谱牒中载有《母族寻源》:"上古的时候,母系的根源,说来是这样。能德勹之女,德勹启颇呢,德史所之母。略武尼之女,史所陀之母。哲妥勒之女,多毕余之母。吐勒通之女,毕余堵之母。妥武赫之母,堵仕赛之母。阿格能姹呢,史舍陀之母。阿宝能多呢,陀阿达之母。额阿洪格达,达阿武之母。莫莫娄野呢,阿武哺之母。"③这是彝族口耳相传形成的创世谱牒,这里所记载的生活时代应该是母系氏族时期,世系均为母系。再有,"远古乌昵女,少时鸟娉婷……成为思噻母;涛能的女儿,后成比额母;涛能俄姑娘,成为阿颂母;熬鲁妞姑娘,窈窕贤淑女,成为阿旦母;宠夺夺姑娘,成为颂南母;夺夺勒姑娘,成为额挪母;勒聘思姑娘,成为老操母。"④也表达了母系氏族时期的母系世系。在那个时期,应该是"男嫁女娶"的时代,氏族世系都以女性为主,并且女性在社会中具有统治权和较高的社会地位。"再来制造那,银针和金线,尼男和能女,穿针来联姻。尼来将就能⑤,尼能传子嗣。尼能相联姻,联姻人烟兴……女带吉祥来,女祖更伟大,女带智慧来,女祖育六祖。人生天地间,长者传本领。祖宗留美名,千古流芳远。"⑥

---

① 马克思:《摩尔根〈古代社会〉一书摘要》,人民出版社,1965年版,第172页。
② 云南迪庆藏族自治州民族事务委员会编:《居次勒俄》,云南民族出版社,1993年版,第71-72页。
③ 陈朝贤、杨质昌主编:《彝族创世志:谱牒志(一)》,四川民族出版社,1991年版,第2-3页。
④ 楚雄彝族自治州人民政府编:《彝族毕摩经典译注(第四十卷夷僰源流)》,云南民族出版社,2008年版,第242页。
⑤ 尼来将就能是指在彝族历史上出现过的男性到女性家组成的新家庭的婚姻形式,也可称为男嫁女娶的婚姻形式。
⑥ 楚雄彝族自治州人民政府编:《彝族毕摩经典译注(第四十卷夷僰源流)》,云南民族出版社,2008年版,第122页,第242-243页。

这里从婚姻的形式反映了女性的地位与权力,同时也赞扬了女性的智慧与伟大。从社会历史发展历程来分析,这应该是到了母系氏族后期,由此可见,口传谱牒是母系氏族社会时期的产物。口传谱牒是通过世代口传心授流传下来的血缘世系载体,是中国最原始、最古老的谱牒之一。

结绳谱牒也产生于母系氏族社会晚期,它是以结绳的方式反映本氏族具有血缘关系的世系载体,也是中国最原始、最古老的谱牒之一。我国五十六个民族中的蒙古族、高山族、傈僳族、瑶族、苗族、藏族、佤族、锡伯族、哈尼族、独龙族、普米族、鄂伦春族和怒族等都有结绳记事的历史。"人们不但用结绳记事来过日子、记账目、传递信息,而且还用其记载本家族历代成员的情况,记载本家族的世系,于是形成了特殊的结绳家谱。居住在黑龙江大兴安岭海拉尔河流域的鄂伦春人,就一直使用结绳记事,他们不仅用打绳结的方法记数,而且还用打绳结来记录自己的世代。一直到十七八世纪,他们还在马鬃绳上打结表示每一家有几代人。有3代就打3个结,有5代就打5个结。他们对这种表示世代的结绳非常崇拜,一般都把它挂在自家房子的木梁正中。这种打结记录一家世系的鬃绳,就是他们原始的家谱。"①

结绳谱牒和口传谱牒一样,最早应该出现在母系氏族社会晚期。进入父系氏族之后,结绳谱牒和口传谱牒在很长一段历史时期内还是主要的世系传承载体。结绳记事为文字的出现奠定了基础,进入商代之后,我国出现了甲骨谱牒。甲骨谱牒是契刻在龟甲和兽骨上的具有血缘关系的世系载体。陈梦家释的第一件甲骨文为"□子曰□,□子曰□";第二件为"帚妥子曰";第三件刻辞在牛肩胛骨上,共计13行,行款自上而下,从右到左,除了第一行5个字外,其余每行均4个字。第一件应该是甲骨世系,陈梦家将第三件甲骨界定为武丁时期的契刻。武丁时期距今3200余年,也就是说如果这些是确切的话,甲骨谱牒具有3000多年的历史应该是成立的。"这些内容较有可能是刻手自己所熟悉的某家族的单一或歧出世系,他一方面练习契写的技巧,一方面加深对这些内容的记忆。至于刻手为什么挑选谱系辞例作为练习对象,其动机应与习刻干支表类似,可能与较长段落的默背练习有关。此类挑选具有内在意涵的材料作为书写练习对象,显然与大部分内

---

① 王鹤鸣、王澄:《中国家谱史图志》,安徽科学技术出版社,2012年版,第6页。

容杂乱的习刻方式是稍有差别的。当然,从另一方面来思考,这种世系的'纪录'也有可能纯属虚构,只是在借由一定格式、行款的书写来练习镌刻的技巧,至于是否当时真有这些家系则已无从验证。但即使是虚构,我们也应当承认他在写这些文字时脑海中确应存有'家谱'这一概念,否则这些特殊的内容便无从产生。"① 可以看出,无论甲骨文真伪与否,在商代时期,甲骨世系意识是毋庸置疑的,甲骨谱牒的存在也应成立。

青铜谱牒最早出现在商代,它和甲骨谱牒是同一时期的实体谱牒。青铜的主要成分是铜,是一种铜和锡的合金体。因为锡加入铜中所打造出的器物呈现颜色为青灰色,所以称之为青铜。青铜谱牒是指将具有血缘关系的氏族成员按照一定顺序铸刻在青铜器上的世系载体。罗振玉在《三代吉金文存》一书中,记载了4件青铜谱牒,第一件为"祖丁"戈;第二件为"大祖日己"戈;第三件为"祖日乙"戈;第四件为"大兄日己"戈。文字的出现是人类社会的一个极大进步,用文字记载世系人名的甲骨谱牒和青铜谱牒是我国历史上最早的实体文字谱牒。虽然,甲骨谱牒和青铜谱牒只是记载了简单的世系人名,不涉及氏族其他任何事物和事情,不具备体例成熟且意义完整的谱牒,但是,王鹤鸣认为:"殷商时代出现的甲骨家谱与青铜家谱,较之口传家谱与结绳家谱,都大大前进了一步,甚至可以说,已发生了质的飞跃。"② 口传谱牒、结绳谱牒、甲骨谱牒和青铜谱牒这四种谱牒形态的形成时期是中国谱牒的萌芽时期。

中国社会经历氏族社会、夏、商之后,进入周代。宗法制与分封制是周代上层制度的基本特点,并且这两种制度都是以血缘关系为基础。其中,宗法制是周代王朝政权统治的关键制度,用于稳定社会秩序,确定宗族族人的长幼尊卑,确保周代制度的安全与巩固;分封制是周王室把疆域土地划分给各个诸侯的一种制度,分封的对象和做法是把王族、功臣和先代贵族③分封到各地去做诸侯,这些诸侯要服从周王的命令。宗法制促进分封制的推进,分封制又反过来保障了宗法制的实施。在当时,用来"奠世系,辨昭穆"的具

---

① 张惟捷、宋雅萍:《从一版新材料看甲骨文家谱刻辞的真伪问题》,《出土文献与古文字研究》,2018年刊,第27页。
② 王鹤鸣、王澄:《中国家谱史图志》,安徽科学技术出版社,2012年版,第11页。
③ 先代贵族主要指异姓功臣贵族、同姓王室贵族、先代帝王后代和远氏族部落首领。

有血缘关系的世系谱牒得到快速发展,周代有名望的家族,由于尊祖敬宗的现实需要,争相将自己宗族世系铭刻在青铜器上,"这些鼎彝铭文,先叙述祖先名字及其美德,功勋或庆赏,最后为铸器人的名字。这类鼎彝,一般作为祭器而陈于宗庙。每一后代子孙,都分别为其先人铸造铭器,依次陈列,不但该家族之世系井然存乎其间,而且每位祖先的事迹页被记录下来。一个家族宗庙中的系列器铭,恰好成为一部载于鼎彝的、逐代增修、世代累积的家谱。如果说,周代各级国家机构的专门官员出于政治需要而记载、管理的各贵族世系、属籍是周代的官修家谱的话,那么,这些家族出于尊崇祖先的孝敬之心而书刻的器铭,就是周代的私修家谱"①。周代开始有了官修谱牒和私修谱牒之分。

　　谱牒按照编纂者归属不同和编纂目的不同,可分为官修谱牒和私修谱牒,所谓官修谱牒是一种由官府主持编纂记述官方具有宗族血缘关系的世系载体;所谓私修谱牒是由本宗族内部主持编纂记述民间具有宗族血缘关系的世系载体。周代对贵族谱牒采取集中记录和管理的方法,形成了一些具有总结性和综合性的谱牒著作,由于历史战乱和社会变迁,保存于世的周代谱牒仅存《大戴礼记·帝系》和《世本》两部。这两部谱牒著作在中国历史上具有重要的价值和意义。《大戴礼记·帝系》载有黄帝血缘世系人物共51名,其中,男性38名,女性13名。在叙事方法上,和当代私修谱牒叙事策略有所不同,当代世系叙述大多采用横向齐头并进的叙述方式,而《大戴礼记·帝系》采用的是纵向单支叙述方式,把一支世系叙述完毕后再叙述另外一支。如黄帝之下分为玄嚣和昌意两个分支,作者先叙述玄嚣、蟜极、帝喾、帝尧这一支系,叙述完毕后,再开始叙述昌意这一支系。杨冬荃认为:"周代谱学著作中,系统记载文字产生以前传说时代血缘系谱的是《大戴礼记·帝系篇》。这是唯一幸存的比较完整、系统的一部周代谱学著作。"②《世本》是周代现存最完备、最典型、体例较为系统的官修谱牒。涉及世系主要有帝王篇和王侯大夫谱篇,另有氏姓篇,主要叙述了列国姓氏及其起源;居篇主要

---

　　① 中国谱牒学研究会编:《谱牒学研究(第二辑)》,文化艺术出版社,1991年版,第36—37页。
　　② 中国谱牒学研究会编:《谱牒学研究(第二辑)》,文化艺术出版社,1991年版,第46页。

叙述了各帝王诸侯卿大夫的居所与宗族搬迁;作篇主要叙述了各帝王诸侯卿大夫的一些发明创造;谥篇主要叙述了各帝王诸侯卿大夫的谥号。

秦代废分封制,建立中央集权制,氏族宗法受到冲击,秦代15年间,无论官修谱牒,还是私修谱牒,尚未发现著名谱牒问世。汉代开始"罢黜百家,独尊儒术",进一步固化君臣等级和宗族血统,汉代成为中国谱牒勃兴时期。汉代恢复分封制,除了分封刘姓子孙为王侯外,还封异姓有功之臣为王侯,并且这些爵位可以世袭,建立异姓王侯承袭谱牒,称为侯籍,进一步设立了专门机构,建立帝王的属籍、诸侯世谱和诸侯侯谱等,这些都是官修谱牒。汉代最具代表性的私修谱牒是司马迁的《史记》,王鹤鸣认为:"最早记述家族世系源流的汉代私人家谱作者,当推司马迁。"①《史记》共计130篇,叙述了从黄帝到汉武帝时期3000多年的历史,共分本纪、表、书、世家和列传五种叙事体例,是中国历史上第一部纪传体通史。在《史记》自序中,司马迁翔实叙述本族世系九世之多,世系为:司马错—□—司马靳—□—司马昌—司马无泽—司马喜—司马谈—司马迁。司马迁在自序中并非简单叙述世系,而是翔实叙述了先祖生活时代、所获官职、重要事迹等。这种私修谱牒的叙述方式成为汉代文人以及后学者编纂本宗族谱牒时常常采用的一种方式。此外,碑谱也是汉代谱牒的一大特色,碑谱是篆刻在石碑上的谱牒。碑谱比甲骨谱牒和青铜谱牒在体例上成熟了许多。从整个汉代的谱牒叙事体例上来看,大多记载了立谱者的直系祖先的名字,如有官位的会把官位写上,除此之外,还或多或少的记载了序跋、本姓由来、世系源流、旁系世系、居所、在世时间、重要事迹、职业特长、坟茔、忌日或女性亲属等。可以看出,汉代谱牒的叙述内容较先秦之前的时代有了更大的进步,叙事体例和叙述内容由简入繁,由略转详。

魏晋南北朝时期的三国时代,曹丕在礼部尚书陈群的建议下开始实行九品中正制,在官吏选拔上分上上、上中、上下、中上、中中、中下、下上、下中和下下等九个等级。其中,中正官员基本为世家豪门所占据。中正品定任务的标准主要参考世家、才干和品德三项。根据门第来选官,谱牒的作用就显得尤为重要,成为朝廷任命官员的依据,士族高贵身份的证明,在这一时

---

① 王鹤鸣、王澄:《中国家谱史图志》,安徽科学技术出版社,2012年版,第27页。

期,谱牒具有了特殊的功能。当时朝廷为了防止低门第冒充或冒认进入高门第,专门确立了立法鉴定宗族的标准。由于谱牒这一重要依据,在魏晋南北朝时期出现了"上品无寒门,下品无士族"的官吏局面。魏晋南北朝时期,门阀势力严重,不仅在官吏选拔上依据谱牒辨别门第高低,在婚姻嫁娶上,更是严禁士庶通婚,要求阀阅相当、门当户对。各世家贵族为了维护门当户对的婚姻,热衷于通过编纂谱牒表明自己显赫的世家门第,谱牒也就成了世家贵族维护自己宗族特殊权益的重要工具。根据郑樵《通志·艺文略》统计,魏晋至五代的各类谱牒、家谱著作共计155部,2 365卷,分为谱牒、总谱、郡谱和皇室谱。杨殿珣称这一时期为谱学之黄金时代。王鹤鸣认为:"自晋武帝至隋炀帝,凡300余年。此300余年之中,谱书之著作,已如上述,不可不谓洋洋大观,而且家谱体例分类明晰,确是中国谱学空前的黄金时代。"①这一时期出现的谱牒编纂者及谱牒文本主要有:晋代挚虞的《族姓昭穆记(十卷)》,晋代贾弼之的《十八州百一十六郡谱(七百一十二卷)》,宋代何承天的《姓苑(十卷)》和《后魏河南官氏志》,宋代刘湛的《百家谱(二卷)》,齐代王俭的《百家集谱(十卷)》《新集诸州谱(十二卷)》和《诸姓谱(一百十六卷)》,齐代贾希鉴的《氏族要状(十五卷)》,梁代王僧孺的《百家谱(三十卷)》《百家谱集(抄录)(十五卷)》《东南谱集(抄录)(十卷)》《梁武帝总责境内十八州谱(六百九十卷)》《范氏谱》和《徐义伦家谱(一卷)》,梁代徐勉的《百官谱(二十卷)》,梁代刘孝标的《世说新语注(六卷)》,梁代贾执的《百家谱(二十卷)》《百家谱(抄)(五卷)》和《姓氏英贤谱(一百卷)》,隋代贾冠的《梁国亲皇太子亲簿(三卷)》等。魏晋南北朝时期的谱牒在崇尚门第、婚姻嫁娶以及维护世家宗族集体利益方面发挥了重要的功能。

  隋唐以前,官修谱牒居多,冯尔康认为:"唐宋之间谱牒的纂修发生了巨大变化,由官修盛行变成了私修的时代。"②这里的官修谱牒与私修谱牒在时代划分上,只是就哪一部分居多而言,即官修谱牒时代也有私修谱牒的存在,不过相对较少。唐代废除了九品中正制,推行了科举考试制,由以前重视门第血统转为重视知识与文采,从"以姓贵人"转入"以人贵姓"的时代。

---

① 王鹤鸣、王澄:《中国家谱史图志》,安徽科学技术出版社,2012年版,第33页。
② 冯尔康:《中国宗族制度与谱牒编纂》,天津古籍出版社,2011年版,第23页。

科举制度的推行和健全为庶族通向仕途之路打开了一条考试通道。九品中正制度的废除和隋代末年的战争极大地冲击了门阀制度和世家贵族的裙带关系,可是新建李氏皇权要想取得社会上和法律上的认可,就不得不在谱牒中寻找证据,这样,从唐太宗开始,在举行科举考试的同时,编纂的新谱牒来作为政治工具,用于改变或衡量新旧士族之间的势力。最为著名的几个官修谱牒事件主要有唐太宗修《氏族志》、武则天修《姓氏录》和唐中宗修《大唐姓族系录》。私修谱牒的编纂工作也得到长足发展,即使是筚门寒族,若一朝富贵,无不追述本宗族世系,妄承先哲。"唐代几次官修谱牒活动,正是在博采民间家谱的基础上完成的……唐代私人家谱不仅为官修谱牒提供重要资料,也为撰写正史等著作提供了素材。"[①]唐代私修谱牒数量非常多,最具代表性的私修谱牒是欧阳修编纂的《新唐书·宰相世系表》。根据《新唐书·谱牒类》记载,唐代谱牒类著作有95种,1 617卷,这些绝大多数为私修谱牒。唐代私修谱牒叙事体例多沿袭了魏晋南北朝时期的形式。但是,魏晋南北朝时期编纂者编纂谱牒的目的是为了维护门阀名声、势力和地位,为巩固魏晋南北朝的统治所服务;而唐代编纂者编纂谱牒的目的是压制旧士族,培植新士族,为巩固唐王朝的统治所服务。唐代私修谱牒的兴盛是中国谱牒历史上的关键期,最终导致由官修谱牒占主导地位的形势开始向私修谱牒占主导地位转变。

如果说魏晋南北朝和隋唐时期官修谱牒和私修谱牒齐头并进的话,那么到了宋代,私修谱牒占据了绝对的主导地位。宋代科举制度逐渐完善,执行也更加严格,仕途逐渐形成"取士不问家世"的社会风气,婚姻嫁娶也不再以"门当户对"为主要标准。这样,官修谱牒就失去了仕途晋升和婚姻嫁娶的实际功用价值,也就走到历史尽头。私修谱牒的编纂目的由原来的仕途和婚嫁转变为尊祖敬宗和睦族收族,这一目的也契合了宋代朝廷统治的客观需要。在这种情况下,宋代朝廷对私修谱牒的编纂持支持的态度,这也促进了社会的稳定。宋代在农业和手工业发展的基础上,社会经济发展迅速,商品交易繁荣发达,海上贸易越来越多,豪商富家遍布天下,财富快速集中,大宗族迅速崛起。崛起的宗族为了敦宗睦族,雄厚的财力也为编纂私修谱

---

① 王鹤鸣、王澄:《中国家谱史图志》,安徽科学技术出版社,2012年版,第54页。

牒奠定了物质基础,同时,宋代空前发达的印刷业为编纂私修谱牒提供了印刷技术,这样,私修谱牒迅速成为民间各大宗族竞相做的事情。宋代最具代表性的私修谱牒是欧阳修编纂的《欧阳氏谱图》和苏洵编纂的《苏氏族谱》,他们创立的五世图小宗谱法在中国谱牒史上影响深远,为后世修谱提供了经典范例。这一时期私修谱牒编纂形式、谱图和体例较之以前有了很大变化。在编纂形式上,魏晋南北朝和隋唐时期官府设立图谱局,宋代官府不再设立图谱局,一般由本宗族内部成员自己编纂,编纂者多为在宗族中具有一定威望且受过一定教育的宗族成员,有时也可请当时有名的官吏或著名文人。在谱图上,宋代以前的世系图没有统一标准,几世一图的都有,比较混乱,欧阳修和苏洵根据"亲近疏远"创制的小宗法五世为一图,成为宋代及后世编纂者所普遍采用的方式,开创了新的谱图之法。在体例上,较之宋代以前的谱牒而言,逐渐形成了表、志、图、纪、例等较为规范的内容体例,涵盖了谱序、源流。谱例、世系图、本纪、祠堂、坟茔、义庄、传记、艺文等基本体例。"宋代家谱的变革创新,奠定了后世修谱的基本格局,为元、明、清以及民国时期家谱的完善、普及打下了重要的基础。"[①]

　　元代编纂私修谱牒的宗旨基本沿用欧阳修和苏洵所倡导"尊祖、敬宗、收族"和"尊尊亲亲之道"。这一时期的私修谱牒具有这样几个特点:一是元代的私修谱牒最常用的指代词是"族谱","关于元代的族谱名称,在笔者搜集的152篇族谱序言和题跋中,原谱名称为族谱78例,家谱25例,世谱22例,谱6例,家乘3例,谱系、故谱、宗谱、族谱图各2例,谱传、族系、族讲、世系表、世家、支派图、谱牒、家谱图、石谱、谱图、世系、本支图、源渊录各1例。可见'族谱'名称出现次数最多,可以用来指称元代的宗族谱牒。"[②]二是元代私修谱牒谱序虽然大多为本宗族人员撰写,但是也以邀请族外名人撰写为荣;三是元代私修谱牒以世系图为主;四是元代私修谱牒叙事体例主要包含派别、世系图、生平、命名、继承、播迁、劝诫、曾道不录等。总体而言,元代私修谱牒延续了"欧苏谱法",内容较以前朝代有所增加,但内容较为混乱,没有形成完善的叙事体例。

---

① 王鹤鸣、王澄:《中国家谱史图志》,安徽科学技术出版社,2012年版,第82页。
② 中国谱牒学研究会编:《谱牒学研究(第三辑)》,文化艺术出版社,1992年版,第46页。

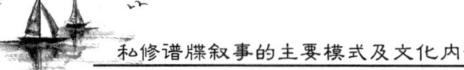

明代私修谱牒发展逐渐成熟。朱元璋在政治上废除中书省和丞相制，加强中央集权，并颁布了所谓的"圣谕六言"，即孝顺父母，尊敬长上，和睦乡里，教训子孙，各安生理，毋作非为。"'孝顺父母，尊敬长上'是封建'三纲五常'伦理思想的核心内容，'三纲五常'讲的是君臣、父子、夫妻关系，其中父子关系中子对父孝是其他关系的基础，其他关系是父子关系派生、推衍出来的，因为忠臣必孝子，孝子必忠臣，从孝出发，一定能得出忠君的结论。"①"三纲五常"真正成为封建专制主义统治思想的时代是宋代，由于宋代理学家（尤其是朱熹）将传统的"三纲五常"进行理论化和通俗化，从而成为朱子理学的核心内容，并进一步成为封建社会统治思想最为重要的组成部分之一。明代朱元璋推行以宋代理学为主的科举考试，并明确规定以朱熹的《四书集注》和理学家注释的《五经》为命题试士。可以看出，朱元璋的"谕旨六言"提倡以"孝"为中心的封建伦理思想和以"和"为目标的封建基层秩序，是为了巩固明朝专制主义的统治地位。在明代私修谱牒的编纂过程中，较多编纂者将朱熹推行的"三纲五常"伦理私修载入谱牒中，也逐渐成为明代及后世编纂私修谱牒时的指导思想，这样私修谱牒的编纂宗旨较之宋代就发生了变化。"明代的修谱宗旨，是在宋、元修谱宗旨的基础上发展演变而来的。宋、元时代的修谱宗旨，主要是'尊祖收族'，进行'尊尊亲亲之道'的伦理教育；而明代的修谱宗旨，则主要是宣扬与实践'三纲五常'。这是一个重大而深刻的变化。"②私修谱牒作为"三纲五常"的载体，对宗族的发展产生了深远影响。私修谱牒推动明代宗族族权的形成和发展，同时，明代宗族族权反作用于私修谱牒，促进私修谱牒功用的强化。明代，中国私修谱牒的叙事体例和叙事内容基本定型，叙事体例比较完整，叙事内容比较翔实。宋元时期，私修谱牒的叙事体例主要包含谱序、谱例、科第、恩荣、祖先考辨、世系图、世系录、先祖考、传记、祖墓、支派、艺文等；明代，私修谱牒叙事体例主要包含谱序、谱例、姓氏源流、世系图、世系传记、家传、祠堂、播迁、仕宦、恩荣、祖先像（神像）、行状、家训、族规、谱辨、宅第、坟茔、风俗、艺文、遗迹、派语、行辈、领谱、世系留白、修谱名录等。明代随着编纂私修谱牒的普及、各宗族的发

---

① 王鹤鸣、王澄：《中国家谱史图志》，安徽科学技术出版社，2012年版，第99页。
② 中国谱牒学研究会编：《谱牒学研究（第三辑）》，文化艺术出版社，1992年版，第94页。

展壮大以及社会人口增多,出现了大宗谱,随着大宗谱越编越大,到明代中叶,形成了"统千百世于一人"的统谱。统谱是把分布各地的同族各宗支统一于一谱的私修谱牒。统谱也称通谱、会通宗谱或统宗世谱等。统谱的特点是编纂规模宏大、内容涉及时间跨度大和编纂人员多。"嘉靖十六年(1537)张宪、张阳辉主修的《张氏统宗世谱》就是其代表。从时间跨度来说,《张氏统宗世谱》从黄帝时赐姓记起,一直记到嘉靖年间,上下长达数千年……在'内纪'中记载了张氏117个支派……从记载范围来说,《张氏统宗世谱》几乎遍及全国各省……总计15省,共1 470多个点。记载范围之广,实数少见。从参与编修人员来说,《张氏统宗世谱》也是十分可观的,该谱主修二人,即张宪、张阳辉,同修32人,编次29人,校对38人,誊对22人,倡首75人,协赞16人,董治11人,图绘2人,镌刻15人,印刷3人,装订3人。总计共248人。"①明代私修谱牒促进了宗族族权的形成和发展,同时,也增强了宗族内部的凝聚力和向心力。

  清代至民国时期,中国私修谱牒编纂达到了高峰,延续了明代的基本叙事体例和叙述内容。上海图书馆是世界上收藏中国私修谱牒最多的机构之一,共计23 000多种,其中,清代至民国时期的私修谱牒达到13 124种,姓氏共计335个,收藏最多的省份为浙江省,达到6 000多种。清顺治时期继续沿用朱元璋的"圣谕六言"并颁布了"六谕文",内容与"圣谕六言"大致相同,采取以孝治理天下的策略,积极倡导民间编纂谱牒。康熙九年(1670年),将"六谕文"扩展到"圣谕十六条",即敦孝悌以重人伦,笃宗族以昭雍睦,和乡党以息争讼,重农桑以足衣食,尚节俭以惜财用,隆学校以端士习,黜异端以崇正学,讲法律以儆愚顽,明礼让以厚风俗,务本业以定民志,训子弟以禁非为,息诬告以全良善,戒窝逃以免株连,完钱粮以省催科,联保甲以弭盗贼,解仇忿以重身命。尤其是第一条和第二条,清代初期统治阶级将忠孝意识和敦宗睦族放置于最重要的位置,这样有利于其统治,同时,圣谕十六条也成了清代初期宗族编纂谱牒所尊崇的条例。雍正二年(1724年),雍正将"圣谕十六条"扩展成《圣谕广训》,阐释内容洋洋洒洒共计10 000字,

---

① 中国谱牒学研究会编:《谱牒学研究(第三辑)》,文化艺术出版社,1992年版,第106—108页。

并颁布于天下,里面明确提出并倡导要"修族谱以联疏远",其宗旨是借助传统儒家道德伦理和行为规范来统治人民,它强调民众要服从国家政治需要,其目的就是要维护其统治。"圣祖仁皇帝衍之为十六条,及雍正二年世宗宪皇帝又颁发圣谕广训万言谕,所以教训尔军民者委曲详尽无微不至,伏思世祖六谕,尽在圣祖十六条之中,而世宗广训万言,即所以发明十六条之理。"① 当时,统治阶级要求各直省府、州县,甚至军队和土司统治区域包括在内都要学习《圣谕广训》。在编纂私修谱牒时,很多宗族将"圣谕六言""圣谕十六条"置于谱首,成为编纂者的指导思想。有些宗族将"圣谕十六条"列入私修谱牒的族规中。清代为了保持宗族世系的连续性和完整性,多以三十年为修谱期限,每隔三十年要重修一次。这一时期最具代表性的谱学家是章学诚,"章学诚结合自己史学、方志学的理论实践,总结前人关于家谱学的论述,对中国家谱的性质、体例、编修原则、效用以及收藏等许多重要问题进行了深入分析,提出较为完整的家谱学理论。"② 章学诚的谱学理论对中国私修谱牒的编纂产生了深远的影响。他以史学理论、史学观察和史学方法论析私修谱牒,并将谱牒理论纳入史学理论范畴之内,这一观点奠定了谱牒学的理论基础。民国时期,孙中山十分重视中国私修谱牒的编纂工作,发表了关于谱牒编纂方面的重要意见,自己先后为孙氏、阚氏、詹氏撰写了谱序分别为《孙氏宗谱序》《合肥阚氏重修谱牒序》和《五修詹氏宗谱序》。孙中山提出通过编纂私修谱牒实现宗族的团结,由宗族团结实现民族团结,由民族团结实现国家团结,最终实现大同理想。

20世纪至今,海内外出现的私修谱牒学研究名家主要有梁启超、潘光旦、罗香林、多贺秋五郎、盛清沂、顾廷龙、濑川昌久、冯尔康、杨冬荃、常建华、武新立、张海瀛、仓修良、王鹤鸣、濑川昌久、钱杭、杜靖、刘志伟、王衍村、徐建华、谢琳惠、张全海等。

本书的主要研究对象为私修谱牒叙事文本,侧重私修谱牒文本的叙事内容与叙事形式。

(二)私修谱牒叙事概念的界定

海登·怀特在《历史叙事的结构》中认为:叙事是任意一种写作形式,在

---

① 夏炘:《圣谕十六条附律易解》,江苏书局刊,1868年刊,第2页。
② 王鹤鸣、王澄:《中国家谱史图志》,安徽科学技术出版社,2012年版,第134页。

其中,叙事者依托一种无知、不了解或健忘的背景发出声音,引导我们有目的地注意以一种特殊的方式组织起来的经验片段。海登·怀特这一理论把叙事范畴拓展了,意味着叙事可用来指代一切的历史叙事形式,私修谱牒是历史的重要组成部分,它是主要记述具有血缘宗族之间世系关系及宗族成员基本生命信息的一种载体。谱牒数据包括宗族建造的宗庙、坟茔、碑文、恩荣录、世系、文献等,这些谱牒数据承载着宗族的文化传承,证明着该宗族在中国历史长河中的存在。按照海登·怀特历史叙事学理论,私修谱牒本身也是历史叙事的组成部分,那么私修谱牒的叙事分析是否简单包括私修谱牒的形式结构与话语技巧呢?在谱牒叙事中,私修谱牒既然要经过叙述者的话语建构,其自身就具有无法回避的主观性和倾向性,因此,私修谱牒话语总是具有虚构性的一面。私修谱牒语境中文本与宗族史、文学与意识形态之间的关系,私修谱牒文本的阐释必然是主客观一体的话语实践,其本身既是对宗族生活和宗族事件的呈现与描述,同时也是对宗族事件的主观选择和意识形态意蕴的阐释,在大量直义之下,离不开比喻、转义等表述方式。对于编纂者而言,私修谱牒本身是一种写作,编纂者借助对话语的修辞,融合自身的主观意识,形成了一种语言结构的叙事构型,因此,私修谱牒叙事是一种对血缘宗族之间世系关系载体的建构过程。这样,私修谱牒不仅仅是对宗族史事实面貌的再现,这一建构过程也有意或无意地遵循着某一时代所特有的深层结构。若要理解这一深层结构,就要从宗族史的时代背景与编纂者的时代背景两个方面分析,若要分析这两个方面,就要从私修谱牒的叙事文本入手,因为它是这一深层结构的载体。因此,对私修谱牒的叙事分析要从文本的叙事形式、话语形态、潜含的意识形态与文化功能等方面入手。

二、私修谱牒叙事与历史叙事的错位与衔接

私修谱牒叙事与历史叙事具有紧密的联系,虽然私修谱牒文本内容是历史文本内容的三大来源之一,但叙事策略咸有不同。简单的私修谱牒主要记载世系关系、官爵、婚姻、男性名讳与字号等。如1920年在河洛地区的洛阳西北张羊村出土的北魏《彭城武宣王妃李媛华墓志铭》,其谱牒刻在墓碑背面,其内容如下:

亡祖讳宝,使持节镇西大将军开府仪同三司,并州刺史,敦煌宣公。亡父讳冲,司空,清渊文穆公。夫人荥阳郑氏。父德玄字文通,宋散骑常侍。兄延实,清渊县开国侯。亡弟休纂,故太子舍人。弟延考,今太尉外兵参军。

与历史文本相比,这一私修谱牒实在性要强,且墓碑上的谱牒简单,概括性强,主要叙述生平信息,但是大多数私修谱牒要比这一例子翔实且复杂得多。私修谱牒是历史内容的重要来源之一,私修谱牒叙事是历史叙事已是不争之事实,官修谱牒也已纳入历史叙事范畴,私修谱牒叙事研究是否具有可行性呢?可以从私修谱牒叙事与历史叙事的衔接与错位两个方面来分析。

(一)私修谱牒叙事与历史叙事的衔接

私修谱牒叙事与历史叙事的衔接点在于二者都具有相同的叙事内容来源,这主要从四个方面呈现:

一是编纂者和周围相识者的回忆。社会历史中,史学家会靠自身经历体验和听取周围人们的记忆填补一些空白。在宗族史中,编纂者靠本宗族成员的记忆来完成这一修补。

二是时间观念。时间也是一种客观存在物,历史与编纂者具有相同的时间观念,"过去的事件已经成为历史,现在的事件正成为历史,将来的事件也将成为历史"①。事件在时间的线索中找到合适的位置停在这一轴线上,现在和将来变成过去,不过是这一轴线在长度上的延长而已。

三是文献数据与档案。这一衔接点在于具有相同的叙事化生产意义,文献数据是事实的最初形态,也可称之为元事件的载体,私修谱牒叙事与历史叙事都是建立在这一载体之上,并借助叙事话语进行修饰,私修谱牒叙事与历史叙事具有紧密的联系,虽私修谱牒文本内容是历史文本内容的三大来源之一,但叙事策略咸有不同。大部分私修谱牒是复杂烦琐的,如河洛地区的《白居易家谱》《范氏家谱》《程氏宗谱》《张氏宗谱》《邵氏宗谱》等。这些文本叙事体例繁多,具有实在性的同时也具有了虚构性,与简单的私修谱

---

① 陈新:《西方历史叙述学》,社会科学文献出版社,2005年版,第129页。

牒相比较,编纂者通过对已有的文献分析,确立了自身的叙事结构框架,从中建构编纂者在叙事中要讲述的故事。这个结构框架建构完成了,其任务就是填补记录的剩余空白,从结构框架中已知的实际发生过的事实所得到的数据,推导这些事实的确一定发生过。如,在《范氏家谱》的范姓源流中"范氏,根在河洛,历史悠久,源远流长,据史书和范姓宗谱记载,可追溯到上古时期,太始祖少典君……子孙遂家焉,始有洛派,又称河南派,始祖范仲淹"①。从中可以看出,范姓源流在记载不同的堂号时都以范履冰为始祖,范仲淹为忠宣房一支分祖,而众所周知中国人都自认为是炎黄子孙,所以编纂者认定范氏的太始祖就一定是少典,并绘制了上古五十八世世系图,编纂者在对范氏始祖编纂时,通过自己情感的移注与已有文献资料的考察,最终指向神话。河洛地区私修谱牒以神话中的人物为始祖的颇多,如,《孙氏族谱》始祖为少典;《程子宗谱》《河南程氏正宗世谱》与《姬氏宗谱》始祖皆为黄帝;《张氏家谱》始祖为少昊手下大将张挥;《赵氏家谱》始祖为造父,等等。私修谱牒中始祖神话性不足为奇,这里的神话意义与列维-斯特劳斯的结构主义所触及的蛮荒古代是有区别的,本书认为,私修谱牒中的神话是指本宗族这一社会体系所构造出来以维持和证实自身宗族最初的存在意象与信仰体系。从而为宗族的存在及延续提供了最初载体,也为本宗族的繁盛提供了精神支柱。

四是图像与器物。图像即历史图画和宗族谱图。历史图画包括各种历史事件或物品的图像。宗族谱图的文本构成主要是图画,附有文字,图画内容主要涉及山川、河流、房屋、坟茔、祭器、碑文等,而文字一般处在图画中或附其后,其目的是对图画做有效的阐释。谱图以祖先像、祠堂图、祭器图、住宅图、播迁图、坟茔图、书院图等为主。器物为前人制造物品,在《河南程氏宗族世谱》中载有祭祀器物颇多,如,簋、簠、象尊、拟尊等24件器物。器物是历史的见证物,图像是历史事件的呈现,历史学家和编纂者将事件凝聚在上面,成为历史或私修谱牒叙事内容的来源之一。

(二)私修谱牒叙事与历史叙事的错位

私修谱牒叙事与历史叙事的错位存在三个方面。其一是编纂者不同,

---

① 未题纂者:《范氏家谱·伊川忠宣房系》,洛阳理工学院图书馆馆藏,未题时间,第1—5页。

私修谱牒的编纂者皆为本宗族成员,且为本宗族中具有一定影响力的人物,而历史叙事的编纂者分两类:一类是社会成员,一类是史官。编纂者的不同是私修谱牒叙事与历史叙事最为根本的错位,这一根本性错位,导致各自向着不同的方向发展。其二,编纂者的目的不同,在私修谱牒叙事中,编纂者是本宗族的成员,掺杂的自我主观性要比历史叙事强一些,编纂目的是敦宗睦族;历史编纂者是史官者,编纂目的是维护当政政权;历史编纂者是社会成员者,较之私修叙事,客观性要强一些,其目的是还原历史真相,从而导致在虚构性上私修谱牒叙事更胜一筹。其三,叙事体例不同,私修谱牒的记载内容十分广泛,且只记述本宗族概况,包括姓氏源流、播迁状况、世系图表、人物传记、宗族风俗、祠堂坟茔、族规家法、艺文杂志等。根据传统历史的编排,可以将上述最基本的叙事体例分为史、表、图、志、传、文共六种叙事体例。其中史包括谱序、姓氏源流、宗族播迁等;表主要包括世系世传等;图包括祖先像、祠堂图、祭祀器物图、住宅图、播迁图、坟茔图、书院图等;志包括祠堂志、讲堂志等;传主要包括人物传记等;文包括诗文、像赞、铭赞、字辈排行等。因叙事分析的需要,再大而化之,可将私修谱牒的叙事体例分为宏观叙事体例、中观叙事体例和微观叙事体例。其中宏观叙事体例主要是表;中观叙事体例主要是图与史;微观叙事体例主要是传、志、文。历史叙事记述的是社会事件,叙事体例较为简单。如,编年体:把时间置于中心的位置,次序分明是最大的优点,《春秋》开编年体先河,《左传》步后尘,司马光的《资治通鉴》将其推向一个新的高度;纪传体:把人物传记置于中心位置,是本纪、世家、列传、书志、表和史论叙事体例的综合,《史记》是纪传体的最高峰;国别体:把国家事件置于中心位置,是各自国家事件的集结地,《国语》是其代表。

简单的私修谱牒叙事趋于纯粹的序列性叙述,而历史叙事趋向叙事性叙述。复杂的私修谱牒叙事与历史叙事具有相同的文化语境,这一语境是由叙述者、故事文本和叙述接受者共享的,并且它们与现实世界的时空是一种趋于相同的转喻关系。这样与文学叙事的区别就明显了,文学叙事中的故事是一个独立的时空结构,与现实世界关系不大,文学叙事自身时空结构的孤立性铸就的主要是其与现实世界之间的隐喻关系。无论是私修谱牒叙事、历史叙事,还是文学叙事,它们进行话语的目的"都不仅仅是传达事件,而是要通过对一个或一系列事件的叙述和阐释表达某种意义"①。这一意义是不同形态的叙事在其叙述内容中所潜含的某种意识。"传统的历史叙事所表达的意义最根本的就是对叙述事件所作的历史——道德阐释"②这里高小康认为道德阐释是历史叙事的根本意义,在分析《桃花扇》与《红楼梦》时,他认为作品表现出的深刻的悲剧审美意识脱离了传统历史对叙事意义的道德阐释方式,并认为这种悲剧审美意识是中国传统的悲剧精神走向蜕变的一个标志。然而私修谱牒叙事在具有这一道德阐释的同时,也具有了非纯粹性的悲剧意识,同时注入了血缘来维系,收宗睦族的传统意义。在历史叙事中,海登·怀特注重的是叙事话语与历史再现之间的关系,"叙事不仅仅是一种可以用来也可以不用来再现在发展过程方面的真实事件中的中性推论形式,而且更重要的是,它包含具有鲜明意识形态甚至特殊政治意蕴的本体论和认识论的选择……最近的话语理论消除了实在话语与虚构话语之间的区分。"③可以看出叙事的重点已不再是实在与虚构的区分了,一切历史文本都可以看作是叙事的载体,重点是探析叙事文本中潜含的政治意蕴。私修谱牒叙事的叙事文本本身没有逃逸历史叙事文本的范畴,本身是历史文本来源的三大分支之一,它们的叙事首先是故事性,即有组织和叙述情节的过程,亚里士多德在《诗学》中阐明,悲剧的六大成分中排在第一位的便是情节,因为情节对事件的组织顺序具有重要意义,事件组成顺序是由作者根据文献资料以及因果关系经验产生出来的,在事件的发展过程形成了不同人物各自的性格,从而决定了人物的命运与故事的最终意义。

---

① 高小康:《中国古代叙事观念与意识形态》,北京大学出版社,2006年版,第17页。
② 高小康:《中国古代叙事观念与意识形态》,北京大学出版社,2006年版,第18页。
③ 海登·怀特:《形式的内容:叙事话语与历史再现》,董立河译,文津出版社,2005,第1-2页。

第二节 私修谱牒叙事体例的基本构成

中国谱牒的发展以母系氏族社会为起源,从周代官修谱牒、汉代私修谱牒发展到魏晋南北朝,已达到"谱学之黄金时代"①。唐代是官修谱牒的转型期,当时"三次大型的官修谱牒"②宣告了官修谱牒的终结;宋元时期私修谱牒兴盛,叙事体例基本定型;明清私修谱牒继续发展,叙事体例更加完善;到了民国时期私修谱牒激增,时至今日,私修谱牒已具备完整体系。

一、私修谱牒叙事构成

私修谱牒是由本宗族内部主持修撰,记述血缘宗族之间世系关系的一种载体。唐代之后,官修谱牒已近终结。时至宋代,私修谱牒盛行,叙事体例基本定型。对于这一观点有多处记载:"自唐末丧乱,士族亡其家谱,今虽显族名家,可失其世次,谱学由是废绝……前世常多丧乱,而士大夫之世谱未尝绝也。自五代迄今,家家亡之,由士不自重,礼俗苟简之使然。"③欧阳修在此指出唐末官修谱牒废绝。苏洵与欧阳修观点相同,也认为"盖自唐衰,谱学废绝,士大夫不讲,而世人不载"。士大夫之辈,皆为官方,所以官修谱牒直至唐末,富者不录其祖,显赫名家不录其先,因此,官修谱牒遂大废,走向终结。而后,"降及五代,厮役当涂,衣冠扫地。赵宋才学取士,不矜门胄,

---

① 杨殿珣在《中国家谱通论》《图书季刊》,1941年版(1-2期,1944)中认为:"魏晋以迄南北朝,为谱学之黄金时代:私家谱牒,均上于官,政府并设有专官以掌之。著作日多,故《隋志》著录,创设专目,盛可知也。"可以看出官修谱牒有了制度、专门人才、监督者、实用价值;私修谱牒大量出现,但均要报官。

② 唐朝,据绩溪的《汪氏世守谱》(乾隆三十七年版)记载:"唐之里记,盖始于太宗,改于高,修于中,而定于开元,曰录、志。"唐朝大规模修撰官修谱牒共三次,即:唐太宗时修撰的《氏族志》,唐高宗时修撰的《姓氏录》,唐中宗时修撰的《大唐姓族录》。

③ 欧阳修:《欧阳文忠公文集(卷一七)》,《欧阳氏谱图序》篇。

谱学于是遂微,洎我大宋御宇,六合清宁,姓氏之繁,于斯为盛,谱牒之事,益大兴焉。"①由此可以看出,宋代,私修谱牒开始盛行,明朝汪道昆在《潜江袁氏家谱序》中也认为:"唐宋而下,公谱废,而私谱兴。"公谱指代官修谱牒,私谱指代私修谱牒。唐朝,实行的是科举制考试而仕官,并十分注重婚配要求,官修谱牒起到了十分重要的作用。至宋,科举考试制度更加完备严格,仕途要求不问世家,仕途与婚姻关系大减,官修谱牒失去了仕官和婚配的客观需要与实用价值,这样,唐朝设置的图书局等机构到了宋朝走到尽头,又因宋朝士族对自身谱牒不再重视,亡其谱牒,宋统治者即使想再修撰官府谱牒,没有了唐朝的条件,也就没有必要,官修谱牒的终结是历史发展的必然。

"自宋学盛行,人有敦宗收族之心,而谱牒之纂修复盛。"②这一时期,私修谱牒盛行,其框架构成也初露端倪,叙事体例基本定型,此时,比较著名的私修谱牒有《欧阳氏谱图》与《苏氏族谱》,还有河洛地区的《范氏族谱》《程子宗谱》《邵氏家谱》等。这些私修谱牒的基本叙事框架都包括:体例、书例和宗旨,但各叙事框架内部迥异。叙事体例是谱牒的叙事形式,叙事书例是谱牒具体书写的叙事规范,宗旨是谱牒主旨,三者中叙事体例最为重要。在叙事体例中,世系图在各私修谱牒的叙事构成框架中占据内容最多。在《欧阳氏谱图》《苏氏族谱》《范氏族谱》《程子宗谱》《邵氏宗谱》等宋代私修谱牒框架结构中的叙事体例都包括谱序、谱图、传记和谱例,其在各自叙事过程中最侧重的都是世系图。但世系图的叙事策略迥异,其中苏谱和邵谱的世系图以表表达;而欧谱、范谱和程谱的世系图以图表达,并"五世为一图"。这里"五世为一图"是欧阳修在《欧阳氏谱图》中表达世系的一种叙事方式,其沿用司马迁《三代世表》的方式,古代称之为"旁行邪上",并继承周朝谱牒传统,具体是以宗族史上人物出生的先后为时序,先写第一代名字,下标注其生子若干,以图引出若干线性分支;接着写第二代名字,下标注生子若干,以图引出若干线性分支;这样依次写出第三、第四、第五代,这样第一图完成。再另起一图,先写第五代,后写第六、第七、第八、第九代,这样第二图完成,如此类推,这便是谱牒上的"五世为一图"之法。以图表达,无论本宗族传了多少代,人口多么繁多,很容易记录下来,但是人口多,查阅就不方便;

---

① 张即之:《古今图书集成·氏族典·黄姓部》,《蓝溪李氏宗谱》,1262 年版。
② 吕诚之:《中国宗族制度小史》,龙虎书店,1953 年版,第 37 页。

而以表表达,对本宗族的世系,血缘关系,清晰可见,但若世系较远,表就不好表示,其书例也相对繁杂。宋代的私修谱牒的叙事结构框架中的共同点在于:叙事体例,均有谱序、谱例、世系和传记。宋代后期,叙事体例有所增加,包含谱序、源流、谱例、世系图、谱系本纪、家训、家规、宗族规约、祠堂、坟茔和义庄等。宋代私修谱牒的谱图之法对后世私修谱牒产生了巨大影响,叙事体例基本定型,为后世私修谱牒的撰修者普遍采用。王鹤鸣认为:"宋代家谱在中国家谱发展的历史长河中处在重要变革与转型时期。宋代家谱奠定了后世修谱的基本格局,为元、明、清以及民国时期家谱的完善、普及奠定了重要的基础。"①

元代私修谱牒基本依照宋代谱图之法,但因其时代短而战乱多的原因,使得元代私修谱牒一般较简单,没有形成完善的体例。明代,私修谱牒的数量大幅度提升。王鹤鸣通过《中国古籍善本书目》史部刊载清乾隆以前的家传、家谱、玉牒的善本计746种与号称中国谱牒收藏半壁江山的上海图书馆实际馆藏对比认为:"整个存世的明代家谱有近千种,考虑到动乱等诸多因素毁损的大量家谱,则明代曾经编修的家谱当数以千计。由宋元时期约二百种家谱增加到明代编修家谱达数以千计,在数量上确是个大的飞跃。"②由此可以看出,明代较之宋元时期,私修谱牒数量剧增,叙事结构框架更加宽泛,内容更加丰富,叙事体例更加完善。其叙事体例主要有:谱序、谱例、姓氏源流、世系图、人物传记、祠堂、播迁、仕宦、诰敕、恩纶、神像、文献、行状、家训、家规、族规、家传、先世考辨、谱辨、艺文志、祠堂、坟茔、义庄和义田等。清代和民国时期,私修谱牒"数量之多、质量之高、内容之丰富、卷帙之浩繁,堪称中国家谱的高峰时期,但就其基本内容、体例与明代相比较,则基本是一致的,只是明代家谱的延续而已"③。清代及民国这一时期,私修谱牒基本普及,凡是有宗族群居的地方,基本都有私修谱牒的存在。

二、私修谱牒叙事的基本体例

时至今日,私修谱牒叙事体例已定型,综合河洛地区各私修谱牒理论与

---

① 王鹤鸣:《中国家谱通论》,上海古籍出版社,2011年版,第121页。
② 王鹤鸣:《中国家谱通论》,上海古籍出版社,2011年版,第147页。
③ 王鹤鸣:《中国家谱通论》,上海古籍出版社,2011年版,第178页。

修谱实践,其基本叙事体例可归并为谱名、像赞、目录、凡例、谱序、姓氏源流、恩纶录、世系、传记、族规、宗族风俗、仕宦、祠堂、坟茔、族产、艺文志、字辈排行和领谱字号等18项。

1. 谱名

顾名思义即私修谱牒封面上的名称,表明私修谱牒的姓氏。谱名有多种表达,比较常见的有:谱牒、玉牒、家谱、宗谱、族谱、房谱、支谱、谱系、家乘、世系和谱传等。有些私修谱牒在谱名中除了本宗族的姓氏外,还有谱籍、堂号、郡望、始迁祖、撰修次数及时间等,如,河洛地区的《范氏家谱——伊川忠宣房系》,伊川是谱籍,忠宣房是堂号;《洛阳徐家营崔氏族谱》,洛阳徐家营便是谱籍;《追远堂李氏家谱》,追远堂便是堂号;《韩文公家谱——天治门后裔》,韩天治便是韩氏嵩邑新庄的始迁祖;《王氏家谱——三槐世第》《薛氏家谱——河东世第》《张氏家谱——清河门》三槐堂与河东郡、清河郡是历史上著名的堂号、郡望;《程子宗谱》封面载有修撰时间为清咸丰十年。

2. 像赞

河洛地区《邵氏家谱》载有像赞引:"叙曰:像者,祖宗之容貌也;赞者,赞祖宗功德也。"[1]私修谱牒中的像赞收录关于先人画像、赞语、遗物、遗墨等。像赞中的先人画像,主要指本宗族的始祖、始迁祖、五服内去世的先祖和本宗族的名人。这些画像旁一般都会有少则几十字,多则上百字的赞语,对画像先人的相貌、功德、业绩等进行颂扬。遗物是先人曾用过或发明创新的物品;遗墨是先人所遗留下的书信字画等。如,河洛地区的《范氏家谱——伊川忠宣房系》载有轩辕黄帝像,范士会、范雎、范增、范滂、范履冰、范隋、范梦龄、范赞时、范墉、范仲淹、范纯佑、范纯仁、范纯礼、范纯粹等先人画像,旁附有少量像赞,还载有范仲淹手稿《道服赞》及部分题跋等。《邵氏家谱》像赞颇多,载有邵奭、邵虎、邵雍等先人画像,赞语更是繁多,其中比较著名的有苏洵和朱熹所写赞述。如,"康节先生赞:天挺人豪,英迈盖世。驾风鞭霆,历览无际。手探月窟,足摄天根。闲中古今,醉里乾坤。新安朱熹赞"[2]。这

---

[1] 未题纂者:《邵氏家谱》(卷二,像篇),洛阳理工学院图书馆馆藏,未题时间,第11页。

[2] 未题纂者,《邵氏家谱》(卷二,像篇),洛阳理工学院图书馆馆藏,未题时间,第17页。

一像赞旁有邵雍像考,对其相貌做了详细描述。

3. 目录

主要介绍私修谱牒内容的次序排列及其所在页码。从目录中可以清晰地看出私修谱牒的体例变化,以及各体例在私修谱牒中所占比重,其中世系占有篇幅最大。从目录中还可以看出与历史的同异,"在编纂体例上,家谱继承了正史、地方志记载叙述的方法,有史、图、表、志、传、形式多样,兼容并蓄。而其记载内容的宗族性,以及记载手法如遗像、宅基、祠堂、坟墓等采用图文并茂的表述手段,则明显带有家谱自己的特色。"①如,河洛地区《范氏家谱》目录共分二十四部分:"一、图像墨宝;二、序;三、宗系;四、传记;五、名人录;六、天平山图、长白山图、万安山图、义庄图;七、碑文(神道碑、康熙碑、乾隆碑。);八、履冰至范老庄二十代世系图;九、范园第二域葬者位次示意图;十、纯仁公而下至弥字号生卒简况;十一、伊川县范姓忠宣房系范老庄范三老之后裔分布状况一览表;十二、忠宣房世系图;十三、始祖世系图;十四、白草坡源宗;十五、河南守坟支派;十六、范氏十六房祖图;十七、范仲淹家训百字铭;十八、范氏家训;十九、伊川范氏续谱编委名录;二十、歌曲《苏幕遮·别恨》;二一、范氏世系字辈;二二、对联;二三、注解;二四、后记。"从中可以看出体例的编排顺序、私修谱牒的内容,以及各体例在内容上所占的比重。

4. 凡例

凡例,又称谱例、例言、条例等,主要阐明撰修谱牒的基本原则、体例、内容及其撰修谱牒的必要性。王鹤鸣认为:"家谱中的凡例,是据有关礼义做出的条约规定,对于家谱如何叙昭穆、别亲疏、分是非、慎详略,具有提纲挈领的意义。"②从中可以看出凡例在私修谱牒中的重要性。凡例就像一件物品的说明书一样,根据凡例可以了解私修谱牒的特点。说凡例像说明书一点不为过,如《范氏家谱》凡例在开篇第一页,共分八个部分:"一、此次续修的家谱,仍按老谱的文书格式,竖式编排,自右而左。二、世系图为竖式,同字派者平列,长幼自右而左排次,出继标△号,入继标▽号,名下均有注解,名下标〇号,为乏后无嗣。三、每页其名字上或名字下标的竖线,阿拉伯数

---

① 王鹤鸣:《中国家谱通论》,上海古籍出版社,2011年版,第284页。
② 王鹤鸣:《中国家谱通论》,上海古籍出版社,2011年版,第292页。

字和左、右侧的横线,表示承上启下之意,便于查寻。四、此次续谱,只续男性,已婚者,配偶姓并列其左。两个以上配偶者,自右而左排列之,已婚,尚未姓氏者,由各村补之。五、引用古代史志,照原文录之,为增进了解部分知识,后面附列注释。六、纪年,一般按历史年号,有一部分加注了公元。七、文字,除少部分无法替代的繁体字外,一般都用现行的简化字。八、谱系下限至公元二零零三年春,以后出生的待后人续编。"①从中可以看出,凡例非常细致地对私修谱牒做了规定和说明,既体现了某些封建思想,也表达了当时宗族的意愿,在世系上与欧阳修家谱世系相差无几。

5. 谱序

叙说宗族修谱的历史、要旨、缘由、目的、经过、理论以及宗族修谱的重大事件等。谱序在私修谱牒中占据除世系图外最为重要的位置,谱序大多是本宗族内部有威望之人撰写,也有的是请当时有名望的外姓人士撰写。本宗族所撰写谱序真实性与虚构性并存,有名望的外姓人士所写有待考究,如:《河南程氏正宗世谱》载有朱熹所写谱序:"余尝仰观天象,北辰为中天之枢,而三垣九曜旋绕归向,譬如君之尊,无不拱焉;俯察地理,昆仑为华夏之镇,五岳八表逶迤顾盼,譬犹祖之亲,无不本焉。此君亲之大理。忠孝一道,忘之者谓之逆,遗之者谓之弃,慢之者谓之衰。无上之戒莫大于之不忠,五刑之属莫大于不孝,为人臣所当鞠躬尽瘁,为后人所当慎终追远,而不可一毫或忽也。今阅程氏谱牒,上溯姓原之始,下逮继世之宗,明昭穆以尚祖也,系所生以尚嫡也,序长幼以尚齿也,列像赞以尚思也,非大忠大孝而能之乎?噫!世之去祖未远,而愤然无知,其愧于程氏多矣!龙图阁待制新安晦庵,朱熹谨赠。"②然则,这一谱序,在王鹤鸣统计的《温陵刘氏宗谱》《金华太常周氏宗谱》《都昌黄氏宗谱》《重修荥阳郑氏世谱》《福建浔阳吴氏宗谱》《安徽休宁戴氏荆墩家谱》(民国二十三年)和《安徽休宁江村洪氏家谱》(雍正八年)中也都载有这一谱序,除没有"噫!世之去祖未远,而愤然无知,其愧於程氏多矣!龙图阁待制新安晦庵,朱熹谨赠。"这句话和"今阅程氏谱牒"这句将"程"姓改为各自姓氏外,其余文字完全相同,可见伪托之作在私修谱

---

① 未题纂者:《范氏家谱》,洛阳理工学院图书馆馆藏,未题时间,第1页。
② 未题纂者:《河南程氏正宗世谱》,洛阳理工学院图书馆馆藏,未题时间,第1页。

牒中也不足为奇。私修谱牒中的谱序较多,随着时间的推移,每修撰一次谱牒,有的会续写谱序,有的不写,还有的在原谱序基础上改写,如,《白居易家谱》谱前五序;《范氏家谱》谱前十序;《河南程氏世系》谱前五序;《邵氏家谱》谱前七序;《朱氏世谱》谱前六序;《郭氏家谱》谱前八序;《周氏家谱》谱前六序;《洛阳(宜阳)裴氏家谱》谱前十序,等等。

6. 姓氏源流

所谓"源",即本宗族姓氏来源及最初得姓始祖概括;所谓"流",即本宗族播迁与分流分支概况。姓氏源流有的私修谱牒称之为先世考辨,主要论述本宗族姓氏来源、宗族播迁和分流的概况。姓氏源流有的私修谱牒设置专章来介绍,有的放置于谱序等有关内容中论述。如,《邵氏家谱》将姓氏源流放置于谱序中,其一为宋代绍兴三十二年(公元 1162 年),宰相陈伯康撰《题邵氏宗谱序》:"粤稽邵氏之出自召公奭,之后加邑为召邑。则自三代以来其为名世也,远矣秦汉之时散,而后合,合而复涣其间。四布而不可纪,唐太宗敕修天下谱牒退新门进旧望,左膏梁右寒微,合一百九十三姓千六百五十一家,邵氏亦与首称焉。自皇宋南渡子姓扈跸散处四方,有居于临安者,有徙于绍兴庆元者,有徙于建康昆陵者,有徙于歙与扬州者,有徙于姑苏云间者,有徙于江右南昌及抚州九江者,有徙于福建建宁泉州者,及广东厓州南雄者。"①从中可以看出,谱序略述邵氏源流及其播迁概况。

7. 恩纶录

主要辑录皇帝对本宗族族内人的表彰文字,如诰命、敕书、赐匾等。私修谱牒编纂者辑录这些内容的主要目的是光宗耀祖,给后人树榜样,表明对朝廷的忠诚。《河南程氏正宗世谱》载有:宋代诰敕十余篇,清代御书匾额三块等。

8. 世系

世系又名世系表、世系图、世系传等,主要以图或表的形式反映本宗族由一世祖至修撰时期历代各成员之间的世系关系。大部分私修谱牒在世系中会载有本宗族成员的姓氏字号、生卒年月、妻室子女、名人小传、官职科第、坟茔葬地等内容。世系是私修谱牒的主体,也是最为重要的部分。如,

---

① 未题纂者:《邵氏家谱》,洛阳理工学院图书馆馆藏,未题时间,第 49 页。

《河南程氏正宗世谱》载有的世系更为翔实:"德用:字怀庆,自池州复业河南。元吏部尚书,洛阳守墓,下户北乡三十里右故村。后迁孟津县护驾庄,坟在村西南三里癸山丁向。"①从中可看出,程德用的字、官地、官职、播迁、坟茔等。

9.传记

传记主要记述本宗族在德行、官爵、技艺等方面有所成就之人的事迹,有的私修谱牒称之为行状、行实、志等。传记在私修谱牒中有的自成篇目,有的在世系中辑录,有名望的还会以神道碑、墓志铭、祭文等形式出现。如,《白居易家谱》载有白居易传,世系中偶有传记;《范氏家谱》载有范蠡传、范增传、范滂传、范宁传、范缜传、苏州范氏十六房祖传、范履冰传、范仲淹传、范景文传等,此外还有神道碑、康熙碑、乾隆碑等;《河南程氏正宗世谱》载有二程传、乾隆祭二程夫子文、世系中多有小传;《邵氏家谱》载有邵雍传,世系中从黄帝就开始载有小传,凡是有官爵的都有小传,传记颇多。因此,传记也成为私修谱牒的有机组成部分。

10.族规

主要是本宗族内部制定约束、教化族人的法规,有的私修谱牒中称之为家训、族约、祠规、家戒等。族规主要涉及敬宗收族、财产纠纷、祭祀规则、重师道、杜邪风、三从四德等。河洛地区私修谱牒多有族规这一类目,且语言大多通俗易懂,粗言熟语,精华与封建糟粕并存。如,《范氏家谱》载有范仲淹家训百字铭、范氏家规等。

11.宗族风俗

主要涉及本宗族婚丧、祭奠、服饰、礼仪等。河洛地区私修谱牒涉及这一类目较多,其中婚丧习俗蔚为壮观。

12.仕宦

主要记述本宗族做官者的事迹。如,《范氏家谱》仕宦者有范履冰、范仲淹等。

13.祠堂

主要是本宗族成员祭祀或朝拜祖先,商议重大事件的地方,有的称为宗

---

① 未题纂者:《河南程氏正宗世谱》,洛阳理工学院图书馆藏,未题时间,第19页。

庙、宗堂、家庙、家祠等。私修谱牒中的祠堂内容以图(祠堂建筑结构,周围地形与山水)为主,附有文字,有些还附有大量的祠堂祭祖器物或祖先牌位顺序等。私修谱牒中祠堂表明其位置、布局、文字论述祠堂功能及宗旨。如,《河南程氏正宗世谱》载有嵩县敕建两程祠制图,图文并茂。其中图,主要包含祠堂的建筑结构图,分别有著述楼、讲堂、启贤堂、道学堂、神库、神厨、烈日秋霜、和风甘雨、至斋室、宰相所、春风亭、立雪阁、礼门、角门、诚敬门等,祠堂院内有树,后有耙楼山,左有伊河、玩易所、乐忠亭、两程故里,左前方远有龟山,近有春晓林,正前方有伊河的源头活水,右前方有陆浑山等。文,载有祠堂中各堂室陈设物品以及应用祭品和祭器等。

14. 坟茔

主要记述墓地、所葬先人及葬向,有些私修谱牒称为:坟山、祖茔、庐墓和坟墓等。私修谱牒中的坟茔内容以图(坟茔位置、葬地、坟茔周围水土概况)为主,附有文字,文图相济。王鹤鸣认为:"南方地区家谱中坟墓图笔工精细,图画含义丰满;北方地区家谱中坟墓图则内容比较简洁,线条粗犷。"①其实并不尽然,以《河南正宗程氏世系》为例,详细画有"洛阳县敕建两程墓制图。"②不但详尽绘制了坟茔图,而且坟茔的位置、祖先坟茔排列、周围山水概况(伊水、洛水、邙山、白虎山等)都精细绘制出来,此外文字内容也详细记载了坟茔的来源与概况:"先是墓在京兆醴泉,因兵乱恐遭揭,伊川迁葬于此……河南府洛邑伊涧后岭,茔在蔡沟村西半里许,迁居河南自羽祖父子始……宋哲宗元祐五年,太中公卒,敕赐卜葬伊阙。茔地一顷二十亩,负癸面丁,给瞻茔地十顷。茔墓今在伊川县府店镇西二里许,即二程茔地。"③因此,北方地区私修谱牒对于坟茔也十分的重视,也是私修谱牒的重要组成部分,也为本宗族收宗睦族提供物质基础。

15. 族产

主要指本宗族所共有的物质财产,有宅第、义田、学堂、宗祠、墓地、契约等。族产用以维持本宗族祭祀、建祠、赡养、修谱、嫁娶、葬埋等。如,《白居

---

① 王鹤鸣:《中国家谱通论》,上海古籍出版社,2011年版,第328页。
② 未题纂者:《河南程氏正宗世谱》,洛阳理工学院图书馆馆藏,未题时间,第14页。
③ 未题纂者:《河南程氏正宗世谱》,洛阳理工学院图书馆馆藏,未题时间,第12-13页。

易家谱》载有《履道里第宅记》:"履道里在都城偏东南。其内买杨凭宅。价不足,以两马偿之。宅在西北隅闲北垣第一邸也。坐向南方。于东五亩为宅,其宅西十二亩为园,方正共十七亩。"①从中可以看出宅第的位置及面积。又如,《范氏家谱》载有《广玉田记》:"广玉田记万安山先贤范文正公埋玉地也……洛阳万安山之第一域也……以庐公墓赐祭田八百,除籍免赋,以供公祀义田十二顷……忠宣诸公胥附葬于茔之西北第二域,熙宁间神宗敕创褒贤显忠祠于彭婆镇,供公香火,元守臣郭公请建专祠于河南府大西关萁下奉祠之所,凡四十有九历有修祠墓,禁牧樵,置义田者,代不乏人……洛阳共义田十五顷三十亩。"②可以看出,私修谱牒十分重视本宗族的族产,尤其是义田、祠堂和坟茔占地的多少。此外《范氏家谱》还载有钱公辅撰写的《义田记》:"范文正公……方贵显时,置负郭常稔之田千亩,号曰'义田',以养济群族之人。日有食,岁有衣,嫁娶婚葬皆有赡。择族之长而贤者主其计,而时共其出纳焉。日食,人一升;岁衣,人一缣。嫁女者五十千,再嫁者三十千;娶妇者三十千,再娶者十五千;葬者如再嫁之数,葬幼者十千。族之聚者九十口,岁入给稻八百斛,以其所入,给其所聚,沛然有余而无穷。屏而家居俟代者,与焉;仕而居官者,罢其给。"③进而记述了义田所产的分配,也为本宗族维持祭祖、修祠、修谱等奠定了物质基础,从而为达到"尊祖、敬宗、收族"提供物质保障。

16.艺文志

主要记述有关本宗族成员的著述、诗文、诏谕、奏疏以及碑文等。如,《白居易家谱》载有白居易诗文;《范氏家谱》载有图像墨宝,宋词《苏幕遮·别恨》;《河南程氏正宗世谱》载有乾隆祭两程夫子文;《孟津王氏家谱》载有明天启进士,官至礼部尚书王铎的书画、诗文,其中诗文为《伊阙》和《前题》;《洛阳蒙古族李氏家谱》载有当代著名作家李準的事迹与部分文章。

17.字辈排行

主要记述本宗族成员世系次序,辈分先后用语。有的私修谱牒称之为

---

① 洛阳市郊区委员会学习文史资料委员会编:《白居易家谱》,洛阳理工学院图书馆馆藏,1990年版,第63页。
② 未题纂者:《范氏家谱》,洛阳理工学院图书馆馆藏,未题时间,第12-13页。
③ 未题纂者:《范氏家谱》,洛阳理工学院图书馆馆藏,未题时间,第14页。

字行、派语、派行、行第等。如,《范氏家谱》载有范氏世系字谱;《河南程氏正宗世谱》载有程氏正宗谱系字式。

18. 领谱字号

私修谱牒一般是仅限本宗族内部发行的,按本宗族房数和支数手抄或印刷成册,各房各支按字号签字领谱。

从上述私修谱牒的18种最基本叙事体例可以看出,私修谱牒记载内容十分广泛,主要记述本宗族姓氏源流、播迁状况、世系图表、人物传记、宗族风俗、祠堂坟茔、族规家法、艺文杂志等。根据传统历史的编排,可以将上述18种最基本的叙事体例进一步归类为史、表、图、志、传、文共6种叙事体例。其中史包括谱序、姓氏源流、宗族播迁等;表主要包括世系世传等;图包括祖先像、祠堂图、祭祀器物图、住宅图、播迁图、坟茔图、书院图等;志包括祠堂志、讲堂志、碑记等;传主要包括人物传记等;文包括诗文、像赞、族规、字辈排行等。本书为了叙事分析的需要,再大而化之,可将私修谱牒的叙事体例分为宏观叙事体例、中观叙事体例和微观叙事体例。其中宏观叙事体例主要是表;中观叙事体例主要是宗族史;微观叙事体例主要是图、传、志、文。

第三节　私修谱牒叙事宏观体例:宗族世系

宗族世系是私修谱牒中最为重要的内容之一,其结构框架在众多叙事体例中最为庞大。《范氏家谱》共515页,仅忠宣房世系图这一部分从151页至461页,占据了这一私修谱牒近四分之三的篇幅。纵观河洛地区比较著名的私修谱牒,如《白居易家谱》《邵氏家谱》《程子宗谱》《张氏家谱》《王氏家谱》《魏氏家谱》等,其世系占据私修谱牒的篇幅都近四分之三;有些普通私修谱牒,如,《薛氏家谱》《潘氏家谱》《周氏宗谱》《聂氏族谱》等,其世系占据私修谱牒的五分之四,乃至更多。可见世系在私修谱牒内容中所占比重最大,其重要性也是别的体例不可相提并论的,从篇幅内容上讲,将宗族世系纳入宏观体例范畴一点不为过;从叙事策略上讲,世系文本结构内涵十分丰富,具有整体意义,在深层次上,将宗族世系纳入私修谱牒叙事的宏观体例也是必要的。宗族世系既是私修谱牒的显著特色,也是区别正史与方志最为主要的依据。民国以前私修谱牒的世系在修撰时只记载本宗族男性成员,很少涉及女性成员,随着现代修撰人对男女平等认识的提高,有些私修谱牒不但将本宗族女性纳入世系,还将本宗族男性配偶纳入世系修撰的范畴,只是在具体书例中,各私修谱牒有所不同。

一、宗族世系的文本类型

一个宗族若要被其他宗族或社会认可,则需要一个能被社会认同的宗族史确立其在社会中的地位。宗族史的构建,世系起到了最基础的作用,它为本宗族成员提供了一个证明其在本宗族中身份和地位的可能,进而,宗族史可以通过连续的本宗族世系文本得以基本呈现,通过谱序宗族史中的重要事件得以联系。一切传达意义的客体都是文本,私修谱牒也不例外,每套私修谱牒宗族世系无不具有一定意义,宗族世系文本的基本结构在叙事分析中成为开放的、动态的意义生成过程,结构和意义一样,是文本的基本属性。私修谱牒中世系文本存在多重意义,要想对宗族世系做出准确把握,就要真正地准确理解文本;同时,宗族世系的宏观结构,对把握世系文本整体意义具有指导性,世系文本的框架结构内涵丰富,要想体现其内涵的无限丰富性,分析宗族世系文本的类型是十分必要的步骤之一。

法国语言学家本维尼斯特根据语言的三种句型限定了三种话语,认为:"任何地方都承认有陈述、疑问和祈使这三种说法,尽管它们都以谓语为基础,但却按照句法、语法具体特征的不同而区分开来。其实这三种句型只不过是反映了人们通过话语向对话者说话和行动的三种基本行为。或是希望把所知之事告诉对话者,或是想从对话者那里获得某些信息,或打算给对方一个命令。"① 从而形成了:陈述文本、疑问文本和祈使文本。私修谱牒的宗族世系便是陈述文本,对于私修谱牒中的宗族世系而言,这一陈述式文本类型在宗族世系中具有一定的普遍性。这一普遍性既存在着能够容纳和确证其他话语的权威性话语,也存在能使意义和谐统一的结构类型。编纂者

---

① 本维尼斯特:《普通语言学问题》,迈阿密大学出版社,1971年版,第10页。

总是企图通过一个隐含读者传达世系传承这一过程,且世系中直系之外均有旁系,甚至是以直系为主旁系为辅的世系排列,直系与旁系并非私修谱牒世系的分类标准,因此,私修谱牒叙事中的世系文本类型基本是以陈述式文本呈现的,在这一前提下,进而可细化为四种主要类型:有序连续陈述式文本、有序间断陈述式文本、无序连续陈述式文本、无序间断陈述式文本。有序与无序是指本宗族宗世系中的世序是否明确规定宗族成员出生的先后次序;间断与连续是指本宗族世系从始祖始至编纂者时期是否具有连续性。有序与无序侧重的是旁系亲属,间断与连续侧重的是直系亲属。

1. 有序连续陈述式文本

大多编纂者在编撰宗族世系时,对世序有着明确的规定,既标明世代,又标明次序,并且在叙述自始祖至编纂者时期无断代痕迹。这里的无断代痕迹,并不表明这一宗族世系是完全真实的,在这一世系空间内存在虚构成分,在后边宗族世系的叙事时间与叙事空间中会涉及,此不赘述。如,《范氏家谱》世系中世系世代清楚,始祖自黄帝始,至范履冰共历经一百〇九世后,又以范履冰唐范氏分房始祖起一世,且同字辈者平列,长幼自右而左排列。编纂者重点叙述了忠宣房这一分支,在叙述过程中采用先总序后分序的形式,顺序展开,且在以范履冰为一世时,又采用插叙,插入唐范履冰前的名人传记。

2. 有序间断陈述式文本

世系文本编纂者通过与本宗族成员的对话,希望将本宗族的历史以世系的形式传承下来,这类文本世序明确,但传承有断代。如,《白居易家谱》世系宗族同辈成员世序清晰,以长、次、三分先后。始祖始于百里奚,以白居易为一世祖,但从百里奚至白居易,叙述简单,略述传承过程,但无详实世代,时续时断。

3. 无序连续陈述式文本

这类世系陈述式文本,只是简单列出世序,没有固定排序,世序之间关系有些模糊不清,旁系分辨也有困难,但世代非常严谨,没有间断,具有从始祖至编纂者时期这一直系十分清楚的排列。如,《孙氏族谱》世系中的世代次序并未分明,难以辨别谁为兄、谁为弟,只是简单表明同一世代,但以始祖明朝孙兴祖为第一世,至九世分四门,其谱牒按照门类分四卷,至今均传至二十三世,世系传承无间断,直系清晰明白。

4. 无序间断陈述式文本

这类世系陈述式文本,只是简单列出世序与世代,且世代之间有衔接断层状况。如,《洛宁张村白氏家族历代家谱》世系对于本宗族同辈成员,没有世序排列,不知谁为兄、谁又为弟,且从十八代白文炳始,十八代前无从记载,从二十七代始,又分四门,但这一私修谱牒仅载有一、二和四门。

二、宗族世系叙事观念阐释

私修谱牒宗族世系的叙事观念是根据一套潜在的规则系统构成,非某一编纂者个人的独特创造。宗族世系的叙事观念是针对宗族世系文本中的两大板块而言:一是世系整体,二是世系内部。世系整体指本宗族世系连缀系列,记述本宗族主要成员在谱牒世系中结成联络点,从整体上把握世系的完整性;世系内部指本宗族世代要点阐释,记述本宗族成员的婚配、嫁娶、旁系、世序、事迹等概况。从有序连续陈述式文本、有序间断陈述式文本、无序连续陈述式文本和无序间断陈述式文本这四类文本中的这两大板块做叙事分析,主要涉及叙事结构、叙事时间和叙事视角。

这里的叙事结构指世系文本组合,叙事结构自编纂者编纂世系始祖开始,到写完最后一位本宗族成员世序结束,从整体上把握世系。纵观河洛地区的私修谱牒,世系文本的叙事结构可从功能人物与定居地划分。这里的功能人物是指在私修谱牒的世系建构和组织中把整个世系体系贯穿起来具有纽带作用的一类形象。世系中的人物是具体的某一个人,而功能性人物不是世系中具体的某一个人,而是所有私修谱牒中形成的具有普遍意义的某一类形象,这里具有指代意义与抽象性。

功能人物序列:始祖—始迁祖—迁祖(1、2、3等)—定祖(1、2、3等)—迁祖(1、2、3、4、5、6等)—定祖(1、2、3、4、5、6等)………

定居地序列:祖居地—播迁(1、2、3等)—定居地(1、2、3等)—再播迁(1、2、3、4、5、6等)—定居地(1、2、3、4、5、6等)……

有序连续陈述式文本、有序间断陈述式文本、无序连续陈述式文本和无序间断陈述式文本具有不同的特征,在有序连续陈述式文本中,直系、旁系、始祖、始迁祖、定居地、播迁地以及有些人物的生命信息都清晰明白地呈示出来;在有序间断陈述式文本中,旁系清晰,而始祖、始迁祖模糊记载,虽然中间有断代,但旁系清晰,定居地也就清晰明了;在无序连续陈述式文本中,始祖、始迁祖清晰记载,但旁系同一世代之间的关系不清晰,定居地是因人而异,因此,定居地是模糊的;在无序间断陈述式文本中,直系、旁系、始祖、始迁祖等,均是模糊不清的,因此定居地无从可考,也就模糊了。这四类文本与功能人物序列和定居地序列关系如表1-1所示。

表1-1 私修谱牒叙事世系文本类型

文本类型 序列	有序连续陈述式文本	有序间断陈述式文本	无序连续陈述式文本	无序间断陈述式文本
功能人物序列	清晰	模糊	清晰	模糊
定居地序列	清晰	清晰	模糊	模糊

宗族世系文本的叙事时间与叙事视角既要从整体上把握世系,也要从内部分析世代。叙事时间在世系文字中流转的速度有快有慢,叙事时间的不同,体现了编纂者对特殊人物或事件价值大小高低的不同判断,这样,往往比公开的说明更能直接地反映编纂者的重视程度。分析世系连缀系列与世代要点阐释的叙事时间,主要从文字与图示来分析,文字方面,叙事时间流转速度不是等同的,宗族重要成员的叙事时间较长,其成员对宗族越有影响,其叙事时间就越长;一般成员的叙事时间较短,且一般成员叙事时间与其在现实中存在时间成反比。如,《河南程氏正宗世谱》世系文本中世代传记较多,其叙事时间相对别家较慢,宗族杰出成员详尽介绍,一般成员也有介绍:"颐:字正叔,号伊川,谥曰:正。宋崇正殿说书,宋封伊阳伯,元封洛国公,明授翰林院立经博士,国朝因之康熙二十五年七月进儒为贤,夫人苏氏,宋崇宁三年二月于陆浑之阳寿七十五岁,生于明道二年,卒于大观元年,葬伊阙,配苏氏,封君附葬先茔北,次录曹县谱。"①讲述了程颐字、号、谥号、官职、婚配、生卒、葬地等,其在世系中占据102个字,叙事时间较长,而一般成

---

① 未题纂者:《河南程氏正宗世谱》(世系篇),洛阳理工学院图书馆馆藏,未题时间,第16页。

员仅有名,1或2个字,叙事时间要短得多。在一般宗族成员中,因私修谱牒世系中会记载非正常死亡的原因,非自然死亡相对自然死亡的叙事时间相对较长。图示方面,私修谱牒世系中世序之间的连接方式,常用的图示符号有"—""……""→""□—□"等,世代之间由这些图示符号相互连接,无论断代与否,无论现实中生存的长短,其叙事时间是一样的,这样就可以说:有序间断陈述式文本比有序连续陈述式文本的叙事时间短,世代中现实生存年龄长短与图示文本的叙事时间成反比。

世系叙事视角的不同,有利于对世系的准确把握和理解,世系连缀系列大多以年代、世代或本宗族成员为主人公,而世代要点阐释大多以本宗族成员为主人公。作为叙述者的编纂者在编纂世系时以全知全能的叙事视角分析宗族史,隐含着重要的意识形态。这些世系的事实着重点在内容层面,其潜含的意识形态着重点在表达的实质层面。在世代要点阐释中,编纂者以第三人称出现,记述该世系成员的事迹,最主要的是该成员的基本概况,但其内容的隐含意义无不包含了时代所独有的意识形态,这些要从编纂者编纂时所运用的语言中寻找。

第四节　私修谱牒叙事中观体例:宗族史

宗族史是私修谱牒的重要组成部分,主要包括谱序、姓氏源流等,在篇幅上,史在私修谱牒中占据近四分之一篇幅的,其篇幅不及世系,但比图、传、志、文的总和要多很多。在叙事上,其整体性不及世系,但其叙事时间、叙事空间、叙事话语方面极具代表性。因此,鉴于以上两点,本书将宗族史划为私修谱牒叙事的中观体例。

一、宗族史的文本构成

在私修谱牒中,宗族史的叙事内容以谱序为主,谱序是私修谱牒除了世系外最主要的特征,每一部私修谱牒都会存在世系和谱序。谱序内容主要涉及姓氏源流、宗族播迁、修谱缘由、修谱目的、修谱经过等。有些私修谱牒会单篇介绍宗族史,绝大多数私修谱牒中的宗族史都包含在谱序中了,其实谱序就是某一宗族的简史,每一私修谱牒中的谱序少则一两篇,多则十几篇,笔者翻阅河洛地区 236 册私修谱牒,无谱序的 15 册(但均有前言、说明、根源、叙谱碑记等略述姓氏源流及宗族史),占私修谱牒的 6.4%,谱前一序的 52 册,占私修谱牒的 22.0%,谱前两篇(含两篇)以上的 169 册,占私修谱牒的 71.6%。

可以看出,谱序在私修谱牒中具有十分重要的地位,多篇的谱序为研究其诸要素之间的相似性或差异性提供了可能,从历史叙事角度分析,私修谱牒谱序便有了隐喻性与换喻性,这里的隐喻本身并不是编纂者在谱序中所想要刻画事物的意象,而是指导本宗族成员与该事物联系起来的有利于本宗族繁衍的意象,这便具有了象征性。谱序中的换喻,借助一事物一部分的名称用来代替整体的名称,即部分代整体,如谱序播迁史中播迁祖的个人事件所表达的精神,便是整个宗族所共有的精神支柱。宗族史作为私修谱牒叙事的中观体例的呈现,链接私修谱牒的宏观叙事体例与微观叙事体例,中观叙事体例在渗透整体意义深层结构的同时,也继承了微观叙事体例的潜在意义。在私修谱牒叙事体例中起承上启下的作用。

二、宗族史的叙事时间

法国叙事学家兹维坦·托多罗夫认为:"从某种意义上说,叙事的时间是一种线性的时间,而故事发生的时间是立体的。在故事中,几个事件可以同时发生,但是话语则必须把它们一件一件地叙述出来,一个复杂的形象就被投射到了一条直线上"①叙事时间的线性关系与故事的立体性关系同时存在于叙事文本中,私修谱牒的谱序也具有这种双重时间序列的转换系统,即谱序中先祖事件编年时间与谱序文本中叙事时间。这里重点研究三点:一是研究先祖事件编年时间与谱序文本中排列的时间顺序之间的关系;二是研究先祖事件时间的长度与谱序文本中叙事时间的长度;三是宗族史的叙

---

① 兹维坦·托多罗夫:《叙事作为话语》,张寅德选编《叙事学研究》,中国社会科学出版社,1989 年版,第 294 页。

事时间意识。

(一) 宗族史的叙事时序

私修谱牒谱序的主要内容是宗族史,包括姓氏源流、播迁分布和重要事件等。研究其叙事的时间顺序:"就是对照事件或时间段在叙述话语中的排列顺序和这些事件或时间段在故事中的接续顺序。"① 谱序中先祖事件编年时间与谱序文本中排列的时间顺序主要有顺叙、倒叙、预叙。

1. 顺叙

私修谱牒的谱序以顺叙为主,这也是传统官修谱牒最为常用的基本叙事模式,在官修谱牒中以顺叙叙事模式最具代表性的是《春秋》与《史记》,《春秋》按年、月、日依次顺时叙述所发生的史实,时间、地点、人物很简洁的一句话就都包括了;《史记》中的《本纪》与《世家》,司马迁以人物为核心,以自然发生的时间顺序将人物的生平事迹叙述出来。顺序也是私修谱牒的主要叙事模式,这一叙事模式大多是单线进行的,分支众多者会以复线进行,且是以本支为主的复线形式。这样容易显示宗族播迁情况,也有助于本宗族各成员清晰地看出先祖的繁衍概况,对本宗族收宗睦族具有既定的权威性。这一直线性叙事模式为:姓氏源流→始祖生平、事件→迁徙缘由(社会或宗族发生重大事件)→各分支迁徙概况→本支先祖定居、宗族繁衍→迁徙缘由→……→修谱概况。有些宗族迁徙一次或两次,有些迁徙多次,这样构成一个简单循环过程。如康熙五十九年四十五代白锦撰写的《白氏重修谱系序》:

> 白氏之先,太原人也。至大唐长庆四年,我始祖白乐天公迁居洛南、龙门之北履道里焉。会昌二年,罢太子少傅,会九老,栖隐香山寺,卒于履道里。春秋七十有五。如满禅师塔之侧。无子,以次侄景受嗣,延流二世,守故土,承先祠,其遗风盖其盛也。迨至后唐,改履道里为禅院。是时,我白氏四代祖思齐迁入洛城,改葬高祖景受墓于邙山之阳。至六代祖,长曰慕圣,而始著谱焉。次曰慕

---

① 热拉尔·热奈特:《叙事话语·新叙事话语》,中国社会科学出版社出版,1990年版,第14页。

道,兄弟二门下传十七世,至讳澄者,系慕道之裔孙也,分居洛水南庄。元顺帝失位时,乡居十世。兵乱,族皆破亡,至遗我三十二世祖讳介,慕圣之裔孙也。洪武定位,重修旧谱,复接续四代,传至我三十六代祖讳金刚,又迁洛城东南。嘉靖年重修旧谱。继续前后六代,而自介祖始也。长门居城南,二门居城东,分著世系,号为东西两白,虽有长门二门之分,其实皆嫡派也。锦日夜焦心劳思,欲重修金刚祖以后之谱系。①

从中可以看出,此谱序略叙白氏源流,始祖白居易生平、官职,白氏宗族的分支、播迁等,这些都是编纂者按照顺序的叙事模式编纂的。

2. 倒叙

有些撰写者在谱序中采用倒叙的时间安排,即从后往前叙述先前发生的事件,官修谱牒中也存在倒叙情况,最具代表性的是《左传》,其叙事模式中多有倒叙出现。私修谱牒谱序中的倒叙多是对先祖的追叙或回忆,也是秉着对宗族世系追根溯源的一种探索方式,同时是撰修谱序者主体意识的体现。倒叙主要揭示宗族事件之间的因果关系,使得本宗族成员清楚本宗族事件发生、发展的内在原因。如,明隆庆壬申岁二十代程宗孟撰写的《重录河南程氏正宗世》:

> 而程伊川后二十代嫡孙程宗孟,自袭职回无他可能,惟以读书为事。一日读《河南先公伊川谱》,从吾辈推而上之世系,至先公秀而止。读《新安统宗谱》,从秀公推而上之世系,至先公元谭而止。读《河南上程谱》,从元谭公推而上之世系,至先公黄帝而止。②

这里通过倒叙揭示程氏宗族的传承是黄帝→程元谭→程秀→程宗孟,根据历代程氏谱牒进行的因果性倒叙追溯,既可增强可信度,又为程氏宗族

---

① 洛阳市郊区委员会学习文史资料委员会编:《白居易家谱》,洛阳理工学院图书馆馆藏,1990年版,第5-6页。
② 未题纂者:《河南程氏正宗世谱》(谱序篇),洛阳理工学院图书馆馆藏,未题时间,第6页。

3. 预叙

预叙也是私修谱牒叙事中的典型叙述方式之一,它"指提前叙述以后将要发生的事件。"①预叙是对后来发生的事件进行预先叙述,一般会有明确的时间提示,通过时间上指示来引导读者对文本的期待。在官修谱牒中最具代表性的是《史记》,在其《陈涉世家》《李将军列传》《项羽本纪》《高祖本纪》等中,预叙经常出现,成为其中的叙事方式之一。私修谱牒中的预叙大多具有明显的时间提示,这种时间性有三方面意义:其一是记载在本宗族史上具有重要意义的事件;其二是让本宗族后世子嗣记住这一事件;其三是宣扬本宗族的荣誉事件。如乾隆二十四年翰林院检讨程鸣歧撰写的《两程世系宗谱序》:

> 我始祖程伯休父者,乃上古高阳氏之苗裔也,仕周佐宣王伐淮、徐有功,封于程其爵伯,遂因以为氏,得姓受命之祖……宋元丰年间,封忠义诚信侯,立庙徐州,南渡加封忠义疆济孚佑广烈公,立庙临安……而后至景王时,有祖子华子讳本者,赵简子聘而不就,由广平徙居于巩,隐居著书……而子华子之在巩者,竟以家居老,越周秦,以及两汉至三国有都亭侯……至宋初,文明殿学士羽,以辅翊功显于朝,蒙太宗赐第京师为河南人,羽卒子希振终于虞部员外郎。希振生三子,长适终于右殿班真,次子遹终于黄陂,县令三道无禄而卒。适生子三,长即太中公珦也,珦累封永年县开国伯、判西京。闻汝南周先生讳茂叔,号濂溪贤人也,命二子颢与颐往受学焉……因卜于龙门之南张刘里,神荫乡,遂家于洛履道坊,乃其故宅也。②

这里"宋元丰年间"是指北宋神宗赵顼的年号,时间为公元1078年至1085年,这一事件前后皆在周朝,前者"周宣王"是周厉王之子,在位时间为

---

① 胡亚敏:《叙事学》,华中师范大学出版社,2008年版,第68页。
② 未题纂者:《程子宗谱》,洛阳理工学院图书馆馆藏,未题时间,第7-9页。

公元前827年至公元前781年;后者"景王"是指周景王,乃周灵王之子,在位时间为公元前544年至公元前520年。从时间上看,将宋元丰年间发生的事件事先预叙,说明程氏从古至今就有很好的声望,这种声望并非阶段性或断代性,而是具有连续性,并且封侯立庙说明程氏宗族的显赫身份。

总之,在私修谱牒中观体例宗族史中,先祖事件编年时间与谱序文本中排列的时间顺序主要包括顺叙、倒叙与预叙。每一文本并非只有一种叙事方式,有时候这三种叙事方式会杂糅出现,使得私修谱牒"宗族史"这一中观体例立体形象显现,极大地拓宽了私修谱牒的叙事空间范围,编纂者在这一形式下,对宗族史的评价也有意无意表现出来了。

(二)宗族史的叙事时速

时间速度是一个相对概念,热拉尔·热奈特称之为速度的恒定,他认为速度是指"时间尺度与空间尺量的关系(每秒多少米,每米多少秒);叙事的速度将由以秒、分、时、日、月、年计量的故事时距和以行、页计量的文本长度之间的关系来确定。"① 这里的叙事时间速度概念就是故事时间与叙述长度的对比。私修谱牒中宗族史的叙事时速涉及先祖事件时间的长度与谱序文本中叙事时间的长度,是由二者的对比成立的。宗族史的叙事时间速度与叙事情节的详略成反比,情节越紧密,叙事时间速度越缓慢;情节越疏松,叙事时间速度越快速。纵观河洛地区的私修谱牒,每一姓氏谱牒大多涉及宗族史,试想若是编纂者按照事件发展的进度修撰本宗族谱牒,每一姓氏宗族史应该何其浩大。编纂者何以在如此繁杂的宗族历史中对时间速度有详略得当的把握、精心的操作,才得以形成这一谱牒呢?主要取决于编纂者的三方面原因:

其一,编纂者自身的历史文化视野,历史文化视野包含编纂者的学识、周围的环境与历史材料的搜集等。编纂者历史文化视野深刻影响叙事时间速度,时代越远而对本宗族的发展史或当前影响越小的宗族事件,叙事时间速度越快速;反之,时代越近而对本宗族发展史或当前影响越大的宗族事件,叙事时间速度越缓慢。

---

① 热拉尔·热奈特:《叙事话语·新叙事话语》,中国社会科学出版社,1990年版,第54页。

其二，编纂者特定的敦宗睦族的价值理念，有光宗耀祖形象或有利于本宗族发展的事件会尽可能的详述，叙事时间速度缓慢；有损本族形象或不利本宗族发展的事件会尽可能的略述或省略，叙事时间速度快速。

其三，编纂者本支宗族成员的状况。由于编纂者对本支宗族成员了解深刻，与本支宗族成员有关的或有利的事件会详述，叙事时间速度缓慢，彰显本支成员对宗族的贡献；与本支宗族成员无关的或不利的事件会略述，消除本支成员对宗族所产生的弊端。

编纂者基于以上三方面原因，操纵着叙事时间速度，为本宗族史的叙述推进注入了强大的潜在力量，使得叙事时间成为一种内在力量的时间呈现在读者面前。

（三）宗族史的叙事时间意识

私修谱牒的宗族史是以本宗族客观事件的发展逻辑为根据的叙述，在叙述中，"情节对事件的组织是按照一定的时间和逻辑顺序，而任何的顺序归根结底是由人们的因果关系经验产生出来的，也就是说，其中都隐含着一定文化中人们对世界的发展演变过程的意识。这就是时间意识。时间意识是一定文化中人们的世界观的基础。理解叙事中潜含的时间意识，就是在理解一种意识形态的世界观背景。"[①]通过分析时间意识，可以理解人们世界观在特定时代的转变过程，实际上，在古代历史中，时间意识是意识形态传统作为历史观念的一种表现形式。私修谱牒的中观体例"宗族史"中，主要存在三种时间意识：一是道德阐释的时间意识，二是宗族延续的时间意识，三是生命历程的时间意识。

首先，道德阐释的时间意识是一种事件逻辑意识，私修谱牒中观体例"宗族史"中的每一故事，事件一个一个呈现出来，一种具有普遍性的逻辑展开与呈现的过程表现为时间的发展与变化过程。编纂者在编纂这些事件过程中，把这些事件组织成具有普遍道德逻辑意义的逻辑过程，这一逻辑过程体现了编纂者的世界观。对于官修谱牒而言，比如《左传》《史记》等，在这些作者心目中，"最普遍意义上的道德，也就是'天道'，是世界上一切事物发展的共同的客观规律。因而事件逻辑也就成了'天道'或普遍的道德的逻辑。

---

① 高小康：《中国古代叙事观念与意识形态》，北京大学出版社，2006年版，第73页。

把时间过程理解为'天道'的现实化过程,这种时间观念基本上贯穿在后代大部分'正史'中。所有'正史'叙述背后都隐含着一种普遍的道德意图,就是表现历史事件的发生发展过程的普遍规律,即所谓兴亡之道。"[1]私修谱牒本身就是历史组成部分之一,在表现这一普遍规律的时候,更侧重"兴"之道,这也是与"正史"在道德意图上的区别,因为编纂者的编纂目的最终指向为宗族的繁荣昌盛。

其次,宗族延续的时间意识存在于每一私修谱牒叙事观念中,这也是编纂者编纂私修谱牒的目的之一,宗族的延续是每一家庭单位的责任,"传宗接代"与"不孝有三,无后为大"的封建思想在编纂者脑海中曾留下永久性的烙印。宗族延续的时间意识非常之强,凡有私修谱牒者,其记载的宗族延续情况最为清晰,这也是私修谱牒有别于官修谱牒的一个显著特点。代与代之间皆有时间标注,这样一种时间意识是中国宗族史意识形态有力表现的一个方面,也是每一宗族成员的希望所在。

最后,生命历程的时间意识,既不同于体现普遍道德意义的客观事件逻辑,也不同于宗族延续的希望指向,而是体现特定个人性格和命运的生命历程,这是一种特殊的时间意识,在这一时间意识中,是用有限的生命对抗永恒的"天道",官修谱牒在这一方面体现的是"对个人生命有限性的焦虑"[2],具有一定的悲观主义色彩。私修谱牒试图对客观世界的逻辑性与合理性提出质疑,这样就疏离了正统历史叙事的要求。私修谱牒中观体例"宗族史"中生命历程的时间意识,在具有"正史"生命历程的时间意义之外,更多了些生命的循环性,生命的生生不息性。在这里,应从两个方面理解生命历程的时间意识:其一是编纂者的个体生命体验,在编纂宗族史时,带有编纂者自身的主观意识,依据自己所理解的时间过程展现事件的意义;其二是宗族史事件中的人物,人物的生命历程就是时间过程的内在逻辑,在这一时间过程中,人物的性格对事件的发展起决定性作用。由于编纂者主观意识的渗透,这里生命历程的时间意识具有了对未来宗族发展的期待,在生命的有限性中看到宗族繁荣昌盛的无限性。

---

[1] 高小康:《中国古代叙事观念与意识形态》,北京大学出版社,2006年版,第75页。
[2] 高小康:《中国古代叙事观念与意识形态》,北京大学出版社,2006年版,第85页。

总之,宗族史是私修谱牒的中观叙事体例,其叙事性在私修谱牒中具有承上启下的作用,是私修谱牒不可或缺的组成部分。

第五节　私修谱牒的微观叙事体例:图、传、志、文

图、传、志与文是私修谱牒的组成部分,图即私修谱牒中的谱图,主要包括祖先像、祠堂图、祭祀器物图、住宅图、播迁图、坟茔图、书院图、事件图等,且这些谱图大多附有赞语或文字说明。这里的传与别处不同,不包括谱序、宗族史、播迁史、宗族世系中的人物传记,仅指在私修谱牒中单列成篇的人物传记。对私修谱牒中所有的人物传记将在第三章中专章阐述,这里暂不展开论析。志包括祠堂志、讲堂志、碑铭等;文包括诗文、族规、像赞、字辈排行等,纵观河洛地区众多私修谱牒,除去《范氏家谱》仅"传"这一微观体例占据文本篇幅的七分之一外,在其余的私修谱牒文本中,这四者之和占就文本篇幅大多不到十分之一。这样把图、传、志与文纳入私修谱牒的微观叙事体例也就顺理成章了。

鉴于图本身的特殊性与叙事性,这里在对微观叙事体例论析时,会把图与其他三者分开,这样有利于把握各自的叙事节奏。

一、谱图叙事

中国私修谱牒起源于母系氏族公社后期,其发展经历了口传谱牒、结绳谱牒、甲骨谱牒、青铜谱牒、官修谱牒和私修谱牒几种形式。在结绳谱牒之后,文字谱牒出现之前,绘画谱牒起到了承前启后的作用,文字谱牒产生之后,绘画和文字结伴同行,且经久不衰。时至今日,纵观河洛地区的私修谱牒,谱图在其中仍占有一席之地。

(一)谱图的文本构成

谱图的文本构成主要是图画,附有文字。谱图内容主要涉及祖先像、山

川、河流、房屋、坟茔、祭器、碑文、事件等,而文字的位置在图画中或附其后,其目的是对图画做有效的阐释。谱图可分为事物图与事件图两部分,事物图主要包括祖先像、祠堂图、祭器图、住宅图、播迁图、坟茔图、书院图等;事件图主要包括单一事件图和多重事件图。

谱图文本与文字文本在形成的过程中各自作者的注重点是有区别的,莱辛认为:"既然绘画用来模仿的媒介符号和诗所用的确完全不同,绘画用空间中形体和颜色,而诗却用在时间中发出的声音;既然符号无可争辩地应该和符号所代表的事物相互协调;那么,在空间中并列的符号就只宜于表现那些全体或部分本来也是在空间中并列的事物,而在时间中先后继承的符号也就只是宜于表现那些全体或部分本来也是在时间中先后继承的事物。"①从莱辛的论述可以看出,画家注重的是在空间中并列的符号(即线条和颜色),诗人注重的是在时间中前后承续的符号(即语言)。

莱辛还认为:"绘画在它的同时并列的构图里,只能运用动作中的某一顷刻,所以就要选择最富于孕育性的那一顷刻,使得前前后后都可以从这一顷刻中得到最清楚的理解。同理,诗在它的持续性的模仿里,也只能运用物体的某一个属性,而所选择的就应该是,从诗要运用它那个观点去看,能够引起该物体最生动感性形象的那个属性。由此就产生出一条规律:描绘性的词汇应单一,对物体对象的描绘要简洁。"②朱光潜在解释"最富于孕育性的顷刻"时,认为原义为"怀胎的",即"最富于暗示性的"。莱辛用这一个词来指画家描写动作时多应选用顶点前的一顷刻,这一顷刻既包含过去,也暗示未来,所以让想象有自由发挥的余地,这一顷刻的呈示在私修谱牒叙事文本谱图动态叙事中尤为突出。莱辛所说的"物体",既包含事物,也包含人,诗的叙述具有持续性。

(二)谱图叙事概念的界定

谱图具有叙事性,傅修延认为:"在未摸索出用文字记事之前,为了突破时空的限制,古人尝试过用击鼓、燃烟、举火或实物传递等方式,将表示某一事件的信号'传于异地';发明过结绳、掘穴、编贝、刻契和图画等手段,将含

---

① 莱辛:《拉奥孔》,朱光潜译,人民出版社,1984年版,第82页。
② 莱辛:《拉奥孔》,朱光潜译,人民出版社,1984年版,第83页。

事的信息'留于异时'。图画文字具有较高的自我说明性……用图画来反映事物一直是人类的理想,它可以摹写出须眉毕现的视觉形象,利用形象思维特点来唤起回忆。"①从中可以看出,"含事的信息"就是具有叙事性的事件,"摹写出须眉毕现的视觉形象"便是故事的情节在绘画中的呈现。罗兰·巴尔特认为:"对人类来说,似乎任何材料都适宜于叙事:叙事承载物可以是口头或书面的有声语言、固定的或活动的画面、手势,以及所有这些材料的有机混合;叙事遍布于神话、传说、寓言、民间故事、小说、史诗、历史、悲剧、正剧、喜剧、哑剧、绘画、彩绘玻璃窗、电影、连环画、社会杂闻、会话。"②这里可以看出叙事的广泛性,绘画叙事蕴含其中。谱图叙事与文字叙事最大的区别在于空间与时间的侧重不同,谱图叙事展现出来的瞬间的空间绘画,而文字叙事则是时间连续性的事件呈现,没有时间,就无从谈起叙事,所以谱图叙事要挖掘浓缩在空间中的历史时间,这就涉及艺术的时空观。巴赫金认为:"在文学中的艺术时空体里,空间和时间标志融合在一个被认识了的具体的整体中。时间在这里浓缩、凝聚,变成艺术上可见的东西;空间则趋向紧张,被卷入时间、情节、历史的运动之中。时间的标志要展现在空间里,而空间则要通过时间来理解和衡量。这种不同系列的交叉和不同标志的融合,正是艺术时空体的特征所在。"③无论文字叙事还是谱图叙事都是时空的统一体,只是各自侧重不同而已。谱图叙事最主要的就是研究在这统一体下所潜含的时间性,龙迪勇认为:"图像叙事首先必须使空间时间化——而这,正是图像叙事的本质。"④

谱图是图像的一种,关于图像叙事的定义国外颇多,有狭义的,也有广义的,大致有三种主要解释:一是对一个视觉艺术作品的语言描述;二是对任何(无论是自然的还是人造的)场景的生动的语言呈现;三是用文字再现视觉。现在以认可第三种(赫弗兰提出的定义)阐释的学者居多,国内程锡

---

① 傅修延:《先秦叙事研究——关于中国叙事传统的形成》,东方出版社,2007年版,第16-24页。
② 罗兰·巴尔特:《叙事作品结构分析导论》,载张寅德编,《叙述学研究》,中国社会科学出版社,1989年版,第2页。
③ 巴赫金:《巴赫金全集(第三卷)》,河北教育出版社,1998版,第274-275页。
④ 龙迪勇:《图像叙事:空间的时间化》,《江西社会科学》,2007年第9期,第42页。

麟对图像叙事的定义为"从文学和叙事学的角度看,图像叙事主要是指文学作品中对艺术作品(绘画、雕塑、摄影、广告等)、人物形象及行为、场景(自然景观和人造景观)等的视觉再现的文字再现。"①在私修谱牒中,谱图主要涉及图像中的绘画与摄影,二者中绘画居多。从文化叙事学角度分析,谱图叙事就是指私修谱牒中的绘画与摄影的视觉再现事件或事物的再现,通过视觉形象来叙事,叙述浓缩在空间中的历史时间与文化内涵。

因此,谱图的叙事性在私修谱牒中不容小觑,它作为私修谱牒中观叙事体例之一,可分为两类:一类是静态事物谱图,姑且称之为静态叙述;一类是动态事件谱图,姑且称之为动态叙述。相比较而言,后者叙事性要强大得多。

(三)静态叙事

谱图中的静态叙事是指空间内容夺取了时间的位置、几乎看不到时间的流逝、大量名词性事物呈现在绘画中、潜含着叙事时间的叙事。在这类谱图中,事物的外貌、形状、来历、方位或仪式等被置于优先考虑的地位,行动延迟或屈居末位亦或文字附说。在私修谱牒中观体例"谱图"中,静态叙事的谱图包括祖先像、祠堂图、祭祀图、住宅图、播迁图、坟茔图和书院图等。这些谱图的叙事性在绘画中很难显现,但是大多会有文字附属,所以静态叙事谱图的文字说明起到了时间性的作用。若是单纯分析这些谱图叙事性的强弱,仅结合附着文字,分析潜含的事件,便具有了叙事性与文化意义。

1. 祖先像

祖先像是有关始祖、始迁祖、本宗族名人、近代先祖的画像,画像旁大多附有像赞。祖先像绝大多为男性,女性十分罕见;祖先像多为标准半身像,也存在极少坐姿全身像。本着尊祖、敬宗与收族的宗旨,编纂者往往将祖先像赞置于卷首,其叙事性显现在祖先像与像赞中,如《邵氏家谱》中载有"秦东陵侯平公像"(见图1-1)并附有像赞:"厥彼平公,侯封东陵;秦亡种瓜,五色华凝;布衣隐遁,玉壶清冰;广陵观止,其亭足徵;新安南国,祖德敬承;有

---

① 程锡麟:《〈人间天堂〉与图像叙事》,第四届叙事学国际会议暨第六届全国叙事学研讨会大会主题发言稿,南方医科大学,2013年,第34页。

图 1-1　秦东陵侯平公像①

为有守,不伐不矜;长安城东,古迹堪凭;美名奕世,民到今称。"②首先,分析这一画像,不同朝代有不同朝代的朝服,从穿戴可判断其时代,这是大背景下的时间性;从面容可看出画像中人物的大概岁数,这是一个人的生理年龄;从朝帽、朝服与手持笏可知其官位,这一画像其叙述了一个人的所在朝代、官位、职责等。其次,像赞的叙事性要比画像更强一些,像赞第一句多叙述官位,接着叙述朝代、事迹、为人处世、居住处所及后世影响。

祖先像是中国传统"孝"文化的形象体现,"所有的祖宗像都在传达这样一个观念:先人的肉身虽然逝去,但是他们仍然以像的形式经常性地参与到后人的日常生活中来。这种意义,当然是生者所赋予的。"③在《河南方氏宗

---

①　未题纂者:《邵氏家谱》(卷二像赞篇),洛阳理工学院图书馆馆藏,未题时间,第30页。

②　未题纂者:《邵氏家谱》(卷二像赞篇),洛阳理工学院图书馆馆藏,未题时间,第29页。

③　吴灿:《明清祖宗像研究》,湖南美术出版社,2019年版,第269页。

谱》叙事文本中，载有《像》专章，共载有7位祖先像，分别为："方姓鼻祖雷龙公像图、叔公像图、唐迁弋阳荷湖一世祖钦公像图、竦公像图、干公像图、詠公像图、进教公像图。"① 每一幅祖先像附有像赞，介绍方氏该先祖的官职、播迁及特长等，通过祖先像的叙述变化可以观察宗族的播迁及兴衰历程。

2. 祠堂图

祠堂图是本宗族祭祀祖先场所的建筑框架结构图，有些还会把周围风景描摹其中，并多有文字阐释。祭器图是本宗族祭祀祖先要用到的器物图像，祭祀器物图像旁常有文字，对该祭器的规格、用途与使用方法等进行阐释说明。书院图是本宗族先祖读书、谈道、讲学房屋图，有的与祠堂图画在一起，有的分开。书院图重在叙述讲学授道事件，《河南程氏正宗世谱》在书院图中设有程门立雪处。祠堂图重在叙述宗族祭祀活动中，各建筑的作用。如，《河南程氏正宗谱》中载有"嵩县敕建两程祠制图"②，图文并茂，几个比较重要的建筑物有：诚敬门、道学堂、礼门、启贤堂和著述楼等，在祭祀活动中，最为重要的是启贤堂。在这一祠堂图后不仅附有启贤堂陈设图，还有正殿陈设图与两厅陈设图。所有陈设物品（包括祭品、祭器等）均有其固定的位置。祠堂图与祭器图的叙事性体现在各自的位置、用途、图形展现上，用图像展现文字的意义，通过这一谱图可以深入了解中国古代祭祀活动中的文化内涵。值得一提的是祭器谱图，不但具有清晰的绘画，还具有严格的尺寸，绘画中祭器的形状或祭器局部形象多与动物有关，不难想象，这里的叙事意义与神话叙事有着千丝万缕的联系。

3. 住宅图

住宅图是本宗族成员居住地的图画，有些私修谱牒还画有祖先居住图，图画中多有文字嵌入，图后多有文字契约。播迁图是关于本宗族祖先由别处辗转而至本地的传播迁徙图。播迁图与住宅图是关于本宗族成员播迁与定居的图画。这两类图画中的地点挤满了整个画面，叙事空间极大，而叙事时间较小。

此外，坟茔图是埋葬本宗族先祖的坟穴图，多有先祖之名嵌入坟茔图，

---

① 未题纂者：《河南方氏族谱（卷一）》，中南大学中国村落文化研究中心影印版，1888年版，第30-37页。

② 未题纂者：《河南程氏正宗世谱》，洛阳理工学院图书馆馆藏，未题时间，第13页。

图后多有对坟茔图的阐释。《河南方氏宗谱》载有"棠房新田方氏阳基全图"①（见图1-2），该图坐北朝南，坟茔主要埋于一系列山脉（金字山、金钟山、凤形山、古城山等）之下，前临村落和池塘，后靠大山，这里谱图叙事隐含

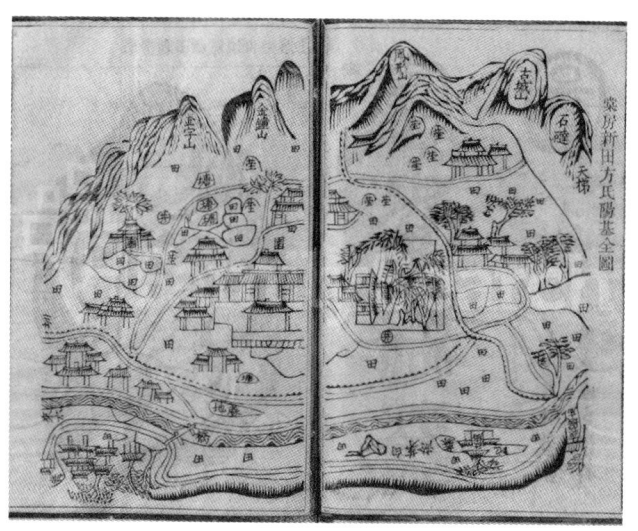

图1-2　棠房新田方氏阳基全图

着三层意义：一是方氏宗族注重坟茔地点的选择，需是风水宝地；二是方氏宗族注重对祖先的崇拜；三是方氏宗族是一个大的宗族，由宗庙和社庙的存在可以看出宗族团结。这里的叙事策略是把时间的一瞬凝固在绘制的坟茔空间分布图中。此图之后，载有10张墓图，每一张墓图旁边均有关于坟茔坐标、来历、数量等方面的介绍。《河南程氏正宗世谱》载有"洛阳县敕建两程墓制图"②（见图1-3），此图右上方的河南府西有伊洛渊源祠。此坟茔，背靠白虎山和邙山，有伊水环绕，在青山绿水之间，建有程氏坟茔，入门便是二程坟茔，左右有动物相伴，坟茔林立，厢房、神库、享殿等，最里便是程氏"太中公墓"，墓旁松柏之间还有许多程氏墓茔。这里空间占据了图画的绝大部分，看不见时间的流逝，但是，空间也是时间的标示物，在这一坟茔图中，是以二程坟茔为进入口，按照坟茔辈分排列，从里向外，年代也是由远及近，二

---

① 未题纂者：《河南方氏族谱（卷一）》，中南大学中国村落文化研究中心影印版，1888年，第47页。

② 未题纂者：《河南程氏正宗世谱》，洛阳理工学院图书馆馆藏，未题时间，第14页。

程便是这个时间的标示物,从而展现的是二程之后程氏后人绘制的这一图画,图画展现的只是一个瞬间,无法预想事物与事件的发展,因此,在静态叙事中若是依靠一张绘画达到叙事的目的,的确是一件很难的事情,所以静态叙事没有一个完整的事件在里面,尤其对于私修谱牒而言,在整个宗族发展的叙事史中,只能起到辅助性的作用,可以为事件的发展提供场景、事物、时间等。绘画者却将意识留在绘画里,这为寻找其时代的意识形态提供可参考的价值。

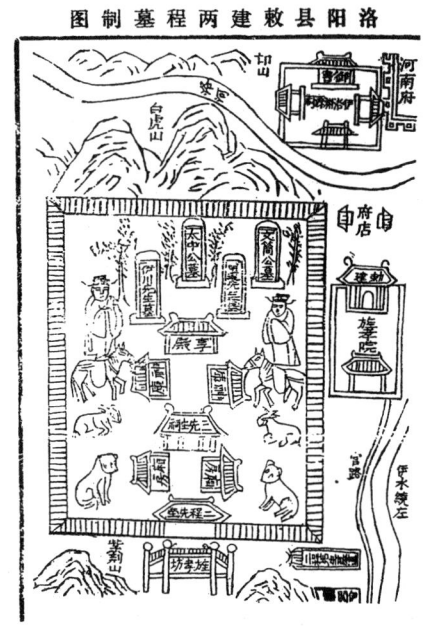

图 1-3 两程墓制度图

(四)动态叙事

事件图是本宗族成员所做之事的图。动态叙事是指谱图中载有动作或事件的叙事形态。其可分为单一结构动态叙事和情节结构动态叙事两种。

1. 单一结构动态叙事

在谱图中,绘制的动作或事件只有一个故事原型,谱图中的所有场景仅为显现一个事件某一瞬间的叙事形态称之为单一结构动态叙事。在单一结构动态叙事中,编纂者通过一幅谱图中的场景,把事件中最有意义的一点突出出来,用笔锋展现这种呼之欲出的瞬间,以这一永恒的瞬间动态暗示事件的前因后果,以这一瞬间时间暗示时间链条中诸多时间各自的归属,最终让观众通过自己的意识或知识储备来完成一个事件的叙事过程。

单一结构动态叙事的样式简单、事件单一,但留给观众填补的空间却很大,不同的观众由于自身的条件不同,填补的结果也是千差万别,这样离编纂者的真正叙事意图越有距离。如,《范氏家谱》中有一幅图画中,一长者立在一个古代石柱建构成的大门(三扇大门,中间最大,左右偏小)中间,左右牵着两个孩子,长者神态庄严,左边孩子露出稚嫩的浅笑,右边孩子看着远方,背景是松柏林立的宗祠,宗祠门口人头攒动,做着祭祀动作,每个人表现出不同的神态,文字标题是"清明时节人如织"①。这张图片的叙事意图,编纂者的叙事意图是阐述清明时节祭祀祖先这一事件,但对图画中人物的叙事意义何在,有待观众自己去品味。

2. 情节结构动态叙事

在谱图中,把不同时间点的场景或事件要素置于同一幅图画中,抑或将两个或两个以上的事件置于同一主题下的多幅连续图画中的叙事形态称之为情节结构动态叙事。在情节结构动态叙事中,编纂者通过一副或多幅图画中的场景,尽可能围绕某一主题展现一个一个事件的瞬间时空,尽可能将其中最具代表性的事件瞬间凸显出来,通过不同的瞬间时空丰满地填充画面,将情节结构最大限度地展现给观众,相对于单一结构动态叙事而言,观众通过自己的意识或知识储备来完成叙事过程填补的自由度要小得多,但这类谱图,通过有限的填补却更接近编纂者真正叙事意图。

在情节结构动态叙事中,涉及事件较多,最具代表性的是多幅图画展现一个主题的叙事谱图,与连环画的性质类似,这类叙事,首要的任务是确立多幅图画的主题,并根据这一主题的空间结构进行整体研究,分析每一幅图画中各自事件的瞬间时空编排方式,根据这一编排方式设想编纂者的总体

---

① 未题纂者,《范氏家谱》(图像墨宝篇),洛阳理工学院图书馆馆藏,未题时间,第32页。

构思,并填充细节。如,《范氏家谱》中载有"文正公生平片段"①共有 10 幅图画组成。其编纂者以赞颂范仲淹的功业为主题,无论是"带领民众修筑捍海堰""江淮一带赈灾"(见图 1-4),还是"大闹垂拱殿""戎装赴边关"等都是围绕这一主题进行叙事的。每一幅图画又都有许多小的场景组成,建功立业这一情节结构下有许多事件组成。

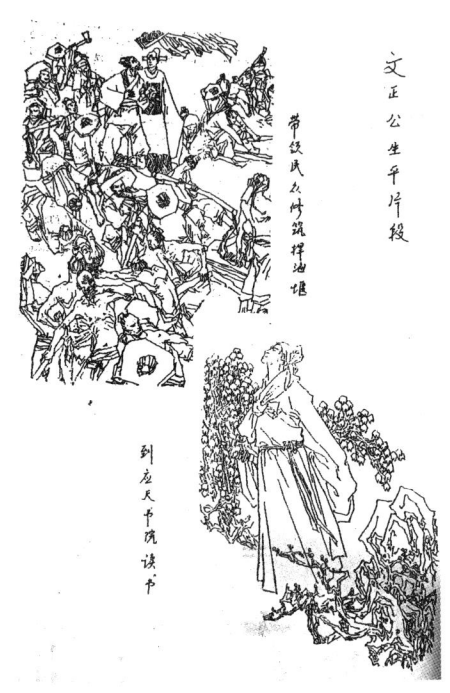

图 1-4　范仲淹江淮一带赈灾图②

二、传、志、文的叙述方式

传、志、文是私修谱牒的微观叙事体例,其叙述方式各有侧重,主要体现在叙事视角与叙事时间方面。

---

① 未题纂者,《范氏家谱(图像墨宝篇)》,洛阳理工学院图书馆馆藏,未题时间,第 34 页。
② 未题纂者,《范氏家谱》(图像墨宝篇),洛阳理工学院图书馆馆藏,未题时间,第 35 页。

(一)传、志、文的文本构成

传、志与文属于私修谱牒的微观体例,从篇幅上看,传的内容相对较多,志与文相对较少,原因有二:其一是宗族意识。宗族中的名人在宗族中具有凝聚精神的作用,尤其是本宗族的名人之事,在本宗族中广为流传。而志与文除了实际存在物外,容易丢失。其二是时间。志与文随着朝代的更替或宗族的播迁容易走样,若是本支谱牒丢失就要去借鉴本宗族别支宗族谱牒,这样容易使本支志与文不复存在,但是传即使没有谱牒,在宗族中依然流传着他们的故事。所以,对于一般谱牒而言,传比志与文要多,而对于有名望的谱牒,传、志、文同等重要,相差不多。就叙事性而言,传这一叙事体例要优于另外两种。

在传、志、文叙事的文本类型中,传与文属于陈述式,而志属于祈使式。陈述式文本最重要的特征就是"存在着一种能容纳和确证其他话语的权威性话语,一种能使意义和谐统一的固定位置"①。在这类文本中,存在不同的话语等级,有一种话语处于主导地位,对其他话语施以影响。而祈使式文本则是一种宣传,这类文本与读者是一种引导与被引导的关系。在私修谱牒中,通过"志"这一叙事,向本宗族成员阐述祠堂、讲堂、宗庙等的作用和意义。

(二)传、志、文的叙事视角

叙事视角是文本看世界的特殊角度,之所以说"特殊角度"是因为视角具有选择性与过滤性。编纂者在编纂过程中不可能把本宗族所发生的一切按照客观世界的本来面目原原本本地写在谱牒中。编纂者要借助某一结合点把动态的宗族世界呈现在谱牒中,那么视角便是这一载体,"叙事视角是一个综合指数,一个叙事谋略的枢纽,它错综复杂地联结着谁在看,看到何人何物,看者和被看者的态度如何,要给读者何种'召唤视野'。"②可见,叙事视角在文本中是一个普泛性存在。并且,传、志、文基本上皆以全知视角进行叙述,这里全知是一种合理性的全知。按照杨义的理解:"全知视角的'全'也是有限度的,一旦跨越文本规范限度的边界,它就可能自我消解了全

---

① 胡亚敏:《叙事学》,华中师范大学出版社,2008年版,第197页。
② 杨义:《中国叙事学(图文版)》,人民出版社出版,2009年版,第197页。

知的合理性。"①因为编纂者不仅要多方面搜集本宗族的历史材料,尽可能全面地实录宗族史,还要力尽所能地探究其因果原理,如果没有全知视角很难做到这些。

在传的叙事中,《范氏家谱》中涉及单篇成章的人物传记有29人,有一章专门介绍"苏州范氏十六房祖传"②,该章详细叙述了范氏十六支房祖各自的情况,包括:生平、字号、婚配、官位、功业、事迹、播迁、子况、坟茔等,对本支忠宣房祖范纯仁传介绍更详,达6000余字。这29人传记皆为第三人称全知视角。《乔氏族谱》载有明刑部尚书乔允升传;《白居易家谱》载有白居易传;《王氏宗谱——豫西太原王氏家乘》载有明礼部尚书王铎传、王几乾传、王稚鼎传等;《畅氏家谱》载有唐朝畅璀传、宋朝畅大隐传、明朝畅亨传等也皆以第三人称全知视角来叙述。在志的叙事中,《河南程氏正宗世谱》载有两程祠墓说略;《邵氏家谱》载有伊洛书院记、重修康节夫子安乐窝记、重修洛阳安乐窝祠记等,均以全知视角叙述。还有《范氏家谱》载有欧阳修撰写的《资政殿学士户部侍郎文正公神道碑铭》也是第三人称全知视角。在文的叙事中,像赞、诏谕、奏疏等皆是全知视角。

(三)传、志、文的叙事时间

传、志、文的叙事时间较为简单,编纂者对叙事时间的把握,存在两个方面:一是叙事者以文本的疏密度控制时间速度,二是叙事者对时间运行的持续性进行干扰产生倒叙、预叙、插叙等叙事时序,这里重点探讨一下传、志、文的叙事时序。

传的叙事时序大多以顺叙为主,《范氏家谱》中29人传记皆以顺叙为主,《王氏宗谱——豫西太原王氏家乘》《乔氏族谱》等人物传记皆是顺叙,按照传主的姓名、字号、出生、官位、事迹、坟茔等顺序进行叙述。志的叙事时序大多以顺叙为主,少有倒叙或插叙,如《秀溪王氏宗谱》载有进士出身、内阁学士经筵讲官、吏部左侍郎钱樾所撰《秀溪王氏支祠记》就为顺叙,其内容为:

> 平川距邑治二十里,人物繁富,里居稠密。自明以来,以族望

---

① 杨义:《中国叙事学(图文版)》,人民出版社出版,2009年版,第219页。
② 未题纂者:《范氏家谱》,洛阳理工学院图书馆馆藏,未题时间,第78—98页。

著者曰王、唐、赵、陆。王氏为平川四族之冠，而家于扬秀泾之浒，故称秀溪王氏云。老友赵登明茂才，赵氏后来之秀也，尝为余道王氏家世甚悉。其先伯元处士以齿德举乡饮宾。再传及省三翁，乐善好施，事具邑乘《行谊传》中。翁有丈夫子二，次即菊村封公也。菊村幼即以孝友著闻，复能周恤三党，尝有志于义田之举，未逮以卒。令子恭寿司马，虽后其伯父廷谔赠公，卒能善述先志，独力建支祠，出己田五百亩以供祠事，以赡贫族。且将请于当道，勒石以垂永久。夫义田赡族，上腾褒录，家庙祭仪，载在令典。所以化民而成俗者，不外于尊祖收族。顾自敦庞之俗远，有力之家，一切宫室衣服之美厚于自奉，而敦睦之谊无闻焉。若恭寿者可不谓贤欤！其必先建支祠者，义田之例支给则先令拜祠，子孙所食皆由于祖德也。所祀断自省三翁，则以家业之隆由是始，故不曰宗祠，而曰支祠，名不诬其实也。祠在城之北关内环整坊。厥位面阳，外周以强。进而为堂，栖主于中央。后为厅事，于焉合食。上则有楼，可以宴息。门塾咸备，爰及庖湢。迺择循谨之人，俾董祠事。约曰：祠有馀屋，本支应试者寓焉，读书过夏者寓焉，输赋入城者寓焉。他若酿饮也，博奕也，聚而谋讼也，不听入。违者摈不齿于族。呜呼，其劝惩之指切矣！其防维之意周矣！祠之成在嘉庆癸酉之秋。其经始也，则辛未仲冬也。既讫工，即介登明以请记于余。余嘉恭寿之有是举也，足使好义者转相仿效。即力有不逮，而既动其尊祖收族之心，则分其余润以逮族之人，亦谁谓敦庞之俗之不古若也？遂书之以为乡党劝。①

这里采用了顺叙的叙述方式。首先，介绍了王氏宗族的生存环境、宗族地位。其次，叙述了建立支祠的原因及过程，并阐述了不称宗祠的原因。最后，叙述建立支祠的目的和意义。而《邵氏家谱》中的伊洛书院记就为倒叙，从已建成书院所在位置开始叙述，讲述建造伊洛书院的原因、经过、建成以

---

① 梁颖：《中国家谱资料选编(5)诗文卷(上)》，上海古籍出版社，2013年版，第225—226页。

及功用和意义,采用了倒叙的叙事时序。志中的铭与此相同,大多以倒叙为主,如《范氏家谱》载有资政殿学士户部侍郎文正公神道碑铭,开篇记载:"皇祐四年,五月甲子,资政殿学士尚书侍郎汝南文正公薨于徐州。以其年十二月,葬于河南伊樊里之万安山下。公讳仲淹,字希文。五代之际,世家苏州,事吴越。太宗皇帝时,吴越献其地。公之皇考从钱俶,朝京师,后为武宁军事书记以卒。公生二岁而孤。"①先是叙述范仲淹的去世,后从出生开始叙述,采用倒叙的叙事时序,而文中多采用顺序的叙事时序。

文的叙事特点与文学叙事基本相同,不同之处在于,私修谱牒叙事文本中的文主要是诗歌和散文,而文学叙事研究的对象主要是小说。私修谱牒叙事文本中记载了大量的诗歌、散文。在私修谱牒叙事文本中,诗歌的作者在宗族中多具有一定的地位和文学修养,或曾为宗族或社会的发展做出过特殊的贡献。诗歌的主题多涉及赞颂祖先功德、赞颂宗族生活及建筑、寄情山水、规劝族人等。此外,有些宗族会对某一主题撰写多篇诗歌,且作者多为同一宗族的不同成员,也有宗族邀请有社会地位或有才华的族外人员,如《朱氏宗谱》载有14篇《朱巷阳宅八胜题咏》,其中5篇有回文,每篇由8首诗歌组成,围绕《三桥鼎列》《六石星聊》《前山鉴展》《后埂龙蜓》《金乌耀日》《文笔凌烟》《水环玉带》《林聚朱贤》等8个主题,共撰写了162首诗歌。以《三桥鼎列》为例,共有14篇,另附5篇回文,《朱氏宗谱》载有:

旋家锦里济荒桥,左右均停势拱朝。一品元宗罗大地,三虹出水跨青霄。鼎新台辅千年胜,淙沂源头万顷渺。可是天光云影下,重渊滚滚欲腾蛟(第一首为朱万山所撰《三桥鼎列》。回文:台鼎临门正倚桥,抱环波势合迎朝。洄涛万锦红摇日,合浦三虹白贯霄。堆玉漾波清色秀,月星涵水碧光渺。隈云白砌危梁古,绿浸长虹石化蛟)。一派渊源溯自东,桥分三处道相通。平吞碧汉门声振,高卧清波地势雄。南北相连眠独石,东西对峙饮双虹。三桥应是三台象,镇耀朱门永不穷(第二首为朱三才所撰《三桥鼎列》)。坊前鼎足列三桥,门封清流一品朝。题柱从心凌碧汉,登云随意步青

---

① 未题纂者:《范氏家谱》,洛阳理工学院图书馆馆藏,未题时间,第127页。

第一章 私修谱牒基本叙事体例

霄。交通霞影狮浮篆,互暎天光鸭绿潦。黄石有书拟欲授,看谁近履化长蛟(第三首为曹居敬所撰《三桥鼎列》)。流环玉带接三桥,遥对宗门一品朝。日落残光摇碧浪,月明倒影压青霄。虹垂两岸波声壮,鼎峙千秋水色潦。宛列三公分鸳鹭,禹门春暖看腾蛟(第四首为朱尹臣所撰《三桥鼎列》)。春临宅畔宅临桥,书入青山好封朝。津通问处来而往,水隔倒分壤与霄。人渡杠空行荡荡,石流波动影潦潦。真如鼎峙横桥古,地胜名渊跃起蛟。(第五首为朱昇所撰《三桥鼎列》)。华宗鼎列有三桥,迴抱清波万壑朝。势拱坊前时玩月,影沉水底欲冲霄。东西活泼源同派,左右萦迴色共潦。此地从来传胜境,呈祥起凤与腾蛟(第六首为朱皥所撰《三桥鼎列》,回文:坊前对峙鼎横桥,汨汨源流碧水朝。光漾浪浮虹与电,影涵波倒汉和霄。长河北济同人涉,阔岸东流曲水潦。梁渡客行歌荡荡,静渊深处潜龙蛟)。迟日春山远对桥,鼎台如峙势迎朝。吹箫洞澈仝明月,舞絮飞晴裒碧霄。遗迹雁留痕齿齿,倒光虹映水潦潦。诗题柱列危梁古,寂寂沉潜龙与蛟(第七首为朱秉震所撰《三桥鼎列》)。吾乡自古有三桥,左转右旋对我朝。制异七星横碧汉,明如半月挂青霄。隐留人迹严霜白,倒映天光曲水潦。来往何须乌鹊渡,深渊寂寂潜龙蛟(第八首为朱延龄所撰《三桥鼎列》)。昔游吴郡访湖桥,曾记双隄六六朝。讵料祠前三列鼎,引将人上九重霄。题坊拟续相如赋,进履应同圯水潦。上帝有时雷电锐,会看下令起潜蛟(第九首为朱杰所撰《三桥鼎列》,回文:天涵水影石横桥,鼎列三台星拱朝。烟卧虹光风送雨,絮飞花影雪连霄。仙传秘录丹明篆,雁戏春波绿蘸潦。先后孰争云会际,年年看跃化龙蛟)。样摹鼎足石横桥,左右拱迎万壑朝。一品成形环玉带,三虹倒影压丹霄。鼍梁远拍波千尺,鳌背高浮水半潦。闸泻冲开无底谷,灵渊深处欲腾蛟(第十首为朱乃荣所撰《三桥鼎列》)。白门朱雀昔名桥,王谢乌衣一品朝。鼎足三分临碧浪,鹊声七夕度丹霄。排成雁齿凭人过,驾得鼍梁映水潦。异日阴符黄石授,行看云雨怒腾蛟(第十一首为朱雷所撰《三桥鼎列》,回文:台鼎接门村封桥,碧流波涌势迎朝。泂漭倒影虹拖岸,远近连光月映霄。堆絮柳飘风习习,落花梅浸水潆潆。隈深卧影梁横渡,浪起清渊跃蛰蛟)。仁里何时建此桥,桥成品字溯前朝。跨虹倒映印明月,共雉飞鸣上碧霄。玉带迴澜波折折,金乌远罩水潆潆。欲将题柱逞吾志。气作山河怒斩蛟(第十二首为朱履敬所撰《三桥鼎列》,回文:同源水带玉环桥,鼎足三分势远朝。虹贯赤霞云倒影,鹊飞乌翼羽凌霄。穷苍位应星台上,日月光浮波浪潆。终始克留遗迹胜,空横雁齿石飞蛟)。村墟环水水横桥,卜宅幽栖忆往朝。波静鱼梁排远岸,雨余虹影叠层霄。长堤柳暗通红板。古渡春深涨绿潆。上应三台成鼎峙,人文蔚起看腾蛟(第十三首为朱茹芗敬所撰《三桥鼎列》)。何年叠石建三桥,国相坊前左右朝。司马豪题怀古汉,卧龙倒影压层霄。醉看雁柱波痕浸,闲坐鱼梁水色潆。取意后人成鼎辅,乘风破浪远腾蛟(第十四首为朱服畴敬所撰《三桥鼎列》)。①

　　这19首诗歌围绕三桥展开,叙述了朱氏先祖自山东青州播迁至朱巷,房屋左边有桥,经常有渔夫、樵夫、耕者及读书之人从桥上经过,东边有旋家,西边有锦里,南边有济荒,这三处就像鼎的三足,称之为三桥鼎列,以此为主题歌颂先祖的功德,劝告宗族后人立德、上进,并期待宗族后人有学问者对该主题"续和是望"。这里的叙事时间分为每首诗歌的叙事时间和19首诗歌整体的叙事时间。每首诗歌的叙事时间以作者写作事物出现的先后为发展次序,以空间结构为叙事逻辑。19首诗歌的整体时间是以朱氏宗族的发展历史为时间,根据宗族成员撰写诗歌的先后次序,形成这19首诗歌在私修谱牒叙事文本中的前后顺序。

　　私修谱牒叙事文本中的散文多以"记"的形式存在,叙事时间多随"记"观赏空间或建造过程的变化而变化,一般有三种形式:一是顺叙,按照参观的先后顺序撰写。二是倒叙,先介绍建筑物建成之后的地点,再介绍建设过程。三是在顺叙的过程中偶尔插入倒叙。如《韶山毛氏族谱(西河堂)》载有周定宁所撰《韶山记》:

---

①　梁颖:《中国家谱资料选编(5)诗文卷(上)》,上海古籍出版社,2013年版,第462—479页。

韶山,楚南一名山也。祖西华,面南岳,《盘古舆图》按液位计:轸宿在玉衡;天文昭曜,其辰在巳,星在荧惑,五行在丙,天市在西垣,次舍在鹑尾,细度在轸十六度也。介三湘而远七泽,发岳麓而控东台。潆洄地涌,水飞雪浪之花;笼嵌天开,山横玉枕之案。绵亘百余里,蜿蜒来八面之龙。山苍莽,际无隆。狩幸致南巡之大舜;凤音亭,丹凤含书;胭脂井,紫龙吐沫。上麓天马凌空,岱上灵鱼不老。褒忠,贞女来朝,相随鹏山白鹤;茹护。石人抱子,引将东鹜凤凰。乌台石龙,草衣崖畔,湘西狮子,石羊入山。左湘潭,右湘乡。风云际会,前金后紫,龙王雨露同沾。登望而咫尺星沙,转盼而韶山罗列。青草湾,金鸡观,秀丽花园;铁陂塘,枫梓山,恢宏乌石。平地斑竹,竹山青葱四季。南岸创石,石洞雄壮。长天,黄田,白田,月城,山之保障;黑泥,花桥,桃树,山之前朝。钓水洞,鲤鱼寨,鱼龙变化;青山寨,文林寨,虎豹风生。太乙观,中夜燃藜;白莲庵,四时玉藕。韶峰庵,仙女庵,列三女仙之金像;团山寺,清溪寺,绘诸菩萨之仪容。九天韶乐,时来迭奏罗音;三邑叟童,日每瞻依圣境。果然特地乾坤,信道崭新日月。不仙不道,眉山、盘谷风规;产乐产花,桃洞、天台号象。皓月是长明公不老,白云乃不速客频来。绘动风常清山麓,松垂露轻洗妖氛。宁与尔达翁毛子,家相对而望隔山峰,性相同而恒乐山水,琐琐烟亚,淡淡邑邻。因思祖而念宗。同年修谱,缘上仑而下岭,信口记情。余与达翁,为龙为蛇,既已谢阳秋之太史,呼牛呼马,一任彼月旦于时人。以文章为游戏,将希刘勰逃禅;看齿发之衰颓,自信鲍昭守道。今暑峰峦窈窕,一拳便是名山;花竹扶苏,半亩何如金谷。孔孟以经常济世,不欲炫奇怪以骇时;佛老以妙道度人,每籍神通悚众。惟阅此山,野芳发而幽香,佳木秀而繁阴,风霜高洁,水落石出;四时法兰之景,恒周一道,同风永远,乃述题数语,聊缀七言:绕岫岚光凝欲滴,长风轻袅云烟侧。山涵五月六月寒,地拥千山万山碧。山涵五月六月寒,地拥千山万水碧。天下名山三百六,此是江南第一仑。①

---

① 未题纂者:《韶山毛氏族谱(西河堂)卷首》,中南大学中国村落文化研究中心影印版,1881年版,第73—75页。

再如《方氏宗谱》载有方叔犹所撰《丁山文昌阁记》：

四明多峰峦之秀，而若俯若仰，蜿蜒于村落外者，丁山也。有庙翼然峙于丁山上者，敕封显应侯神灵之所在也。庙旁有阁精洁而幽静者，文昌阁也。建阁者谁？我祖秉黄公也。公何为建阁于丁山之麓者？为子若孙读书计也。读书何必于此阁？盖登高望远，足以开拓心胸而助读书之乐也。每当春夏之交，黄花匝野，香风时来，则足以发扬其志气也。洎乎秋冬之际，红树连村，寒烟四合，则足以抒写其性灵也。读书之暇，或吟诗，或作画，诗情画意，取之当前而已足也。松竹之色与目谋，山水之音与耳谋，翛翛然迥出尘埃外也。公之行状未及详知，而即此一端，已足见公之德深且远也。然而公能建之于前，不能保其不毁于后也。故址尚存，而重新之者，子孙之责也。慨然而出其私囊以助经费之不足者，我堂叔元陛也。董其事者，始则先叔祝三公，而后则堂弟莘野也。今缘谱牒将成，而为之记，以颂扬先德者，公之五世孙叔犹也。①

这篇散文以记叙的方式叙述了丁山文昌阁建设缘由，并未叙述建设过程，而是叙述了建设文昌阁的价值和意义。此外，该谱还载有方叔犹的文集《别犹天园吟草》，里面包含《述怀》《咏钱》《吸洋烟十戒》《雨霁四首》《读善书有感》《秋日野望》《夏夜闻蟋蟀》《醒世》《追怀》《地理四首》《一丈红花》《七姊妹花》《闻雷失箸》等文章。

总之，私修谱牒的叙事体例根据叙事特点与文本所占篇幅，可分为宏观叙事体例、中观叙事体例与微观叙事体例。私修谱牒基本叙事体例的形成，为分析私修谱牒中的叙事话语奠定了基础。

---

① 梁颖：《中国家谱资料选编(5)诗文卷(上)》，上海古籍出版社，2013年版，第45页。

第二章

私修谱牒叙事话语特征:直义与转义结合的话语形态

  私修谱牒的编纂者在借助叙述者对话语进行精心建构的过程中,不可避免也无法回避其自身的主观性与倾向性。在面对文本与宗族史、文化、意识形态之间的关系时,其本身既是对宗族生活与宗族事件的阐释,同时也是对本宗族文化内涵的呈现与描述,这样文本必然是主客观统一体的话语实践,在话语大量直义之下,离不开转义的话语形态。在私修谱牒中,从叙事学角度讲,直义最为基本的含义是直陈其事,转义最基本的含义是隐陈其事。

  论析私修谱牒叙事话语的特征,主要从两个层面入手:一是用话语表现具体叙事对象层面,这一层面用话语直接描写、叙述一个对象的行为,就是直义行为;而通过特殊的手法,如象征、拟人、隐喻、双关、暗示、反讽等手法叙述描写对象的行为,就是转义行为。因此,在用话语叙述对象这个层面,私修谱牒的叙事应该是以直义性为主,而以转义性为辅。二是通过宗族历史与人物的叙述表达特定宗族文化观念和意识形态层面,这一层面则主要是转义性的。因为,特定宗族文化观念和意识形态一般不会直接全面地表述在叙事这个层面,或者说形象这个层面。私修谱牒要通过塑造宗族历史和人物这个形象世界隐晦地表达特定宗族文化和意识形态观念,在这个层面上,两者的关系主要是一种转义关系。

  编纂者在编纂时,以自身的意识形态影响着叙事文本,赋予本宗族有关事件的思想以不同的情感价值,他们所反映的不仅仅是指示的事物或事件,

更重要的是要让本宗族成员回想起事物所指涉的形象或事件所隐含的意义,因此私修谱牒文本具有较多的叙事比喻性话语。本章试图从话语表现具体叙事对象层面与宗族历史与人物的叙述表达特定宗族文化观念和意识形态这两个层面入手,以此为纬,以宏观叙事体例、中观叙事体例与微观叙事体例为经,分析私修谱牒中叙事体例的直义行为与转义行为。

第一节　私修谱牒叙事话语的直义特征

叙事话语是私修谱牒叙事的重要组成部分,话语是在一个宗族中处于相互交流环境中的个别成员所发出的信息连续体。这是一种运动的话语传递过程,这种运动是辩证的,以话语作为分析目的是要深入探究私修谱牒文本的主题,进一步解析文本叙述者希望该主题表现的个人意图。

一、叙事话语的本质

私修谱牒的叙事话语是指在私修谱牒叙事文本中以宗族社会背景为语境的叙述者与受述者之间的语言沟通活动。编纂者在编纂谱牒叙述宗族史时,根据自己的意识将自己认为可以编纂成故事的宗族史材料按照自己所设想的模式组织起来,以供本宗族成员阅读,这里自己的意识往往是由本宗族的文化传统与个人的生存境遇相互融合后而决定的。本宗族成员在阅读的时候会把文本中的故事与自己意识中的故事模型进行比较,这里的关键是本宗族成员是否可以确立故事的新模型,不同的人阅读的结果是不一样的,这样也就形成了叙事话语的不同理解。罗兰·巴尔特认为:"如我们仅仅通过其结构就能看到的,在不诉诸其内容本质的情况下,历史话语本质上是一种形式的意识形态阐释。或更确切地说,是一种想象的阐述,意思是说这是一种'言语行为',它在性质上是'述行的',通过这种言语行为,话语的说话者(一个纯粹的语言实体)'填补'了说话主体(一个心理或意识形态主

体)的位置。"①罗兰·巴尔特从文本的结构出发,认为叙事话语的本质是形式的意识形态阐释,若从文化叙事学的角度分析,叙事话语的本质是阐释宗族文化内涵,意识形态是最主要的方面。

私修谱牒的叙事话语至少有三层次意义:第一层是进入宗族史叙事中的宗族历史与人物的原生态资料,相当于俄国形式主义所说的"故事"。即未被特定叙事作品组织的事件的自然时空形态,又称之为"事序结构"。这些进入宗族史叙事中的宗族历史与人物的原生态资料主要存在于用话语表现具体叙事对象层面,主要是直义行为。第二层是这些原生态事件在具体作品中的存在形态,即叙事结构或情节。若是直陈其事属于直义,若是隐陈其事属于转义,这一层次是直义行为与转义行为的结合体。第三层是宗族史整体的深层意蕴,这些只有通过对作品中的"情节"进行还原性处理才可以知道,主要是转义行为。

二、叙事话语的直义行为

在私修谱牒的叙事话语中存在直义行为,这里的直义行为是指存在于一种观念事物运动中的内在关联,在字面意义上只能产生一种意义,在具有相同母语的前提下,只能用一种语言表达。从叙事学角度讲,是指在用话语表现具体叙事对象这个层面,用话语直接描写、叙述一个对象的行为。

这里的直义行为与历史叙事中的直义行为,既有联系又有区别,其联系是在话语与形象层面都存在大量的直义行为,区别是在某些地方私修谱牒叙事中的直义行为比历史叙事的直义行为更直接,尤其在作者本身更为明显,这主要表现在两个方面:一是编纂者与历史学家对原始材料运用方式上的不同,大多数编纂者对于比较久远的事件或世系等都会完全照搬转录,这在文本篇幅上占有半数之多,这也是私修谱牒具有直义行为的最主要原因,而历史学家在运用原始材料的时候往往会移注自己的主观性,这样会改变原始资料的真实性,虽然也存在大量直义行为,但与私修谱牒相比离客观性就远一些了。二是历史家所编纂历史文本与私修谱牒的编纂者所编纂的宗

---

① 海登·怀特:《后现代历史叙事学》,陈永国,张万娟译,中国社会科学出版社出版,1997年版,第141页。

族史文本在叙事基本体例与叙事内容上大不相同,私修谱牒的叙事体例比历史的叙事体例繁杂的多,比如,族规、字辈排行、像赞、住宅面积、祭器尺寸、坟茔方位等这些话语在历史叙事话语中基本看不到,这些叙事话语中大多具有直义行为,这也是私修谱牒具有直义行为的重要原因。因此,直义行为仅对编纂者而言,在这一限制性下,编纂者的直义行为分为自纂直义行为与转纂直义行为两种类型,自纂直义行为是编纂者本人关于本宗族史的客观记载,如宗族世系、祠堂志等中的直义话语;转纂直义行为是编纂者在编纂时客观转载以往本宗族成员撰写的宗族史,如谱序、字辈排行、诗文等中的直义话语。在私修谱牒的宏观叙事体例、中观叙事体例、微观叙事体例中均有直义性。

(一) 直义与直义行为

私修谱牒中的直义是对话语而言,主要指直陈其事的话语;直义行为是对话语叙述对象这一行为而言,主要是指直陈其事的话语行为。直义主要存在于用话语表现具体叙事对象这一层面;直义行为就存在于直接叙述或描绘某一对象的行为中。

1. 宏观叙事体例中的直义行为

私修谱牒中宏观叙事体例主要是宗族世系,宗族世系在私修谱牒中占有篇幅最多,将近文本的四分之三。宗族世系的有序连续陈述式文本、有序间断陈述式文本、无序连续陈述式文本与无序间断陈述式文本皆有叙事话语的直义。进一步细分,宗族世系中除了存在世系外还有传记,直义行为是指单纯的世系图中的部分话语,即编纂者在编纂时对本宗族世系的客观记载,主要包括姓名、字号、生辰、婚配、子嗣、葬地。除此之外宗族世系中的传记、故事所运用的比喻、转喻、隐喻、对比等表现手法均属转义。如何得知编纂者没有将自己的主观意识谱录其中呢,在具有相同母语的前提下,只有一种语言表达方式,这也不乏判断是否客观记载的一种方法。

宗族世系中的直义行为是自纂直义行为与转纂直义行为的结合体,在宗族世系的话语中,年代越久远的世序,编纂者转纂直义话语越多;年代越近或当代的世序,编纂者自纂直义话语越多。

世系图从宗族的一世祖开始谱载,依世次的延续传承到编纂者编纂谱牒时的世次而止,少则几十代,多则几百代,宋朝以前的世系图,一图几表无准确规范,有的九世一图,有的十世一图,时至范仲淹、苏洵、欧阳修、二程(程颢、程颐)后,在总结前人谱法的基础之上,统一采用五世表为一图,简称五世图法。这一表达形式延续至今,经久不衰。这里的直义话语不包含这五世图法的隐含意义,因为五世图法有着更为深层的文化意蕴。在宗族世系中,世系通过叙事话语,连续性叙述本宗族上下世代之间的继承关系,通过有序连续陈述式文本、有序间断陈述式文本、无序连续陈述式文本与无序间断陈述式文本以文字、图画、表等形式展现世代更替。在这些形式中,内容涉及姓名与传记,直义的叙事话语主要存在世系中那些只能用一种语言表达的形式。这四类叙事文本中,有序连续陈述式文本谱载的直义话语最多,其原因有二:其一是有序,世代次序明确,在整个世系图结构框架中,直系与旁系清晰明白,无混淆,有利于直义话语表达客观性;其二是连续,世代之间连续无断代,这样在时间上是一个连续体,有利于对本宗族成员的查找与辨认,直义话语起到了关键性作用。有序间断陈述式文本的直义话语是对直系旁系的客观记载,其中世代之间连续部分的直接叙述世系的话语行为属于直义行为,断代中的话语或断代再接话语若是直接陈述世系的话语就是直义,要是婉陈世系的话语就是转义,这是就话语形象层面而言,但是若是通过世系叙述表达特定宗族文化观念和意识形态就具有转义性了。无序连续陈述式文本中的直义话语是对世代之间的客观记载,直系旁系间清晰的框架记载属于直义行为,在直系旁系混淆或断系的记载中,若是对形象层面直接叙述世系对象这一形象的行为属于直义行为,若是对形象层面隐陈世系对象的这一行为属于转义行为,这些直义或转义背后的文化观念和意识形态的呈示具有转义性。无序间断陈述式文本的直义话语主要存在于无序外有序部分与断代外连续部分的话语中,即便是这样,直义话语的分量也是相当强大的,依然可以占据私修谱叙事文本篇幅的四分之三。

在《洛宁张村白氏家族历代家谱》的宏观叙事体例宗族世系第一门第一支中记载"二十七代,白永顺,配夏氏,子四:长,生荣;次,生华;三,生富;四,生贵。"①这些话语便是直义呈现。直义话语在具体叙述白永顺生命信息的

---

① 未题纂者,《洛宁张村白氏家族历代家谱(第一门篇)》,洛阳理工学院图书馆馆藏,未题时间,第22页。

行为便是直义行为。在直义话语中,本宗族成员的姓名、婚配、嫁娶、子嗣、坟茔是世系要点集结处。在《孙氏族谱》宗族世系图中,载有:"第十世,世贵,可久公长子,配王氏,生子二:长,承芳;次,启芳,公卒葬于村东南柏坡坟,西与可观坟为邻。"①这样的直义话语在宗族世系图中随处可见。

宏观体例宗族世系的直义话语,不但是宗族世系最主要的构成部分,也是私修谱牒的最为显著且分量最重的部分,也是与历史叙事体例最为不同的呈现。

2. 中观叙事体例中的直义行为

宗族史是私修谱牒的中观叙事体例。在宗族史中,谱序的分量最重,是宗族史最主要的来源,谱序的叙事话语是直义与转义的结合,其中直义话语主要存在于用话语表现谱序中具体叙事对象这一层面,叙事对象主要包括始祖、始迁祖、姓氏源流、住宅、坟茔、祠堂等,这一层面主要是对这些叙事对象进行直接具体的叙述描绘,同时,对这些具体对象直接叙述描绘的行为属于直义行为。

在谱序中,大多数编纂者或谱序撰写者直接叙述宗族史,直义较多,转义较少,如在《河南程氏正宗世谱》(见图2-1)中的《重录河南程氏正宗世谱序》载有:

> 余族自先夫子讲学鸣皋,卜宅陆浑而后世居樊水之阳。宋建炎初,随高宗南渡,至明洪武初先人讳德用祖者来归陆浑,世守先祠。明景泰六年,昭录两程后裔,授翰林院五经博士,世其官,盖自克仁祖始也。明弘治十三年,先博士继祖奏请数事于朝,遂给田修理、免役、改民籍为贤籍、豁除丁徭。③

---

① 未题纂者:《孙氏族谱(第一分卷·可久裔篇)》,洛阳理工学院图书馆馆藏,未题时间,第11页。
② 未题纂者:《河南程氏正宗世谱牒(世系篇)》,洛阳理工学院图书馆馆藏,未题时间,第15页。

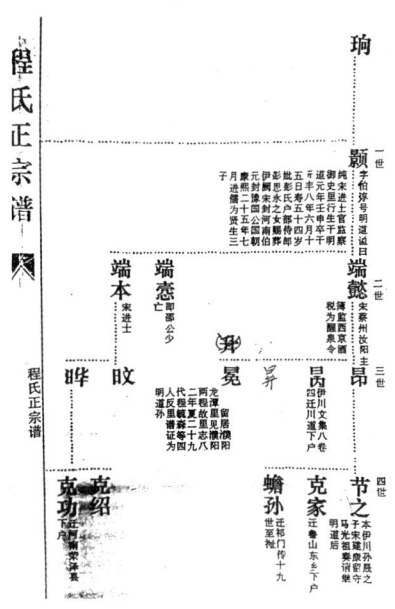

图 2-1 《河南程氏正宗世谱》五世图法①

该谱序作者为程氏伊川二十四世代程延祀重纂,这里直接叙述先祖概况,定居陆浑,而后播迁,后又回归陆浑守祠事迹,这里采用直接叙述的形式对宗族史进行叙述,这一行为属于直义行为。

3. 微观叙事体例中的直义行为

私修谱牒的微观叙事体例主要由图、传、志、文三部分组成,其中叙述对象的话语多为直义话语,其叙述对象的行为也蕴含较多的直义行为。

谱图主要由祖先像、祠堂图、祭器图、住宅图、播迁图、坟茔图、书院图、人事图组成,在这些谱图中,直义话语最为突出的是祭器图、住宅图、坟茔图的文字阐释,一般是直接对其进行叙述或描绘。

祭器图文字中的直义话语表达主要涉及祭祀器物的大小、尺寸、容貌的叙述。河洛地区的私修谱牒祭祀器物图以《河南程氏正宗世谱》谱载最多,直义话语的文字记载甚为翔实,其中载有簠这种祭器,簠是古代青铜或陶制盛食物的容器:圆口、双耳或四耳,簠的祭器图文字记载:"通足重九斤,高六

---

① 未题纂者:《河南程氏正宗世谱》,洛阳理工学院图书馆馆藏,未题时间,第9页。

寸七分,深二寸八分,阔五寸,腹径长七寸九分。"①簠是古代祭祀盛谷粱的器具,其图文字记载:"通足重一十三斤,高七寸,深二寸,阔八寸一分,腹径长一尺一分。"②此外,还有象尊、拟象、台烛、巾悦、盘盥、祝版、鼎、洗(见图2-2)、罍(见图2-2)、坫、爵、筵、龙勺、登、豆、尊雷云(见图2-3)、尊幕(见图2-3)、架盘盥、钏、筐、俎、幕龙、巾筵等祭器图皆附有直义话语。有的还用文字记载该祭器材料、外貌、用途、使用方法等,如"坫:置爵承尊皆用之,重二斤九两,纵广九寸二分,措诸地而平正。"③"尊雷云:盛酒器也,范金为之,纽以螭首,书云雷于腹,雷取其奋豫;云取其需泽,用贮初献酒。"④编纂者不动声色地按照祭器客观地记载了它们的材料、规格、容貌、形状、用途等,这些都是直义话语的载体,直义显示了事物的客观性与持久性。

住宅图文字中的直义话语表达主要涉及住宅的方位、地点、面积、事物名称的叙述。《白居易家谱》载有住宅图并附有文字《履道里第宅记》:"宅在西北隅闲北垣第一邸也。坐向南方,于东五亩为宅,其宅西十二亩为园,方正共十七亩。"⑤这些直义话语客观记载了住宅地。

---

① 未题纂者,《河南程氏正宗世谱(祭器篇)》,洛阳理工学院图书馆馆藏,未题时间,第32页。
② 未题纂者,《河南程氏正宗世谱(祭器篇)》,洛阳理工学院图书馆馆藏,未题时间,第32页。
③ 未题纂者,《河南程氏正宗世谱(祭器篇)》,洛阳理工学院图书馆馆藏,未题时间,第37页。
④ 未题纂者,《河南程氏正宗世谱(祭器篇)》,洛阳理工学院图书馆馆藏,未题时间,第40页。
⑤ 洛阳市郊区委员会学习文史资料委员会编:《白居易家谱》,洛阳理工学院图书馆馆藏,1990,第63页。

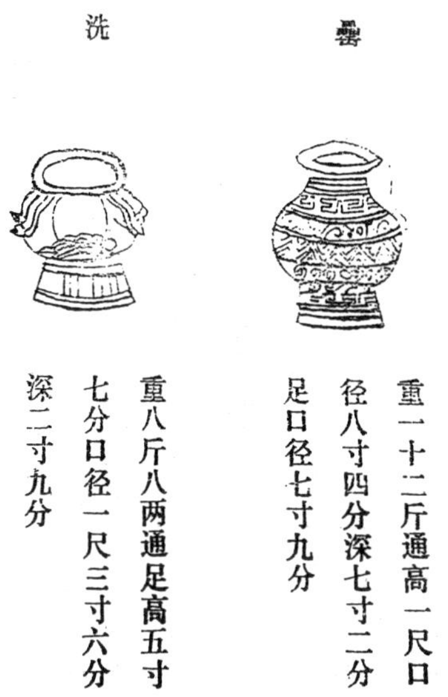

第二章 私修谱牒叙事话语特征：直义与转义结合的话语形态

洗　　　罍　　　尊雷云　　　尊幂

重八斤八两通足高五寸七分口径一尺三寸六分深二寸九分

重一十二斤通高一尺口径八寸四分深七寸二分足口径七寸九分

盛酒器也范金为之纽以螭首书云雷于腹雷取其奋豫云取其需泽用贮初献酒

用布为之纵横二尺二寸

图 2-2　洗、罍① 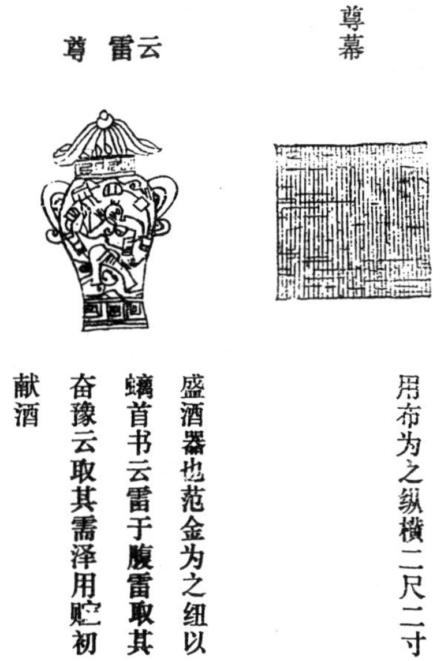　　　　　图 2-3　尊雷云、尊幂②

坟茔图文字中的直义话语表达主要涉及与坟茔有关的事物名称、位置、面积、墓碑等的叙述。河洛地区私修谱牒中，半数之多的编纂者都有关于坟茔客观记载，在《范氏家谱》中，坟茔图部分载有天平山坟茔图、山东淄博长白山图、河南洛阳伊川万安山图等。在万安山图中文字记载，西邻伊川彭婆镇路，路北通龙门，南抵彭婆镇，北靠万安山，南朝嵩州地面樊店，东接登封县地面。这一区域内载有范氏坟茔，包括范仲淹墓、守墓子孙居地、十三安人、十四安人、六县君、七县君等。在《洛宁张村白氏家族历代家谱》载有坟茔图，文字记载："我白氏家族自巩县（巩义市）石关迁至洛宁王范，择茔香泉寺南少许，殡葬五世……后又迁入张村，择茔村西现张村电站西南，分上下

---

①　未题纂者，《河南程氏正宗世谱（祭器篇）》，洛阳理工学院图书馆馆藏，未题时间，第38页。
②　未题纂者，《河南程氏正宗世谱（祭器篇）》，洛阳理工学院图书馆馆藏，未题时间，第48页。

两茔,上茔葬六世;下茔葬七世。"①这些话语都是直义行为的呈现,对坟茔客观记载。又如《邵氏家谱》载"康节先生坟茔,先生葬嵩县莘店镇紫荆山之阳,离洛城七十里许,茔内建享堂五间,东西厢房六间,大门三间,外竖石房一座,题曰:康节佳城。墓碣题曰:宋新安伯邵康节墓。周围设立祭田五顷,仍设看坟人役二名,工食本县支给额,设奉祀生员四名,茔域焚修世代相继永为故典。"②这些也都为直义话语。

在志中,直义主要存在于祠堂志、房宅志的叙述话语中,这些直义话语直接叙述或描绘其面积、方位、建材等。《程氏宗谱》载有《河南两程子故宅序》云:"隋于天津桥南开大道,封瑞门,名曰天门,街阔一百步,道旁植樱桃、石榴两行,自瑞门至建国门,南北九里,四望成行,中为御道,通泉流渠,映带其间,直南二十里正当龙门。"③从中可以看出直义话语点明了程子故宅的方位、建筑、道路、道旁植被等。《范氏家谱》载有《广玉田记》云:"广玉田记万安山,先贤范文正公埋玉地也……洛阳万安山第一域也……义田十二顷……忠宣诸公胥附葬于茔之西北第二域……共义田十五顷三十亩。"④诸如此类直义话语,在志中比比皆是,在私修谱牒中,凡有志者,均有直义话语。志中的直义话语是自纂直义话语与转纂直义话语的结合体。志中编纂者自己编纂的直义话语为自纂直义话语,转录本宗族其他成员文字的为转纂直义话语。

在文中,直义话语比较普遍,诗文、像赞、字辈排行均有直义行为,像赞、诗文与字辈排行中的直义行是指编纂者在把本宗族成员的诗文、像赞或字辈排行转录私修谱牒的过程中没有改变原始文稿,只是照搬过来诗文、像赞和字辈排行这一行为是直义现象。像赞内容多涉及像者容貌与功业,其中的直义话语主要涉及画像者的姓名与容貌叙述。有名望的宗族对字辈排行很是慎重,编纂者只是实录已经存在的字辈排行,如,《程氏宗谱》载有最后由程占文编续的程氏字辈排行:"子彦思克,继世心宗,佳接起延,偌洛璋铭,

---

① 未题纂者:《洛宁张村白氏家族历代家谱》,洛阳理工学院图书馆馆藏,未题时间,第13页。
② 未题纂者:《邵氏家谱》,洛阳理工学院图书馆馆藏,未题时间,第48页。
③ 未题纂者:《程氏宗谱》,洛阳理工学院图书馆馆藏,未题时间,第1页。
④ 未题纂者:《范氏家谱》,洛阳理工学院图书馆馆藏,未题时间,第12–13页。

毓秀广远,相传大千,源推其业,长流万年,格守秉正,修齐治平,道衍仲舆,志笃永恒。"①文中的直义话语并非编纂者自己编纂的,而是客观转录本宗族成员的文字,所以均属于转纂直义行为。

三、直义话语的功能与作用

话语是比句子大得多的语言单位,对于编纂者而言,直义话语的主要功能是直接描述或转述作为客体的经验内容:只是停留在编纂者客观表达的层面。从性质上说,其作用是客观表现的,强调事物的单一性、外在性与客观性。如果没有直义话语,对于编纂者而言,编纂私修谱牒也就失去了其根本意义,与虚构滑入同一条轨道,私修谱牒也就不再是宗族判断宗亲的可靠依据了。

私修谱牒中的直义话语仅仅是对要求描写的一组事件或事物客观记载的一个镜像,但是,每一部名副其实的私修谱牒史都不仅仅包含着特定量客观信息的实录或转录,而且还包含着或多或少关于本宗族成员在所得数据与解释面前应该以怎样的态度来解读信息的意义,这些信息的意义存在于话语的比喻成分中,这些信息就是给本宗族成员在阅读时提供潜意识呈现的线索。这些比喻成分作为谱牒话语的信息成分起到了比直义话语相对重要的作用,这就涉及私修谱牒叙事话语中的转义行为。

第二节 私修谱牒叙事话语的转义性

对于"转义"一词的理解,海登·怀特在《转义、话语和人的意识模式——〈话语的转义前言〉》中认为:"转义(tropic)一词派生于 tropikos,trops,在古希腊文中意思是'转动',在古希腊通用语(Kine)中的意思是'方法'或'方式'。它通过 tropus 进入现代印欧语系。在古拉丁语中,tropus 意

---

① 未题纂者:《程式宗谱》,洛阳理工学院图书馆馆藏,未题时间,第15页。

思是'隐喻'或'比喻',在晚期拉丁语中,尤其是用于音乐理论时,意思是'调子'或'拍子'。"①海登·怀特在注意"转义"这一词语方法与方式意涵的同时,更多强调的是比喻或隐喻的意涵。所以编纂者在编纂谱牒时,把客观内容进行解释或把陌生事物表现为熟悉事物的过程时,涉及由转义形成的转义行为,这种行为在性质上是比喻的。因此,在私修谱牒的叙事话语中,除了直义行为外,还存在转义行为。

一、叙事话语的转义行为

私修谱牒的叙事话语存在三层意义,第二层与第三层意义属于转义行为,海登·怀特是这样解释的:"转义行为(troping)就是从关于事物如何相互关联的一种观念向另一种观念运动、是事物之间的一种关联,从而使事物得以用一种语言表达,同时又考虑到用其他语言表达的可能性。"②转义行为在这里是事物之间的一种运动,一种关联,考虑多种语言表达的可能,而对于话语的理解,他认为:"话语是一种文类(genre),其中最主要的是要赢得这种表达的权利,相信事物是完全可以用其他方式来表达的。"③并认为转义行为是话语的灵魂。但是私修谱牒的叙事话语与历史叙事话语有区别,所以要区别对待:一种可能是编纂者和历史家在面对一个不可避免的事实时,有意识地按照本来面目再现事物或事件,不加任何诗情画意或修辞语句,但最终的意图还是不会实现,并且他们都会在对客体的描写中丢失一些元素或加入一些元素,这种模仿性描绘都可以偏离原物,被改变、被扭曲,因此也可以用另一种描写描绘这一事物或事件,在这里编纂者与历史家的文本具有相同的功效,其话语皆是转义话语,转义行为就是话语的灵魂;另一种可能仅对编纂者而言,编纂者会完全照搬实录前人编纂者的谱牒内容或客观描绘不变性质或属性的某一事物,这些话语就步入直义话语的行列,历史家在

---

① 海登·怀特:《后现代历史叙事学》,陈永国、张万娟译,中国社会科学出版社出版,1997年版,第2页。
② 海登·怀特:《后现代历史叙事学》,陈永国、张万娟译,中国社会科学出版社出版,1997年版,第3页。
③ 海登·怀特:《后现代历史叙事学》,陈永国、张万娟译,中国社会科学出版社出版,1997年版,第3页。

编纂历史时则不会出现这一现象。

（一）转义话语

私修谱牒的叙事转义话语是隐陈其事，主要存在于具体叙事对象层面，在这一层面中，编纂者运用隐喻、转喻、换喻与反讽等修辞手法隐陈其事，这些话语都是转义，此外，在所叙之"事"与"事"后面潜含的作者意识与价值观念之间的关系，也属于转义关系。私修谱牒文本本身就是编纂者意识努力的结果或对问题的经验领域进行探寻的结果，这也是编纂者编纂私修谱牒的一种方式。在宗族文化实践中，意识借助这一方式实现了它与本宗族社会或与自然环境的统一。在历史叙事中，海登·怀特在列维-斯特劳斯、雅各布森和拉康把隐喻和转喻作为语言行为的"两极"基础之上总结了四种转义：隐喻、转喻、换喻与反讽。他认为："这些转义使得各种间接或比喻话语中对客体的描写成为可能。它们尤其又有利于对经验内容的理解，即如何比喻前就掌握并自觉理解这些内容，比如在隐喻（字面意义是'转换'）中，可以用类比或明喻的方法描写现象之间的共性和差异，如'我的爱人是一朵玫瑰'这样的比喻。通过换喻（字面意义是'更换名称'），一事物的一部分名称可以用来代替整体的名称，如'50个船帆'表示'50只船'。至于提喻，有些理论家视其为换喻的一种，可以用部分象征总体固有的某种性质来描写某个现象，如'He is all heart.'（他全心全意。）最后，通过反讽，在字面意义的层面上被肯定的实体在比喻的层面上被否定。明显荒诞的表达（词语误用），如'盲目的嘴'，或明显的悖论（矛盾修辞法，如'冰冷的激情'），都可以看作是这种转义。"[①]在这四种转义中，提喻、换喻与反讽是隐喻的不同类型。

私修谱牒的转义，主要是隐喻，其中某些部分也会包涵提喻与换喻，而反讽很少，然而，私修谱牒转义中的意象也不容忽视，因为其中蕴含着文化意义，这里的意象是转义内容，但与隐喻、换喻、提喻与反讽都有关联，但不能趋同。意象在中国叙事中起源较早，其萌芽于先秦时期，将其运用于词语中出现在汉代，运用于文学中在六朝，沿用于唐宋，盛行于明清，繁荣于今日。意象一词虽然是中国诗学最具特殊性的名词，但在私修谱牒的叙事中

---

① 海登·怀特：《后现代历史叙事学》，陈永国、张万娟译，中国社会科学出版社出版，1997年版，第406-407页。

是一种具有独特审美价值的多构型复合体,并非意与象的简单组合,其内涵远远大于二者之和。更多带有私修谱牒参与者(不仅仅指编纂者,还包括编纂者完全转录的文字的作者)对本宗族事物意蕴生命体验的性质,改变了事物的本质属性并赋予私修谱牒参与者的精神内涵,更多的指涉宗族的文化意义。

(二)叙事话语的转义行为

转义是对于叙事话语而言,转义行为是对于叙事话语的叙述行为而言,主要存在于表达特定宗族文化观念和意识形态层面,在一些世系、传记等直义行为背后隐含着该宗族的文化观念与意识形态,也潜含着作者意识与价值观念,这一表达行为便是转义行为。此外,在具体叙事对象层面隐陈其事的行为也是转义行为。转义行为是一种运行机制,考虑到事物观念之间的运动,事物之间的比喻性关联,事物之间不同语言的表达,离开这一机制,转义话语就不能履行其作用,就达不到编纂者编纂的目的。在考虑这些时,无论是观念的运动,事物的关联,还是不同语言的表达,编纂者对它们的阐释都取决于所要表达意义的对立关系。在转义行为中,我们应该承认,编纂者必须超越宗族事件的序列组织,便于确定这些序列组织作为一个框架的连贯性,并赋予这一事件某一语言形式的表达,此时,转义话语便赢得了这一表达的权利。这里的转义话语并不再现与它刻意描写完全相同的事物,所要表达的是与原事物或已然事件的差异性所在。转义话语试图阐释部分与整体之间或某一过程的分阶段与完整阶段之间的关系,海登·怀特的转义理论形象地说明了这一过程。转义具有一般性,私修谱牒的编纂者用这些一般把对特殊的描写变成了叙事,其最具魅力的地方便在比喻的语言中,编纂者用比喻这种语言描写宗族史领域的各个因素,同时也叙述宗族史发展过程中的变化与差异。这时,转义就转移到话语内部,事件前的诸因素被安置到话语的前景中,这里转义就具有了辅助意义的功能。这样,客观性便走出了转义话语的视野,因此,分析转义行为,有助于理解诸因素之间的关联与隐含的文化内涵。私修谱牒的转义存在于宏观叙事体例、中观叙事体例与微观叙事体例中。

1. 宏观叙事体例中的转义行为

在宏观叙事体例中,编纂者对世系主要以直义话语进行叙述,但是直义背后隐含的文化观念与意识形态却是转义范畴。其中世系中记载人物生命信息的小传与世系结构是转义行为的载体。这里的小传是宏观叙事体例的组成部分,与微观叙事体例的传记是有区别的,微观叙事体例中的传记指在私修谱牒文本中单篇成章的传记。

编纂者在解释或阐释宗族世系人物生命信息时,一个概念化的模式可能会清晰地表现出来,也可能经过总结被规范地提出来,这种概念化的模式与转义话语中的比喻意义是有区别的,比喻意义隐含在传记人物事件的故事中或传记人物事件被叙述前的描绘中。所以,编纂者编纂的故事把宗族史中无意义的客观存在材料改造成预设的模式,根据这一模式,提出一些有意义的问题。如果转义话语不是把事件发生顺序与原本客观材料进行改造的话,那么也就不会有什么意义性话题存在了。

在宗族世系的传记中具有转义行为,比喻性话语较多,在《河南程氏正宗世谱》宗族世系中,传记繁多,凡是有事迹的皆有传记,如,"羽,字中远,后晋高祖天福中进士。宋太宗时,尹开封以羽判府诏授礼部侍郎,文明殿学士,终于位。宋太宗闻之惊悼曰:方将大用。赠礼部尚书,累赠太子少师,赐第东京泰宁坊。子孙随居河南。妣张氏,封襄令县太君。伊川祖迁葬伊川县伊洞后岭蔡沟村西半里。"[①]我们来看程羽传,这里一再阐释他的官爵,并且官爵随着他的年龄一再上升,直至死后还有累加官爵。看似只是清晰的直言陈述,但是我们仔细分析一下,人的一生事情多之又多,为何编纂者偏偏一而再再而三地编纂他的官爵呢?这就隐含着转义行为,这里的官爵与宗族有着很多的关联,主要存在四个方面:首先,官爵隐含程羽在仕途的成功,这些官爵阐释着他一生所做之事件,具有阐释事迹的功能;其次,本身官爵是一个虚拟的头衔,而人是一个活生生的存在物,具有太多的差异性,而编纂者在编纂过程中,凡提到官爵时就以此来代替了人,从两者的差异性中发现存在的共性;再次,官爵在本宗族的文化层面不仅仅是一个简单的爵位,而是一种精神,带有编纂者的主观感情色彩,这里带有编纂者对程羽的崇拜感;最后,官爵不单单指爵位,在宗族文化传统中,是一种光宗耀祖的荣誉。在宗族世系中以官爵形式谱载传记比较常见,这样的转义行为不是很

---

① 未题纂者:《河南程氏正宗世谱》,洛阳理工学院图书馆馆藏,未题时间,第12页。

明显,但这仍是编纂者比较统一的表达世系宗族传记的基本模式,如《孙氏家谱》宗族世系中的传记载有:"恪,兴祖长子,系迁宜阳始祖。明时初袭武德卫指挥使,屡次立功,封为全宁侯,进兼太子太保,赐第洛邑,后居宜阳南北召诸村,正宗袭职武德指挥使,至明末"①。在宗族世系中,涉及的小传亦有神话传说中的人物传记,如黄帝、炎帝、蚩尤、姜尚等,其叙事话语皆为转义行为。

私修谱牒的世系结构框架以五世图居多,如《河南正宗程氏世谱》《范氏家谱》《苏氏家谱》《欧阳氏家谱》等,都是五世图世系,每一图五世,在叙述世系传承中是以直陈宗族的形式呈示,但这五世图也隐含着文化观念与意识形态,属于转义行为。五世图体现了传统的五服之情,九族之亲的伦理道德观念,在传统伦理道德中,中国五代之内为服内,若亲人去世,凡五服之内的亲属都要按照规定穿孝服致孝,称之为五服之内;五世以外的亲属由于关系比较疏远,可不穿孝服致哀,称之为五服之外。第一图与第二图共九世,体现的是九族之亲。这些所表达的文化观念都是转义行为。

2. 中观叙事体例中的转义行为

私修谱牒的中观叙事体例主要是由宗族史组成,这里的转义行为主要体现在谱序中,编纂者在编纂宗族史时使用大量的转义话语,尤其是在谱序中,转义更为明显,既有在相似的两个事物中以一个替代另一个隐喻,又有在相近的两个事物中以一个代替另一个换喻,还有用部分代替整体固有性质的现象的提喻,而否定性的反讽很少。

谱序何以是转义的呢?原因有三:其一是撰写谱序的作者根据该姓氏宗族的历史分析材料,把这些材料运用自己的思维和话语表达出来,把已然事件变成具有叙事功能的宗族简史,这些话语与其说是撰写者逻辑的功劳,不如说是撰写者转义的真诚表达;其二是撰写者把已然事件转化为故事的过程是一种转义的过程,是转义行为的表达,宗族简史中的故事是被叙述出来的,而不是被撰写者发现或自己亲身经历的;其三是撰写者在撰写过程中给谱序定下的主题,无论故事还是情节结构,都逃逸不出这一主题,叙事话语深层意蕴是虚构的虚构,其本质指向文化内涵。

---

① 未题纂者:《孙氏家谱》,洛阳理工学院图书馆馆藏,未题时间,第6页。

谱序转义以隐喻与换喻为主,在隐喻中撰写者在两个不同客体之间的差异性中寻找一个重要的共性,用转义话语表达出来,强调事物的同一性;而在换喻中,撰写者对两个不同的客体以隐含的形式发现两者之间可以通过还原来阐释不同的差异,这一差异是部分与整体的对话关系或具有可理解性的阐释。如,《兰氏家谱》载有《重修兰氏家谱序》:

  始祖兰琛,原籍山西芮城科逢逊山,明完寨。成化年间迁荥阳兰家台。至五世祖兰安(字贡举),弱冠即晓天文地理,善观星河。他看兰家台龙顺虎不伏,恐年久烟残丁烯,不宜久居。乃随大员赶龙脉至邙山西游。至首阳道偃师太子岭,观其行林茂山重,闻其声龙啸虎吟,点穴拓之,观一志石,上雕一兰草,九叶五卉,正应兰梦三典。典曰:有日,郑文公三杆不觉,梦意龙晖。视兰草满园,皆九叶五卉。午牌,文公之妻燕姬生一龙子。时,兰香幽幽,祥环宫庭。文公始觉梦吉,遂为子取名兰。后郑文公逝。兰位登九五,是为郑穆公,其子孙取祖讳兰为姓,始有兰姓。兰安见拓出之志石,忙叩而供之。①

撰写者对始祖事迹的编纂具有虚构性质,大量铺垫,其序撰写时间为1996年,而所写之事为明朝之事,撰写者的编纂可从三方面来看:一是撰写者借鉴本宗族以前谱序改编而成,但是该谱牒,谱前2序,另一序并未提到此事,因此,这种假设不成立;二是借鉴同姓别宗的可能性较大,由于河洛地区这一姓氏仅搜集到这一册私修谱牒,但翻阅各种资料也未曾找到与此相同的解释;三是借鉴历史进行虚构,这种可能性较大,转义就顺其自然地出现在谱序中。《范氏家谱》载有《重修家谱序》:

  悠悠华夏,氏众族繁,窃闻德者尝言曰:家之有谱,犹国之有史,方之有志。家谱显,则世系明,国史清,则贤豪振,家谱其旨是溯族源,扬宗功,垂祖训,明世系。亡史似亡国,一氏无谱岂不根湮

---

① 未题纂者:《兰氏家谱》,洛阳理工学院图书馆馆藏,未题时间,第16页。

支断……叔金、叔玉迁江南无考,而今之苗裔,全系叔善之后,现已分布四面八方,真可谓根固枝繁叶茂。综观宗史,可使族人明昔通今,知其木本水源之所在也。①

这段话中既有隐喻又有换喻,先看"家之有谱,犹国之有史,方之有志"一句,家、方、国是由小到大的地方性表达,又有人口由少到多的呈现,家是人口繁衍的基本单位,方是家的集合体,国又是方的集合体。家、方、国虽有差异,但有一个共性它们都是人口的集结地。再看谱、志、史是中国历史的三大来源,三者共同组成中国历史的主体,这三者之间的差异在于,谱是单位最小的宗族史,方是单位居中的地方史,而史是单位最大的国家史,其共性都是记载历史。总起来看谱用来齐家,志用来修方,而史用来治国。这里便是转义中的隐喻,这里把谱牒对家的作用比喻成方志对方的作用,亦比喻成国史对于国家的作用,它们三者对各自的作用和影响是一样的。再看"而今之苗裔,全系叔善之后,现已分布四面八方,真可谓根固枝繁叶茂"这句,用"根固枝繁叶茂"比喻范氏宗族人口众多,两者差异性很明显,"根固枝繁叶茂"是用来形容树木枝叶繁多,"现已分布四面八方"是用来形容范氏人口众多的,其共性在于"多",用形容树木枝叶繁多的词语来形容人口的繁多,这是比喻性转义的隐喻。再看"亡史似亡国,一氏无谱岂不根湮支断"这句,用"亡史"比喻"无谱",用"亡国"和"根湮支断"比喻宗族衰败,这里"根湮支断"首先指的是树木衰败景象,用部分代替整体;再次指宗族衰败,再用整体比喻整体,这是一个融隐喻与换喻为一体的句子。再看"综观宗史,可使族人明昔通今,知其木本水源之所在也"这句,用"木本水源之所在"比喻宗族姓氏源流之初,也正是这个隐喻表明了宗族史的重要性。最后看"家谱显,则世系明"这句,整体与部分的关系,只有整体好了,部分才安然无恙,在谱序中,经常会用世系代替谱牒,若言世系便是在说谱牒,这明显是转义中的换喻。这里仅仅是对这一段转义话语进行分析,在谱序中,这类转义话语比比皆是。

对谱序转义话语的比喻层面进行分析,可以识别出对特定的宗族简史

---

① 未题纂者:《范氏家谱》,洛阳理工学院图书馆馆藏,未题时间,第22—23页。

领域的结构和作为一个叙事过程的各阶段之间进行比喻描写的转义形式,从而可以对宗族史再现的可能类型进行划分,可以进一步挖掘隐含的意识形态。

3. 微观叙事体例的转义行为

微观叙事体例由图、传、志、文四部分组成,转义主要体现在传中,这里的传都是单篇成章的人物传记,编纂者在编纂单篇人物传记时把传主的生平、事迹、功业以全知全能叙事视角借助自己的主观性运用话语表达出来,这里的话语表达是转义行为,主要是转义中的隐喻与提喻。

分析单篇成章的人物传记,尤其是其叙事话语中的转义,首先要分清传主是否曾经在本宗族中存在过,这里要涉及三方面的传主:一类是传主为神话传说中的人物,这些人物本身就可能是虚构的,那么毋庸置疑,传主的事迹便是对虚构再度虚构,在私修谱牒中,这类人物年代越久远越容易出现。其二是传主在本宗族私修谱牒中载有,且与自己同姓氏并不同祖的也载有,这就要分析传主到底属于哪一宗派的人物,这一研究不仅仅涉及私修谱牒的问题,还涉及历史与社会,甚至还要涉及生物遗传等方面,鉴于此,这里暂且把这类人物放入本宗族成员研究,他们的细致研究以期以后。其三是传主是本宗族成员,这类传主年代越近越容易出现。第一类人物传记是二度虚构,转义最为突出;第二三类人物传记是一度虚构,具有较强的转义。如《范氏家谱》载有人物传记29篇,这些传记中既有涉及神话的如轩辕黄帝传、尧帝传等,还涉及范氏宗族存在过的成员如唐宰相范履冰传、北宋参知政事范仲淹传、明东阁大学士范景文传、苏州范氏十六房祖传等。

二、转义中的意象

意象本是中国诗学最具特征性的用语之一,在私修谱牒中也存在叙事意象,并且这些意象是转义的,具有比喻意义,钱锺书在对敏泽《意象和意境的同异》做批注时勾勒了中国意象观的历史过程认为"文字语言基本功是达'意',造'象'加工的结果,即本来是状物色物象的具体字,经千百年亿万人的惯用,也发挥'象'的作用,作者必须施起死回生、翻旧为新的手段……'意

象'='意'→'象'='意'加'象'的发展,似以明为分(发)界限。"①他对中国古代意象语义内涵的理解有独到之处,杨义借助这一观点,加深对叙事意象的阐释,认为"中国'意象'二字,意在象先,意为统帅,象为载体……这个顺序不可忽视,顺序包含着文化生成的意义。由意到象,这里呈示了中国诗学心灵通道,可以看作一种缩微性的人天关系模式。"②他的理解有助于对意象的把握,从而建立了意象叙事的理论,这里的意象已经失去了原来面貌而存在于叙事中,其转义性是毋庸置疑的,在私修谱牒中的意象经过私修谱牒的编纂者或编纂者转录内容作者的选择和重新组合,达到意与象相互融合,相互蕴含的状态,私修谱牒中的意象是一种宗族文化意义的审美载体,同时是宗族内部精神的感官现象。这里的意象所表达的不再是原来的象,而是掺杂了编纂者或他转录内容的作者情感的变化与思维的转化,私修谱牒中转义的叙事意象有三种类型,分别是自然意象、文化意象和神话意象。

1. 自然意象

私修谱牒文本中的自然意象是指经编纂者或转录内容的作者对天文、地位、动植物等事物的选择和组合后达到意与象相互融合与蕴含的状态,将主观精神融入事物之中,表达他们的情感。私修谱牒的自然意象主要存在于微观叙事体例中,更确切地说存在于微观叙事体例的诗文中。

诗文中蕴含自然意象的事物主要指山川、树木、河流、花草以及鸟兽等大自然事物。诗文的作者不是编纂者,只是编纂者所转录的内容之一,作者对自然意象的选择和运用十分注重把握自然美的精神内涵。如《吴氏家谱》载孟津王铎赠吴氏诗歌:"《赠吴明自举人》,年少河边问典坟,送庄望眺对斜曛。虽然花径迷红树,安得山斋想白云。绵石自宜麋鹿卧,野鸥误入凤鸾群。寄书好晤深岩里,夏涧秋涛总为君。"③这里需要指出吴明自就是《金刚易经法》的作者,王铎的老师,他写这首诗是为了表达了自己对恩师的感激之情,这里的河流、花、红树、书斋、白玉、绵石、麋鹿、野鸥、凤鸾、书、岩、夏涧、秋涛等自然意象,表达作者对恩师的教诲念念不忘,如其中的"夏涧秋涛",不再是单纯的自然景物,而是暗喻自己,希望自己像这些景物一样陪伴

---

① 敏泽:《钱锺书先生谈"意象"》,《文学遗产》,2000年第2期第2-4页。
② 杨义:《重绘中国文学地图》,中国社会科学出版社,2003,第51页。
③ 未题纂者:《吴氏家谱》,洛阳理工学院图书馆馆藏,未题时间,未题页码。

在恩师身边,安享晚年。《孟津王氏家谱》载有王铎诗歌:"《伊阙》:此地通沧海,天心问尾闾。舟迁山互动,电转壑疑虚。灵气苍烟上,神工混辟余。随刊今日事,蛰蛰想龙居。《前题》:双峰间紫林,☆①之去高峰。人世空朝暮,石楼自古今。泉承秋水落,天束夕阳沉。忽听孤鸿唳,飘摇万载心。"②前首诗《伊阙》是对伊阙河流的描绘,所用自然意象是为了赞美伊阙河流水流的急促、水势的浩大、两岸的巍峨以及龙门石窟的精工雕琢。后一首《前题》中的紫林、高峰、石楼、秋水、夕阳、孤鸿等都蕴含着自然意象,如其中的"孤鸿"暗喻自己,表达作者自己内心独特的伤感,与秋水、夕阳相契合,有一种悲伤的情愫蕴含在诗中。《范氏家谱》载有范仲淹的词《苏幕遮·别恨》"碧云天,黄叶地,秋色连波,波上寒烟翠。山映斜阳天接水,芳草无情,更在斜阳外。黯乡魂,追旅思,夜夜除非,好梦留人睡。明月楼高休独倚,酒入愁肠,化作相思泪。"③这首词中蕴含自然意象的碧云、黄叶、秋色、绿波和翠烟构成一幅色彩斑斓的图画。其中的天地山水通过斜阳与芳草连接在一起,景物自目之所及延伸到想象中的天之尽头,自己思乡的情怀黯然凄怆,羁旅的愁绪重叠相续。这些蕴含自然意象的景物融入词人的主观情愫之中表达了漂泊异乡时间之久与乡思离别之深的情感。如词中赋予明月生命和意义,明月在意象中是人生变化无常,悲欢离合的象征,常用来表达思乡情怀与游子思妇的离愁别恨等。因此尽管月光皎洁,高楼上夜景很美,也不能去观赏,因为独自一人倚栏眺望,更会增添怅惘之情、思乡之感。此外,《白居易家谱》载有白居易诗歌、《张氏家谱》载有张鼎延诗文《异井记》和《苍苍说》等皆含有转义中的自然意象。

2. 文化意象

私修谱牒中的文化意象是一个比较宽泛的概念,指私修谱牒文本中蕴含文化意蕴的意象,不仅涉及节日惯例、宗族礼仪、宗族法规等民俗规则方面的意象,而且还指宗族的建筑方式、祭祀器物、劳动工具等事物中蕴含的意象,把巫术、风水学、玄学等意蕴融入文化意象之中。它是本宗族群体文化智慧的凝聚,是地理、历史、宗族观念、风俗习惯以及思维模式等文化的沉

---

① ☆代表私修谱牒原文之字已模糊,无法辨认。
② 未题纂者:《孟津王氏家谱》,洛阳理工学院图书馆馆藏,未题时间,未题页码。
③ 未题纂者:《范氏家谱》,洛阳理工学院图书馆馆藏,未题时间,第477页。

淀,并经过历史的发展,本宗族的反复运用,逐渐形成的一种自成系统的文化模式,具有独特的文化内涵。所以,文化意象不仅能反映本宗族的文化心理观念,还能折射编纂者或转录内容作者的情感意念的发展痕迹。对文化意象的解析有利于宗族文化底蕴的探究。同时,在理解文本转义的文化意象时,有利于读者通过自身想象和联想获得与编纂者或转录内容的作者具有相同或相似的审美情趣。

私修谱牒中的文化意象主要存在于中观叙事体例和微观叙事体例中,在中观叙事体例中,文化意象主要存在谱图中,其中的祠堂图、房屋图、坟茔图、祖先像等皆是蕴含着文化意象的载体。建筑物的谱图其建筑结构或建筑方式蕴含着文化意义,祭祀器物图具有宗族祭祀的文化意义,祖先像的描绘大多是慈祥仁厚的面容这里也蕴含着传统文化的意义,如《程氏家谱》载有的嵩县敕建两程祠堂图、墓制图等,其方位均坐北朝南,建筑物前河流环绕,建筑物后背靠山峦,这些具有风水学的文化意义。在微观叙事体例中,文化意象主要存在志中,志中的祠堂志、讲堂志介绍其建筑构成、建筑方式,均暗含文化意义。

3. 神话意象

私修谱牒中蕴含神话意象的事物分为两类:一类是据有神话原型的神话意象,一类是具有神话素的神话意象,这里的神话素是具有神话原型的某一种特质而非神话原型本身,借助神话素对宗族的意义进行暗示或特殊性的象征。编纂者或转录内容的作者用其对宗族生活的特殊理解而对宗族文化进行过滤、选择、加工或演绎原始神话的某些元素,从而具有神话元素的神话意象,不是展露神话本身,而是呈示神话与文化结合后而具有的神秘感或神圣感。

在宏观叙事体例中主要存在神话原型这类事物的神话意象,在宗族世系中,很多私修谱牒的最初始祖都是神话原型,如,《张氏家谱》始祖为少昊手下大将张挥;《孙氏族谱》始祖为少典;《程子宗谱》《河南程氏正宗世谱》与《姬氏宗谱》始祖皆为黄帝;《赵氏家谱》始祖为造父等,这些神话原型使本宗族拥有了神人般的力量,凡是以神话原型为始祖的编纂者和转录内容的作者在提交姓氏源流之时,内心充满着自豪感与优越感。

在中观叙事体例的谱图中既有神话型的神话意象也有神话素的神话意

象,神话原型主要是龙,多以皇帝所赐的匾额为主,其图形多为二龙环绕一龙居中,象征皇帝的尊严不可侵犯,如《河南程氏正宗世谱》载有康熙皇帝御书匾额图、慈禧太后御书匾额图、光绪皇帝御书匾额图等,图形中神话原型皆为龙。还有些祠堂图或住宅图的石柱子上雕刻的龙与凤的图像,这里的龙与凤是神话原型性神话意象。除了龙之外,还有其他动物图像,而其他动物则具有了某些神话素,如狮这一具有神话素的动物在住宅图中被以石狮子的形式呈现在住宅门前,显示大门的威严与壮观。还有在祭祀器物图形中,蕴含意象的不但有虎、麒麟、象等动物图形,还有云、雷、电等自然事物,不过这里的动物与自然事物都具有了某种超人的特质,这些便是具有神话素的神话意象。在中观叙事体例史的谱序中存在神话意象,如《兰氏家谱》《谱序》中载有兰氏先祖观察住宅"龙顺虎不伏",行至偃师太子岭时,"观其行林茂山重,闻其声龙啸虎吟,点穴拓之,观一志石,上雕一兰草,九叶五卉,"此后郑文公梦"文公之妻燕姬生一龙子"等。这里的龙、虎、志石、兰草、龙子等都为神话素这一类的神话意象。其具有了某些神话的能力同时也具有宗族文化的意义。

在微观叙事体例的传中存在蕴含神话原型类和神话素类的神话意象,有些私修谱牒对先祖神话人物撰写单篇成章的传记,还会涉及许多其他神话意象。如《范氏家谱》载有轩辕黄帝传,涉及其他神话原型类的神话意象有少典、炎帝、蚩尤、嫘祖、女节、青阳、昌意、昌仆、高阳等,涉及神话素类的神话意象有熊、貔、貅、虎等。

意象在私修谱牒中是转义的,其与隐喻、提喻、换喻、反讽都有联系,但又不相同,转义中的比喻注重话语与话语之间的关联,而意象注重话语与作者、读者之间的关联。从而使得意象的话语功能与比喻性的话语功能不同,意象在私修谱牒中的运用是加强私修谱牒文学化程度的一种重要方式。从功能上分析:首先,意象在私修谱牒中具有凝聚宗族精神的功能,无论自然意象、文化意象,还是神话意象都对聚集本宗族的精神起到促进作用;其次,意象在私修谱牒中具有阐释文化意义的功能,文化意义存在于私修谱牒的文本中,意象渗透文本的字里行间,意象作为文化意义阐释的重要聚合点,成为文化意义隐含的载体;最后,意象有疏通行文,连贯叙事结构的功能,在私修谱牒中,某一意象在文本的行文中反复出现,这并非是简单的重复,这种重现之中包含着叙事内涵的递增，在情节结构的转换中起连接的作用，因此，在私修谱牒叙事话语中，意象在转义中具有重要的功能。

三、转义的功能与作用

在私修谱牒中，直义是客观记载，转义是编纂者或转录内容作者主观意识的有效渗透。转义对叙事话语起调节作用，这样可以有效地认识叙事话语对立之间的关联，隐喻、提喻、换喻和反讽构成主要比喻语言的转义，海登·怀特认为它们的主要功能是："间接或比喻地描写作为客体的经验内容：在比喻层面上为抵制清晰再现的内容提供深层的启示。而从性质上说，这四种转义分别起到不同的作用：隐喻是再现的，强调事物的同一性；换喻是还原的强调事物的外在性；提喻是综合的，强调事物的内在性；而反讽是否定的，在肯定的层面上证实被否定的东西，或相反。就描写功能而言，隐喻表明两个客体之间具有许多明显差异，但却具有一个重要的共性；换喻以隐含的方式比较两个不同客体，通过二者相互还原的关系形态解释现象之间的差异；提喻从事物的微观与宏观角度解释一个整体内的两个部分，把两个现象的外在关系解作具有共性的内在关系；反讽是辩证的、元分类的、自觉的；它的基本策略是词语误用，即用明显荒唐的比喻激发对事物性质或描写本身不充足性的思考。"① 这里需要指出的是，私修谱牒中的叙事话语是由直义与转义两部分组成的，直义的分量比转义要多，并且转义中主要是隐喻，较多的换喻，部分提喻，而反讽很少，这也符合私修谱牒编纂者的编纂目的。

---

① 海登·怀特：《后现代历史叙事学》，陈永国、张万娟译，中国社会科学出版社，1997年版，第8页。

第三节　案例分析:河洛若干家族宗谱叙事话语特征分析

河洛地区主要指黄河中游干流及其支流伊洛河等相互交汇的区域,具体讲是指"以洛阳为中心,东至郑州、中牟一线,西抵潼关、华阴,南以汝河、颍河上游的伏牛山脉为界,北跨黄河以汾水以南的济源、焦作、沁阳一线为界的地理范围。"①这一地区古称"天下之中",是中华民族众多封建王朝的腹地与都城所在地,仅洛阳就曾有13个王朝在此建都,而河图洛书与二程洛学便是河洛文化所独有的标志性思想的核心。纵观河洛地区236套私修谱牒,谱载姓氏涉及127个,研究这一地区私修谱牒中的叙事话语,有利于分析河洛地区传统文化的内涵,尤其是河洛地区宗族内的意识形态。

这些私修谱牒,多是由编纂者参考以前本宗族的谱牒或其他宗族的谱牒编纂而成的,没有固定的格式,所以比较灵活,基本的叙事体例也没有一个统一标准,大多数越是大宗族其叙事体例越繁多,越是小宗族其叙事体例越简单,但无论叙事体例简单与否,叙事话语都是直义与转义的结合形态。在河洛地区这236套私修谱牒中,比较重要的有《邵氏家谱》《河南程氏正宗世谱》《范氏家谱》《白居易家谱》《张氏家谱》《王氏家谱》以及《乔氏家谱》等,这里试图通过具体案例分析私修谱牒中叙事话语的特征。话语特征的分析主要考虑宏观叙事体例中的直义与转义,兼顾其他叙事体例,其原因是大多数私修谱牒的宏观叙事体例在文本篇幅中占据文本四分之三或还要多,其分量最重,叙事话语最多。直义话语与转义话语主要存在于具体叙事对象层面与宗族历史、人物的叙述表达特定宗族文化观念和意识形态层面。其中直义以具体的叙事对象层面为主,表达特定宗族文化观念和意识形态层面为附,转义反之。

---

① 薛瑞泽:《河洛地区的地域范围研究》,《洛阳师范学院学报》,2005年第1期第5页。

一、《邵氏家谱》直义与转义简约而不简单

《邵氏家谱》叙事体例具有宏观叙事体例、中观叙事体例与微观叙事体例,这些叙事体例的叙事话语都具有直义与转义结合的特征。

(一)《邵氏家谱》的叙事体例

《邵氏家谱》的叙事体例由宏观叙事体例、中观叙事体例和微观叙事体例构成。宏观叙事体例主要由邵氏宗族世系组成,宗族世系在文本中的排列取名为《邵氏家谱卷三》,其并非五世图,而是按照世代进行有序排列,以邵雍为第一世代,每一世代为一个图表,宗族成员及其传记繁多,大多数人物之下都有传记,但却简洁极易识别,其原因在于传记的清晰简约。

中观叙事体例是邵氏宗族史,邵氏宗族史主要蕴含在谱序中,谱载7篇谱序:一为宋绍兴五年工部尚书谢钙撰《题邵氏族谱序》,二为宋绍兴三十二年(1162)文殿学士兼枢密院使汝州陈波康撰《题邵氏宗谱序》,三为正统九年(1444)五十三世孙邵叔芳撰《重修邵氏族谱述》,四为道光十四年(1834)部师程撰《续修邵氏族谱序》,五为光绪十八年(1892)陵世勤撰《继修邵氏家谱》,六为民国三十年(1941)康节夫子三十八世孙邵廷泽撰《继修邵氏族谱序》,七为民国三十年康节天子三十八世孙邵以宽撰《继修邵氏族谱序》,这些谱序略述邵氏宗族姓氏源流、始祖概况、宗族播迁、邵氏宗族参与宋末金元战争事迹、修谱续谱情况等。谱序之间多有重复,但还是比较翔实、完备地叙述了邵氏宗族史。

微观叙事体例邵氏宗族志与文,《邵氏家谱》没有单篇成章的人物传记,谱图载有邵雍中年在安乐窝讲道处图、邵氏祠堂图、邵雍坟茔图、河南巩县建郭镇安乐寨行窝图、光绪所赐御匾图、先祖像6幅图等。志有宋康节先生墓志铭、重修康节先生墓记、碑记坟墓、伊洛书院记、恢弘宋儒康节邵夫子安乐窝记、重修邵夫子安乐窝记4篇、郡司李黄公崇尚理学去思碑记、敕授世袭翰林院五经博士碑记、移建康节邵夫子安乐窝祠堂记、重修康节邵夫子安乐窝祠堂记2篇等。文有像赞引、像赞8篇、康节先生像考、康节夫子训世孝悌诗11首、知非集、题安乐窝等。《邵氏家谱》微观叙事体例中,虽没有传记,但志与文较多,语言简洁。

（二）《邵氏家谱》中话语简约的直义行为

私修谱牒话语中存在大量直义行为，直接叙述或描绘事件或事物。《邵氏家谱》也不例外，无论是宏观叙事体例、中观叙事体例，还是微观叙事体例话语中均存在大量直义现象。直义行为主要以具体叙事对象这一层面为主。

《邵氏家谱》宏观叙事体例的文本类型属于有序连续陈述式文本，文本中世代连续、世序清晰，以邵雍为第一世代，世代从右往左开始记起，用文字表明世代。世序规则为一父多子者，按照出生早晚排列在父者之下，长子在父者正下，次子在长子之下，以此类推。同一世代者，右为长左为次，以此类推。如"第一世，雍，子二，伯温、仲良。第二世，伯温，子二，溥、博；仲良，子三，合、闰、连；第三世，溥，子一，子厚；博，子一，子仁；合、闰、连迁丹徒、宜兴、无锡失考。"①为了分辨世系的次序，省略各自小传，《邵氏家谱》以文本世系的形式展现，即有序连续陈述式文本，世序有长幼，世代有先后，这类叙事话语是直义的呈示，世系之间的联系，便是直义行为。

宗族世系是以每一世代为一图表，由于微观叙事体例中无单篇成章的人物传记，在宗族世系中传记颇多，除邵雍外，其余传记虽多但简洁，也存在直义，如，"第二世，伯温，字子文，先生处士行一，大明府助教，转刺州路，转连副使，自洛迁蜀。"②邵氏宗族的世系小传主要记载世代、名、字、号、事迹、官位、播迁、婚配、子嗣、葬地等。这些除去事迹外，其余叙事话语都是直义性的。

《邵氏家谱》宗族世系中的话语直义行为恰当地阐释了世代之间的联系，直义简洁、清晰，所有世代均有相互牵连，便于宗族内部查找本宗族成员，简洁是《邵氏家谱》叙事话语中直义的显现。

中观叙事体例中话语直义行为较多，宗族史中叙事话语之间的关联是由叙述对象所决定的，宗族史中的始祖、始迁祖、播迁概况大多以直义话语的形式在谱序中呈示出来，如《邵氏家谱》中载有《重修邵氏族谱述》：

---

① 未题纂者：《邵氏家谱（卷三世系）》，洛阳理工学院图书馆馆藏，未题时间，第130—131页。

② 未题纂者：《邵氏家谱（卷三世系）》，洛阳理工学院图书馆馆藏，未题时间，第130页。

今按谱图，邵氏姬姓，系出奭公，为周太保封于召，子孙以国为氏，传世至穆公虎，简公盈，皆仕周为公卿，其后子孙益众散徙四方。至西汉时，传十一世有曰信臣，宣帝元康中为河南太守，其孙名休，为青州太守，避事加邑，始改今之邵氏者焉。传六世有曰驯，字伯春，东汉宣帝时为安乐太守，后徙居衡漳。自西汉历唐谱牒蠹缺略，而弗著，至宋时，传十九世有讳德新者，自衡漳徙汴，德新生令进，令进生古，古生雍，字尧夫，初举遗逸，试将作监主簿，后为颍州推官，辞疾不赴，退居于洛，著皇极经世，书以续眭贤道统之传，始谥康节夫子，其子伯温、仲良。葬于今嵩山县之新店，子孙遂为河南人。明道先生为作墓志焉，康节之三世孙，长曰薄，为徽猷待制，次曰博，为秘书省校书郎，俱扈徙高宗南渡都杭，遂家于澍为南迁之祖焉。待制之后，有曰宏澜，以武弁起家，为殿前统制。绍兴中屡与金人战、胜功居中舆第一。至七世有曰泽，字君美，以文学登理宗。嘉熙二年，廷试状元，历官待讲给事，中至吏兵二部侍郎。后子孙有以仕而徙闽，有曰淳，字君协，以舍选升，为越之新昌令，德化及人，致灵芝五色，生于草舍，卒于官庭，后子孙遂家于会稽。十世有讳忠，字克诚，行名千八府君，宋末为扬州都巡致仕，自会稽徙馀姚，居邑城，通德门之东，乃为始迁之祖也。

《邵氏家谱》的微观叙事体例中没有单篇成章的传，只有图、志与文，在图中，直义行为主要涉及位置、名称、房屋用途等，这里编纂者在绘制谱图时，并非按照事物建筑样式的原来尺寸绘制，也并非按照原来建筑材料描绘，只是采用简笔画的形式大致描绘建筑物的面貌，其图已经失去直义性，谱图样式是转义的，但文字介绍是直义的，如，《邵氏家谱》载有洛阳旧庙图，从前往后的建筑有：石坊、道德坊、大门、八卦楼、南华里、周关庙、正祠、先天堂、启贤堂、皇极、书阁、天津桥，正祠左右为月窟、天根；先天堂左右为进公祠、九贤祠；东西垣墙十三丈有余，南北垣墙四十六丈有余。这些文字性记载是按照最初邵氏宗族建筑房屋时所启用的名字，因此没有改变原来的意义，只是客观记载房屋的名称，这些叙事话语是直义，其之间的联系是直义行为。

在志的话语中存在直义行为,在志中话语的直义是关于坟茔、祠堂、宗庙、安乐窝的地址与建筑的描写,这些描写是对原始建筑的一个客观记载,不移注编纂者的主观情思,如《洛阳安乐窝祠记》:"在洛水以南,天明以东,离城三里许,窝门台三间,仍其旧曰安乐窝,门以内建坊三间。"①又如在《重修洛阳安乐窝祠记》中记载:"入宋以来,洛之南旧有邵子安乐窝暨内九贤堂祠者,崇道学也……修正殿三楹、启先祠三楹,道德坊一座,八卦楼一座。"②这些话语都是直义性的。

(三)《邵氏家谱》中话语的转义行为

在《邵氏家谱》中,虽然直义行为占据文本的多数,但就叙事话语的形态而言,转义行为也是不可或缺的。在此谱牒中,转义主要是比喻性的叙事话语,存在于宏观叙事体例、中观叙事体例与微观叙事体例中。

在宏观叙事体例中,转义叙事话语主要存在于宗族世系的传记中,主要涉及传主的事迹、语言的转换以及比喻词的运用。宏观叙事的文本类型属于有序连续陈述式文本,世代次序分明,其转义主要存在于世系小传中,如宗族世系中的邵雍小传,涉及邵雍官位、著述事迹、康熙赏赐匾额事迹等潜含的文化观念皆为转义。

在中观叙事体例的宗族史叙述中有些话语具有转义性。邵氏宗族史的内容主要存在于谱序中,《邵氏家谱》谱序7篇,《题邵氏族谱序》:"圣人制礼,莫重于宗族,宗族之辨,莫先于谱书,谱书之传,莫大于宗法。有百世不迁之宗,有五世则迁之法,祖迁于上而宗易于下,祖宗之传序人道之本也。"③本意为讲述谱序的重要性,但其蕴含着道德与伦理的宗族文化内涵,其表现形式是转义的。《重修邵氏族谱述》:"盖吾尝观,闻人谈古才人则淡然,闻人谈古贤人则欣然,坐必起,行必止,神然遇焉,长则急购其书必抄而载之,偶接其裔则欣为敬,礼于先贤之祖,述先贤之后,起必历历考之,凡其裔之所详者而子亦无所不详焉。"④该谱序为道光十四年部师程所撰写,其文开篇主要想阐明编纂邵氏谱牒世系的重要性,但其所言,将礼数、行为举止、先贤与后

---

① 未题纂者:《邵氏家谱(卷二)》,洛阳理工学院图书馆馆藏,未题时间,第23页。
② 未题纂者:《邵氏家谱(卷二)》,洛阳理工学院图书馆馆藏,未题时间,第60页。
③ 未题纂者:《邵氏家谱(卷二)》,洛阳理工学院图书馆馆藏,未题时间,第25页。
④ 未题纂者:《邵氏家谱(卷二)》,洛阳理工学院图书馆馆藏,未题时间,第31页。

代之间的关系等文化内涵融入其中,具有了宗族内在文化性。史中的转义话语简约而清晰,宗族播迁、邵氏源流等在转义中呈示出来。

在微观叙事体例中,志与文话语的转义特征主要存在于祠堂志与诗文中,如志中的《碑记坟墓》"坟墓者祖宗之体魄所安,孝子慈孙所思,世守而不忘者,然岁月云迈,事势不常……世远人亡,时移物换"①,主要记载坟墓的重要性,但其中"岁月云迈"讲云在岁月中穿梭,形容时间流逝很快,这里转义指邵氏宗族后代在岁月中的繁衍,用"岁月云迈,事势不常"形容变化无常,因此要以坟茔而树立祖先曾经的存在。"岁月云迈"与"时移物换"共同指向没有永久的存在,但是要想给自己的宗族留下念想,那么坟墓便是最好的记载先祖曾经存在过这一事实的物证。诗文中,如《是非集》《康节夫子训世孝悌诗》等皆为转义。

总之,《邵氏家谱》叙事话语的直义与转义都很简约,记载清晰,使得其叙事话语明白易懂,但其蕴含着深层的宗族文化内涵,对叙事话语中直义与转义的关注,有利于分析私修谱牒中的文化内涵与意识形态。

二、《河南程氏正宗世谱》直义与转义丰富而不烦琐

《河南程氏正宗世谱》的叙事体例分为宏观、中观与微观三部分,其叙事话语是直义与转义的结合体,丰富而不繁杂是其叙事话语的特点。

(一)叙事体例

《河南程氏正宗世谱》的宏观叙事体例主要由宗族世系组成,宗族世系表达形式是中国传统谱牒编纂最常用的方式:五世图法。本宗族世系以黄帝为始祖,以程颢、程颐为一世祖,世系记载直至编纂者时代。世系文本类型属于有序连续陈述式文本。世系中的人物小传十分丰富,排列有序、叙述详实,多涉及字、号、官爵、事迹、子女概况、坟茔等。

中观叙事体例主要是谱序,《河南程氏正宗世谱》载有:"历代纂修谱序"一章,共7篇,其中最后2篇没有题目,其余5篇分别为:一是伊川世孙程晟撰《程氏图像统宗谱略序》;二是明隆庆壬申岁伊川二十代孙程宗孟撰《重录河南程氏正宗世谱序》;三是伊川二十四世孙程延祀撰《重录河南程氏正宗

---

① 未题纂者:《邵氏家谱(卷二)》,洛阳理工学院图书馆馆藏,未题时间,第27页。

世谱序》；四是乾隆五十七年伊川二十七世孙程圭璋、程振洛与程拟章共撰《重录河南程氏正宗世谱序》；五是光绪三十二年三十世孙程步月撰《重纂河南程氏正宗世谱序》。

微观叙事体例主要包括图、志、文，《河南程氏正宗世谱》与《邵氏家谱》相同，没有单篇成章的人物传记，图主要载有康熙黄帝御书匾额、慈禧皇太后御书匾额、光绪黄帝御书匾额、羽公墓园、敕建两程子墓图、敕建嵩县两程夫子祠图、太中公像章服像图、明道夫子燕居像章服像、祭器图、祭品图等。志主要有《两程祠墓说略》《说铃东还记·程篇》。文主要是像赞、迁徙歌、乾隆皇帝祭两程夫子文、程氏正宗谱系字式、程氏世代名讳衔职及徙居地址等。

（二）丰富的直义话语

在《河南程氏正宗世谱》中，直义的叙事话语占据主导地位，无论是宏观叙事体例、中观叙事体例，还是微观叙事体例，直义话语呈示出丰富而不繁杂的特点。

在宏观叙事体例中，宗族世系以五世图法展现这个宗族的传承，且是一个有序连续陈述式文本。需要指出的是：《河南程氏正宗世谱》世系严格按照五世图法，五代为一图，第一图以黄帝为始祖；二世为昌意、白帝；三世为高阳氏；四世为称、鲧、穷蝉；五世为卷章、禹、敬唐。第二图以第五世卷章始，后接着第六世、第七世、第八世、第九世，这五世为第二图。第三图又以第九世始，如此延续下去。且每有名人之处，皆有小传阐释。世系人名的连续与小传的阐释在话语表现具体叙事对象层面皆为直义行为，其话语是直义话语。在这一层面，直接叙述程氏宗族的字、号、官爵、子嗣、葬地等。这些也是原始材料中存在且不易改变的东西。由于该世系属于有序连续陈述式文本，无论世系之间纵向传承，还是世代之间横向联系，直义话语十分丰富，且无混乱现象。此外，小传中的直义话语也很丰富且叙述清晰。

在中观叙事体例中，宗族史的构成中主要包含谱序，《河南程氏正宗世谱》谱序7篇，编纂者或谱序的撰写者以直义话语叙述姓氏源流、宗族发展概况、修谱经过，大部分还叙述播迁概况等。如程宗孟撰写的《重录河南程氏正宗世谱序》载有："自黄帝而孕生元谭,自元谭而孕生秀公,自秀公而孕生吾辈。"①以直义话语叙述程氏宗族由黄帝始开始传承的过程,涉及几个重要人物,一一列出。程延祀撰写《重录河南程氏正宗世谱序》:载有:"余族自先夫子讲学鸣皋,卜宅陆浑而后世居樊水之阳。宋建炎初,随高宗南渡,至明洪武初先人讳德用祖者来归陆浑,世守先祠。"②以直义话语详细叙述宗族由程颢居住陆浑后的播迁情况。

在微观叙事体例中,直义话语主要存在于图、志、文中,在谱图中,呈示直义话语的图画存在于祭器图的文字阐释中,对祭器外形、材料、用途以直义的话语进行叙述,如,筐,以竹制成,周代之前,筐有多种用途,可以奠爵,也可以盛膳食、放置玉币等。"通足高五寸,长二尺八分,阔五寸二分,深四寸,盖深二寸八分。"③以直义话语叙述了这一器物的具体尺寸。幂龙:"以绛帛方幅为之,中画云龙,旁画文彩,四角各缀以金钱,用以覆尊,若两庑,则不可画云龙,止用青。"④这里可以看出编纂者通过直义话语叙述了幂龙的制作材料、图形、方寸、用途、忌讳等。在庙中执事生中,载有各种摆放事物的名称;在启贤堂陈设图、正殿陈设图、两庑陈设图中,帛摆放在最上边,依次是登、豆、簋和簠,最后是祭品,并且有严格规定,帛用筐盛,羊和豕等祭品用牲匣盛放于前,这些都是以直义行为呈示的。在志中,《两程祠墓说略》在用话语表现具体叙事对象层面上,以直义话语叙述两程祠墓的建造过程。在文中,《程氏世代名讳衔职及徙居》以直义话语的形式详实地记载了自程颢、程颐之后程氏宗族成员的名讳衔职及徙居地,如,"百一世:颢祖,号明道。宋进士、主簿、扶沟县令御史里行,洛阳天门街;颐祖,号伊川,宋进士,崇政殿说书,管勾西京国子监,嵩县程村。"⑤在介绍官爵及居住地时,直陈其事,属于直义行为。

---

① 未题纂者:《河南程氏正宗世谱》,洛阳理工学院图书馆藏,未题时间,第 7 页。
② 未题纂者:《河南程氏正宗世谱》,洛阳理工学院图书馆藏,未题时间,第 8 页。
③ 未题纂者:《河南程氏正宗世谱》,洛阳理工学院图书馆藏,未题时间,第 31 页。
④ 未题纂者:《河南程氏正宗世谱》,洛阳理工学院图书馆藏,未题时间,第 32 页。
⑤ 未题纂者:《河南程氏正宗世谱》,洛阳理工学院图书馆藏,未题时间,第 33 页。

(三)丰富的转义话语

《河南程氏正宗世谱》的转义话语存在于宏观叙事体例、中观叙事体例与微观叙事体例中,可以从具体叙事对象层面与宗族历史及人物的叙述表达特定宗族文化观念和意识形态层面来分析。

在宏观叙事体例中,宗族世系在以直义行为阐释宗族成员名讳与宗族传承的同时,也在以转义行为叙述着本宗族的、潜含着的文化观念,如宗族世系的五世图法,潜含着丰富转义内涵,值得注意的是在《河南程氏正宗世谱》宗族世系中以黄帝为始祖之后以"珦"始迁祖,并把珦作为一世系图的开端,但并未将他作为第一世,而是将"颢"和"颐"作为一世,这样一来,这一世系图最后到四世"节之""克家""蟾孙""克绍""克功""原之""厚之""涣之""革之""损之""观之""谦之"等。在接下来世系图的开端就是第四世,如图2-4、2-5所示。

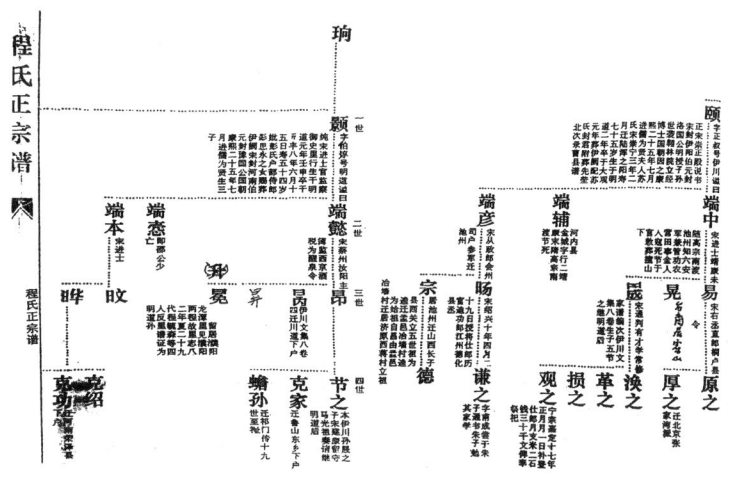

图 2-4 《河南程氏正宗世谱》世系篇五世图一①

---

① 未题纂者:《河南程氏正宗世谱(世系篇)》,洛阳理工学院图书馆馆藏,未题时间,第 15—16 页。

私修谱牒叙事的主要模式及文化内涵

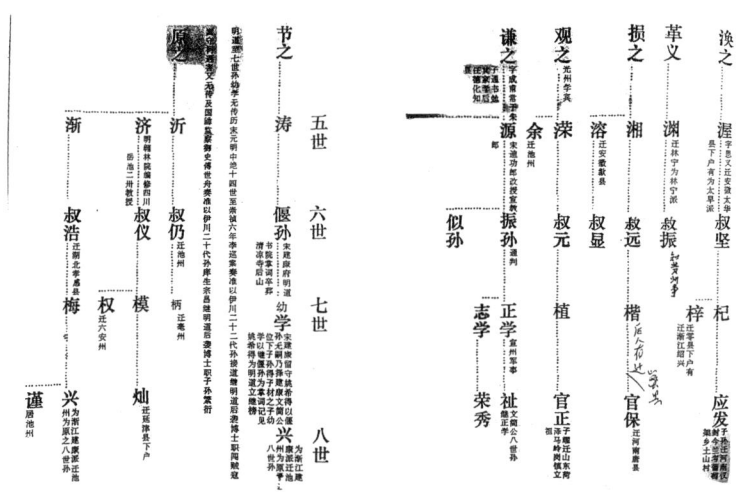

图2-5 《河南程氏正宗世谱》世系篇五世图二[①]

若单从五世图中的文字确定宗族成员是谁,则是明显的直义行为;若要对五世图中的转义行为进行准确理解,则要从这三个方面去把握:其一是名字里所潜含的父辈的愿望或期望以及名字中的文化意蕴,这些则是转义话语的呈示;其二是五世结构图所潜含的丰富的宗族制度和宗族意识,以及对何以五世为一图的理解,这些都是转义行为;其三是五世图中宗族成员传记的深层把握,比如,传记中传主在世时的官爵、去世后的封爵所折射的社会政治文化,配偶、子嗣、祠堂、坟茔所折射的宗族文化等,对这些的理解,皆为转义行为。宏观叙事体例世系中的转义话语十分丰富,由图可见一斑。

在中观叙事中,《河南程氏正宗世谱》有7篇谱序,比较详实地叙述了宗族姓氏源流、播迁、繁衍等,内容丰富,叙事话语属于转义。这些话语的转义涉及宗族文化、政治意识、精神支柱等方面。如"家谱一书,乃水源木本所系。"[②]水源木本比喻家谱,彰显家谱的重要性。

在微观叙事体例中,由于没有传,转义话语主要存在于图、志、文中。这

[①] 未题纂者:《河南程氏正宗世谱》,洛阳理工学院图书馆馆藏,未题时间,第17-18页。

[②] 未题纂者:《河南程氏正宗世谱(谱序篇)》,洛阳理工学院图书馆馆藏,未题时间,第11页。

些转义丰富而不烦琐,阐释着程氏宗族历史中的文化观念。在志中,载有《两程祠墓说略》《说铃东还记·程篇》。《两程祠墓说略》叙述了天下为二程立祠者多且新,而嵩邑本是二程故里,却多年未修复,"幸蒙河南巡抚阎,河南知府汪,洛阳县知县董"①的捐俸才得以重修,通过对比说明重修宗祠的重要性。对比的用意与内心情感的表达是转义行为所要呈示的内容,这些仅从直义话语的表明是很难准确把握的。

第四节　案例分析:少数民族《彝族创世谱牒》叙事话语特征分析

彝族是中国少数民族中极具代表性的一个民族,具有独特的生存智慧和发展轨迹。从古至今,彝族就有口耳相传谱牒的习俗。"尼能叙谱系,娓娓叙谱来。谱系之起始,勒奶氏幼女,嫁到柴克家。武支始祖母,祖先见白岩。祭祀作祭场,此祭仪完毕,叙谱叙族名,亲人聚一堂,倦身亦歇栖。倘不叙族名,同氏族亲人,互不会相识。亲人相聚了,同祭拜祖妣。"②能够叙述宗族谱系是宗族族人的一个传统,彝族男性以能背诵本族谱系为荣,同时,也是族人之间生存互助的一个基本条件。"有的能将数十代祖先的名字滔滔不绝地背诵下来。认为具备了这个条件就能在社会生活中获得许多方便,正如谚语所说的那样'走遍氏族(家支)的地方,可以不带干粮,依靠氏族,三代都平安。'由此可知,背诵家支族谱的重要性。"③彝族主要分布在中国西南部的云南省、贵州省、四川省和广西壮族自治区境内,尤其是金沙江流域、大

---

①　未题纂者:《河南程氏正宗世谱(谱序篇)》,洛阳理工学院图书馆馆藏,未题时间,第7页。
②　黄建明、巴莫阿依:《中国少数民族原始宗教经籍汇编·毕摩经卷》,中央民族大学出版社,2009年版,第331页。
③　王光荣:《从民族民间文化谈彝族谱牒家支》,《贵州民族研究》,1991第7期第71页。

小凉山、哀牢山及乌蒙山等是彝族的主要居住地。其中,在古乌撒地区流传的彝文古代典籍《确匹恒索》是彝族最主要的创世谱牒志之一。《确匹恒索》叙事文本涉及地域范畴主要在古乌撒地区,这一地区在商周时期称之为"卢夷之国",主要包含贵州省的威宁县和赫章县,还包含毕节市、纳雍县、水城县的部分地区。彝族创世谱牒叙事文本记载了彝族远祖希弥遮(希慕遮)之后的乌撒家支谱系源流,主要叙述了武、乍、糯、恒、布、默等六祖分支情况,其中重点叙述了布、默两个支系的历史概况。既有大宗谱系,也有小宗谱系,共计143个标题,其中,恒支系共计22二家支,布支系共计24家支,默支系共计39家支。彝族创世谱牒叙事文本所记载的彝族事件具有了明显的故事特征,从而具备了叙事功能。该叙事文本的叙事话语是直义行为与转义行为的结合体,直义即直陈其事,转义即隐陈其事。直义行为是谱牒叙事话语的实体,通过直陈其事,建构宗族世系的大宗与小宗,世系派别一目了然。"转义行为是话语的灵魂,因此,没有转义的机制,话语就不能履行其作用,就不能达到其目的。"①转义话语服务于彝族世系的建构,凸显彝族的历史实践历程。

一、直义话语的表达

在彝族创世谱牒叙事文本中,直义话语主要存在于世系名的叙述过程中,如在《哎哺希弥遮》中载有:"一世希弥遮,二世遮道古,三世古竹舒,四世舒阿默,五世默阿恒,六世恒乍耿⋯⋯一世希堵佐,二是佐额武,三世额武吞,四世吞娄娄,五世娄娄特,六世特乍支。"②在这些直义话语中,叙述者采用了顶针修辞,并且这里的顶针修辞也有三种形式:一是单字顶针,如希弥遮世系;二是单字双字混合顶针,如希堵佐世系;三是双字顶针,如《必于有四名》载有:"一世特必迭,二是必迭珠,三世珠处叟,四世处叟鄂武,五世鄂

---

① 海登·怀特:《后现代历史叙事学》,陈永国、张万娟译,中国社会科学出版社,1997年版,第3页。
② 陈朝贤、杨质昌主编:《彝族创世志:谱牒志(一)》,四川民族出版社,1991年版,第2—3页。

武撮岩,六世撮岩阿夷。"① 在叙事文本中,单字双字混合顶针修辞形式存在最多,在世系叙述中随处可见。这种世系名字的顶针修辞形式,凸显的是彝族世系的父子连名制度,在这一点上与中国汉族世系是不同的。在汉族世系中,父子之间的名字,姓必须相同(随母姓者和过继出者除外),辈分和名字不能重复,并且在写文章或说话时也要避讳父辈及先祖的名与字,汉族注重伦理,崇尚尊卑有序。

在彝族世系中,父子连名制是指彝族父系世系中每位父亲名中的最后一个字或最后两个字和其儿子名中的前一个字或前两个字相同。父子连名世代延续,脉络清晰,形成独具特色的彝族谱牒世系。父子连名世系是一种直义话语,这种直义话语投射出的世系意义有四点:一是便于族人记住本族世系,即使暂时忘记某一个先祖的名,通过该先祖上下代之间的联系,很容易回忆起该先祖的名;二是通过这种父子连名世系,可以确定彝族族人之间的血缘关系,一直向前追溯,可以确定彝族本支系与其他彝族支系的关系;三是方便彝族族人认识本支系的发展历程,通过了解本支系的历史,可以确定自己在本支系中的宗族位置,亦可以确定本支系在本宗族中的位置,乃至本支系在社会上的地位;四是每代人通过牢记父子连名世系,也是彝族语言生命的延续,通过言行举止的投射,传递着彝族人所特有的宗族秩序。

二、转义话语的表达

在彝族创世谱牒叙事话语的表达中,隐喻是从两个不同客体的差异中探求一种共性;换喻是从两个不同客体相互还原的过程中探求现象的差异性,这里两个不同客体中的某一个客体多具有一定的还原性,多用于部分代整体,这里的代替功能主要强调事物的还原性;提喻是从不同客体的两种现象中探求共性的内在逻辑,虽有一定的代替功能,但是这种代替功能主要强调事物的内在性;反讽是从不正常的比喻客体中探求本质的不足,多采用正话反说或反话正说的表达方式,强调事物的反省意义。话语转义的这四种形式通过将部分与整体或者整体与部分之间相互关联,使某些事物之间产生具有一定意义的关系。如果说彝族创世谱牒叙事中的直义话语是叙述世

---

① 陈朝贤、杨质昌主编:《彝族创世志:谱牒志(一)》,四川民族出版社,1991年版,第23—24页。

系直系传承的话,那么转义话语则是世系的分支与世系之外的宗族史叙述。彝族创世谱牒叙事文本中的转义话语多为隐喻,强调不同事物的同一性,在彝族先民的思想观念中青色之气形成了天,浊红色之气形成了地。在彝族创世谱牒《哎哺希弥遮》中记载:"天是高高的,青幽幽的啊;地是茫茫的,红彤彤的呀。"①还载有彝族始祖的出现,"天旋地转,在宇宙之间,有生命会动,有血又有气,始有希弥遮。"②可以看出,在彝族先民认为:天地未产生之前,宇宙是一片黑漆漆,虚空混沌之状,之后出现清青之气和混浊之气,在不断地变化着,清青之气上升而为天,混浊之气下降而为地,天、地就这样产生了。天地产生之后,才有了会动的生命,红色的血和青色的气产生了人类,也产生了万事万物。这里话语的隐喻所要表达的是天、地、人三者的同一性是气,气是形成天地人,万事万物的根源。在《西南彝族志》中载有:"上古天未形成,哎哺还未产生,先有啥额。啥出青油油,额出红彤彤,青变黑黝黝,红变明朗朗……啥额产生后,啥影如绾美髻,额影如生美辫,苍天现美影。"③彝族把清青之气、混浊之气命名为啥、额。"轻轻的啥,沉沉的额内,产生了哎哺。"④哎哺是彝族先民中的远古部族,青气与浊气形成了哎哺部族,"哎出希弥遮,哺出希堵佐。"⑤希弥遮彝族人最早的祖先,希堵佐是彝族人的远祖。从而可知,彝族最初先民是由清气和浊气融合而成。《土鲁窦吉》载有:"远古天未形成,地未产生时,哎未产生,哺未出现时,先有清浊气。徐徐清气,沉沉浊气。清气青幽幽,浊气红彤彤。青幽幽清气,红彤彤浊气先产。青的翻来变成哎,红的翻来变成哺。"⑥这里也记载了清浊之气产生了哎哺部族,哎哺族既产生了彝族先祖,也产生了万事万物,可见,气是万事万物的本源,进而推之,在彝族先民思维里,天地万事万物的同一性在于气。这里的隐喻

---

① 陈朝贤、杨质昌主编:《彝族创世志:谱牒志(一)》,四川民族出版社,1991年版,第11-12页。

② 陈朝贤、杨质昌主编:《彝族创世志:谱牒志(一)》,四川民族出版社,1991年版,第2页。

③ 王运权等译:《西南彝志(一、二)》,贵州民族出版社,1988年版,第7-9页。

④ 陈长友主编:《西南彝志(三、四)》,贵州民族出版社,1991年版,第404页。

⑤ 陈朝贤、杨质昌主编:《彝族创世志:谱牒志(一)》,四川民族出版社,1991年版,第1页。

⑥ 王子国译:《土鲁窦吉》,贵州民族出版社,1998年版,第1-2页。

第二章　私修谱牒叙事话语特征：直义与转义结合的话语形态

在叙事话语的建构逻辑中具有同一性，隐喻中的所有话语都在为这同一性的实现而努力。其实，在彝族创世谱牒的叙事中，记载天文地理、四季变换、先民哲理、祭祀天地神灵等话语都存在隐喻现象。

换喻是彝族创世谱牒叙事话语转义的另一个特点，在换喻话语中，强调事物的还原性，具有指代功能。换喻的构成对象间的关系具有相近性，以事物整体中的各部分为依据进行指代整体。"十二大汪洋，吞没了宇宙。此世上人间，四方的土地，全没有界线。洪水漫滔天，鸭儿头顶天，蝌蚪天边游，鱼儿吃松毛，水獭吞松果。"①这里的十二大汪洋不是指真正的十二个汪洋大海，而是代指整个世界水域；鸭儿、蝌蚪、鱼儿和水獭除了表示该动物本身之外，还代指世界幸存的所有动物。在创世谱牒和彝文古籍中载有换祖筒仪式，彝族族人更换祖筒仪式是一项常见的祭祖活动，每满三代（或不满三代）需要更换祖筒的丕筛②，每满六代举行一次大规模的祭岩祠仪式，这就需要将彝族本支祠堂中住满六代的先祖灵从篾箩③中请出来，放置到提前准备好的祖灵筒中，并将祖灵筒放到安静之处（一般选择岩洞或崖壁上）进行供奉。每满九代举行一次大规模的祭祖、叙谱分支仪式，也需要重新供奉祖灵筒。毕摩带领仇摩修订本支谱牒之后，开始制作新的祖筒，编织新的祖篾箩，之后开始设置神座。设置神座有四部分：

　　第一部分是六对五倍子木杈。每对木杈间插一青枝，右面为简单绾成的茅草人。第一二对木杈间，插一根木棒，上套一个简陋

---

①　陈朝贤、杨质昌主编：《彝族创世志：谱牒志（一）》，四川民族出版社，1991年版，第257页。

②　丕筛的来历：据《益那悲歌·夔雅蒙溯源》记载："有位叫作夔雅蒙的君长，他在世时给后人交代，我去世之后，灵魂化为一株草，毕德大臣子，请你为了我到那措娄额（地方），请恒阿德，到洁净的地方，到祖祠旁边，用青（绿）红丝线当寿衣，羊毛与五谷，牛马牺牲，装进竹筒里面，我去点苍芍嘎，同恒依阿卖议事长相伴。当他去世之后，他的毕德大臣果然按他的吩咐去办，这就是'丕筛'的来历。"时至今日，彝族毕摩带领仇摩招灵进新祖筒的时候，按照辈分排序，一个亡灵一个草根，将大妻的两个（或一夫两妻的是三个，一夫三妻的是四个等）竹筒放进一个篾箩，其中草根绾丝线，丈夫绾红线，妻子绾绿线。

③　篾箩：一种竹篾编制的箩筐。彝族祭祖篾箩是一个形状像牛嘴样的箩，在制作的过程中是有规定的，逝者如果是单身男人，篾箩留一个口；如果逝者为一夫一妻，篾箩留两个口；如果逝者为一夫三妻，篾箩留三个口，以此类推。

人头像,代表恒阿德(兴起祭祖典章者)。第三四队木杈间,立两根五倍子木棒,顶上各套一个简陋人头,代表皮武图、列哲舍两神。皮武图的神枝全削白,列哲舍的神枝削成花的。第二部分为三个弓形神位。第二第三弓形神位间搭三柱一梁的五倍子木枝神位,第一二弓形神位间放一方布,上面放两个碗,一个碗盛水,一个碗盛米,米上放鸡蛋;第三部分为洁净门。两个五倍子木杈上搭一五倍子木杆,代表梁的横木,杆正下面放三块烧红的石头,以备浇洁净水。毕摩、主人家和祭牲、祭品都需经过此门(关)做洁净仪式;第四部分为一根斜插的五倍子木,上缚一根反手搓成的草绳,祭祖的人们从此通过,通过时须丢些小钱。①

这里的话语具有换喻成分,以五倍子木杈代替世代或家庭,茅草人、简陋人头和五倍子木枝神位代指已故亡灵,水、米和鸡蛋代指亡灵日常生活的必需品,话语的换喻进一步凸显了彝族人的万物有灵信念,设置完神座,举行洁净仪式,之后开始向神座神位献祭,献祭之后是新旧祖筒更换仪式,包含毕摩念诵《更换祖筒经》、招灵进新祖筒、竹筒放到篾笋里等。在招灵进新祖筒过程中,"竹筒内放三个小石头代表火,放羊毛以表示衣服,放五谷盐茶表示亡灵有吃有喝,放猪羊牲的心肝碎片称'马气牛气',表示有肉食用"②。这段话基本是换喻,以部分代指整体,具有一定的还原性,这里的换喻也是彝族万物有灵信仰的显现,在彝族人看来,大自然的万事万物和一切社会现象都有灵魂,这些神灵影响着彝族人的生产生活,有时候需要通过各种各样的仪式活动驱赶不好的灵魂,保护先祖的灵魂,祈求神灵保佑彝族人的生活美满,身体健康和事业有成等。

提喻也是彝族创世谱牒叙事话语转义的再一个特点,在提喻话语中,强调事物的整体性,在共性中寻找内在逻辑。提喻的构成对象间的关系具有对等性,以事物整体与部分对比为依据进行指代整合。"至尊策举主,仇哲

---

① 黄建明、巴莫阿依:《中国少数民族原始宗教经籍汇编·毕摩经卷》,中央民族大学出版社,2009年版,第311—312页。
② 黄建明、巴莫阿依:《中国少数民族原始宗教经籍汇编·毕摩经卷》,中央民族大学出版社,2009年版,第312页。

鲁尼绉,贝谷博山垭,弭弥设歌场。春天繁花开,秋天结硕果,弭弥酿美酒。在妥确岱尼,猎大鹿小鹿,弭弥乃欢聚,差三主幼子,来到洛恒博。"①这里的转义话语就是借助提喻来表达,"春天繁花开"代指人们到了婚配的时间;"秋天结硕果"代指人们怀孕或婴儿的降临;"酿美酒,猎大鹿小鹿"代指为婴儿庆生做准备;"欢聚"代指为婴儿庆生;这里的"三主"是换喻,代指沽色尼、呢色能和布色蛊,他们是彝族先祖笃弭的三位岳父,常被彝族族人尊奉为宗族神。换喻与提喻相比,提喻提升了一个层次,具有了精神层面的指代意义。"赤叩舍哲海,使用铜铁线,缝天洞地洞。赤叩去作了,天块他来补,地筋他来扭,拉远搁近处,也是赤叩作,它是这样的。"②舍哲海是彝族先民心目中宇宙间的一位补天地的神,在彝族先民的传说中,天地产生初期是不完整的,天神舍哲海用铜线和铁线缝补天地、并扭转了天地经脉。舍哲海补天地,扭经脉的话语以提喻的形式表达了两方面的意义:一是展现了彝族先民的勤劳勇敢;二是表达了彝族先民对美好生活的向往。

反讽是转义的最后一种形式,通过使字面意义发生曲解的形式展现出来,从表达形式来看,反讽故意采取一种正话反说或反话正说的话语表达形式,听者通过接收话语的表达形式能领悟到抽象意义所体现的反省意图,听者与说者都能达到一种默契的效果,从本质上来看,反讽是辩证的,是一种通过话语的自我否定达到某一反省的效果。这一转义形式在彝族创世谱牒中较为少见。

总之,在私修谱牒的叙事文本中,其话语是直义与转义的结合体,在大量的直陈其事的直义话语之外离不开转义行为。私修谱牒叙事话语的转义不外乎两种情况:一是词的意思转给了某个相似或类似的词或字;二是虽然不相似,但有某种内在或外在的关联而被理解成为某个意思。私修谱牒中修辞手法的运用就是转义行为的呈示。因此,大量的直义与少量的转义构成了私修谱牒叙事话语的语言特征。

---

① 陈朝贤、杨质昌主编:《彝族创世志:谱牒志(一)》,四川民族出版社,1991年版,第263-264页。
② 陈朝贤、杨质昌主编:《彝族创世志:谱牒志(一)》,四川民族出版社,1991年版,第19页。

第三章

私修谱牒人物传记故事化的特征及其情节编排

私修谱牒中的人物传记,主要记述本宗族在德行、官爵、技艺等方面有所成就之人的事迹,有的私修谱牒称之为行状、行实、志等。传记在私修谱牒中有的自成篇目,有的在世系中辑录,有的在谱序中辑录,有名望的还会以神道碑、墓志铭、祭文等形式出现。如,在河洛地区众多私修谱牒中,《白居易家谱》载有白居易传,世系中偶有传记;《范氏家谱》载有范蠡传、范增传、范滂传、范宁传、范缜传、苏州范氏十六房祖传、范履冰传、范仲淹传、范景文传等,此外还有神道碑、康熙碑、乾隆碑等;《河南程氏正宗世谱》载有二程传、乾隆祭二程夫子文、世系中从黄帝就开始载有小传,凡是有官爵的都有小传,传记颇多。

在谱牒叙事的研究中,人物传记占有重要的地位,且以其生平故事化的形式出现,是真实性与虚构性的综合体。诸多官修谱牒的研究者认为,研究谱牒叙事与文学叙事的根本区别在于真实性与虚构性问题上,而本书认为,谱牒叙事与文学叙事的根本区别不是真实性与虚构性的区别,而是在于各自叙事化生产意义的不同。谱牒叙事化生产意义在于把宗族话语形式强加于事件之上,运用诗意的手法修饰事件,从而构成本宗族的宗族史;而文学叙事化生产意义是诗意话语与事件同时并举、相互修饰,从而构成文学故事。因此,叙事化生产意义的不同,导致谱牒侧重真实性,文学侧重虚构性的出现。谱牒中的人物传记则是这一形式的重要体现者。

本章结合历史叙事学,从传记人物生平故事化的主观性与必然性入手,对私修谱牒中的人物传记模式进行叙事分析,试图总结私修谱牒人物传记情节结构的编排模式。

第一节 传记人物生平故事化的主观性与必然性

人物传记是私修谱牒的重要组成部分,其分量仅次于世系与谱序。凡宗族中有杰出人物的总要为其立传,这是私修谱牒的一个显著特点。传记人物生平及经历是以故事化的形式出现的,其叙事性十分明显,这也是编纂者主观性的重要体现方式。在传记中,编纂者通过自身的文化背景与传主自身时代背景编排人物生平和情节模式。

一、传记人物生平故事化的主观性

谱牒的客观性是显而易见的,在研究谱牒时,谱牒编纂者与历史学家一样,在编纂时曾孜孜以求的目标是如实直书,追求其客观性。20世纪以来,随着年鉴学派、新历史学派的出现,历史著作中存在历史学家的主观性这一观点得到诸多研究者的认同,黑格尔在《历史哲学》中指出:"在我们德国语言文字里,历史这一名词联合了客观的和主观的两方面,而且意思是指拉丁文所谓'发生的事情本身',又指那'发生的事情的历史',同时,这一名词固然包括发生的事情,也并没有不包括发生的事情的叙述。"[1]从中可以看出黑格尔承认历史叙述中存在着客观和主观两方面,同时认为主观面是不可或缺的。当历史学家在面对文件与档案时,卡尔认为:"不论出自档案与否,在历史学家能够以任何方式使用它之前,则必须由历史学家加工处理这些事实,假如我的说法正确的话,那么历史学家使用这些事实的过程就是一种不断加工利用的过程。"[2]这里对事实加工处理的过程便是历史学家使用主观

---

[1] 黑格尔:《历史哲学》,王造时译,上海书店出版社出版,2001年版,第101页。
[2] E.H.卡尔:《历史是什么》,陈恒译,商务印书馆出版,2007年版,第99页。

性行为的过程。海登·怀特在对列维-斯特劳斯解释历史学家的历史纲要中指出:"历史阐释所存在的空间是由解释的冲动与传达信息的冲动之间的张力创造的。"①这里解释的冲动与传达信息的冲动是受历史学家的主观性指导的。陈新也认为:"只要人类或个人在实践活动中具有自由意志,人们就很容易相信历史叙述中不可避免地存在着叙述者的主观性……历史叙述是历史学家实践的途径,主观性参与了其中的运作,自然而然,在历史叙述的产物即历史文本中,就会映照出一行行主观性的足迹。"②在这里陈新把历史学家的主观性放在更为明显的位置。私修谱牒作为中国历史的一部分,其人物传记的主观性尤为突出,其中,私修谱牒叙述者,就是在私修谱牒叙事文本中,对宗族事件进行叙述,表达主观见解,组织文字的信息传递者。私修谱牒叙述者的陈述性叙述是建立在对宗族事件理解的基础上进行的,这一理解掺杂着编纂者自身的思想观念与情感价值,具有明显的主观性。因此,在尊重私修谱牒客观性的同时,要更加注重主观性在叙事中的表现与影响。

首先,编纂者是本宗族成员,在编纂私修谱牒时,所设想的阅读对象也并非普通社会读者,而是本宗族各成员,这一预设是所有编纂者不言自明的,由于设想的阅读对象是同宗同族成员,因此,编纂者在叙述人物时,涉及叙事视角的问题,"视角问题是一种古老的存在,尽管当时人们没有自觉的意识,但是已在有意无意之间把它作为具有表现力和暗示力的叙事策略了。"③在私修谱牒叙事中,叙事视角一般是不变的,叙述者一般采用第一人称,"我"或"我们",目的有三:其一是要尽可能打动读者;其二增强叙事的真实感;其三传递亲和力,这样更容易体现编纂者丰富的主观感情色彩。人物传记的编纂尤其如此,编纂者所写人物为本宗族杰出人物、始祖、先祖以及当代有威望者或对本宗族有贡献者。杰出人物传记有些是编纂者所编纂,有些是请当时有名之人所作,其余皆为编纂者所编纂。人物传记的第一人称的叙述方式会拉近作者与读者之间的关系,具有亲和力,这样容易使读者

---

① 海登·怀特:《后现代历史叙事学》,陈永国、张万娟译,中国社会科学出版社,1997年版,第72页。
② 陈新:《西方历史叙述学》,社会科学文献出版社,2005年版,第186页。
③ 杨义:《中国叙事学(图文版)》,人民出版社,2009年版,第198页。

跟随编纂者的思维在认识论缺失下走入编纂者既定的立场中,与之站在相同的立场上欣赏这一任务。其次,私修谱牒在本宗族中代代相传,不同的编纂者在不同的时代,面对相同的宗族资料或文献数据,编纂的私修谱牒文本也会展现出不同的观点或风格,且读者能够指出不同文本的特点与潜含的意识形态,这些特点与意识的凸显从何而来呢?我们也只有在编纂者的主观性中寻找。对传记人物的编纂更能体现其观点和风格,因为,传记人物有明显的时间性,时间性决定了人物的时代背景,编纂者将自己所处的时代痕迹,包括自己的思想与情感,附着在人物传记中叙述,具有明显的主观性。最后,编纂者在编纂私修谱牒时的谋篇布局没有完全相同之文,如,《孙氏族谱》将祠庙篇置于首篇,祖茔次之。大多数则是将谱序置于首篇。编纂者的谋篇布局大到章节安排,小到遣词造句,结构特点各异,这也是编纂者的主观性表现。要想准确领悟其主观性,就要从历时性向度与共时性向度分析私修谱牒的叙事文本,要分析句子之间的叙述顺序,事件与故事之外的文化背景之间的关系,就私修谱牒文本本身而言,尤其是人物传记,若不如此分析,很容易跟着编纂者的主观性思维走下去。

编纂者总是在对宗族文献数据进行根本重建中表现自己的情感,这一故事化的重新组织是以必然性的形式呈现的,必然性在这里是以传主影响宗族发展事件不可改变结局的逻辑形式出现的。这里的必然性不是传记人物生平故事化的内容,而是传主事件不可更改的形式。因此,借助人物传记生平故事化的形式表达自己的欲望、梦想与激情,也就成为编纂者的必然性选择。

二、传记人物生平故事化的普遍性

编纂者在编纂人物传记时,其故事化的普遍性应从两个方面进行分析。

1. 从编纂者的立场分析

在叙述人物时,若要既尊重文献资料的客观性,同时又可以最大限度体现编纂者的主观性,将传记人物生平故事化无疑是最合适的选择,编纂者在将传记人物生平故事化的叙述时,其内容是编纂者自己根据已然事件数据设想产生的原因及其意义生成的主观性理解,因此,众多编纂者普遍性选择将传记人物生平故事化,不过,编纂者的论证"是对他认为是真实故事的东西的阐释,而他的叙述则是对他认为是实际故事的再现……事实必须准确无误地提出,对事实的阐释却是被误导的。"①海登·怀特指出编纂者的叙述文本,并非是真实故事准确无误的呈现,即使编纂者自身认为是实际故事的再现,其在客观性上也失去了元故事,其原因就在于编纂者的主观性,给文本提供了足够的虚构空间,这种虚构性不过是编纂者将自己主观性思维转换为宗族话语形式强加于文献资料中人物事件之上,并运用诗意的手法修饰这些人物事件的一种表达方式而已,这一行为是私修谱牒叙事话语一种镶嵌加工过程,这既是私修谱牒叙事化生产的意义之所在,也是编纂者在编纂传记人物时的普遍性之所在。列维-斯特劳斯也认为:"因而历史足以随着时间的推移而离开我们,或者我们足以由于思想的变化而疏离历史,因为历史不再能被内在化从而失去其可理解性,即一种依附于暂时的内在性的虚假的可理解性。"②这种普遍性是建构在主观性所衍生的虚构性上的,传记人物的撰写者与私修谱牒的编纂者普遍打算做的事情一样:即让自己置身于传主的地位,理解传主意愿中的原则和方式,领悟作为有意义的组合整体的传主时期的时代文化,将人物传记在编纂者的思维中阐释出来。

  编纂者的这一普遍性主要体现在其叙事话语对传记人物的历史评价中,其评价主要关乎意识形态评价。海登·怀特在《讲故事:历史与意识形态》开篇提到:"历史话语理论家目前提出的问题是讲故事,或用更为规范的术语说,我们可称之为话语叙事模式的东西——本质上是否是意识形态的。"③这里的答案是肯定的,与罗兰·巴尔特在《历史的话语》中观点相同:"仅仅从结构上,而不必探究其实质内容,我们就可以看出,如果可以将想象当作语言,话语(一个纯语言实体)的发出者用它来'填补'话语(一个心理或意识形态实体)主体的空白的话,(叙事性)历史话语在本质上就是一种意识形态制作,或更准确地说是想象制作。"④事实上,任何一册私修谱牒的叙

---

① 海登·怀特:《后现代历史叙事学》,陈永国、张万娟译,中国社会科学出版社,2004年版,第127页。
② 列维-斯特劳斯:《野性的思维》,李幼蒸译,商务印书馆,1997年版,第272页。
③ 海登·怀特:《后现代历史叙事学》,陈永国、张万娟译,中国社会科学出版社,1997年版,第345页。
④ 海登·怀特:《后现代历史叙事学》,陈永国、张万娟译,中国社会科学出版社,1997年版,第347-348页。

事文本中,编纂者在运用谱牒理论及体系来编纂传记人物时,总会反映出意识形态。无论编纂者"是否意识到不同意识形态形成的原因与历史性,他都逃避不了这些矛盾与冲突"①。其中"这些矛盾与冲突"是由读者中存在不同的意识形态造成的。由于各编纂者在编纂人物传记时,叙述目的不同,形成的意识形态评价迥异,有些显而易见,有些隐蔽晦涩。这里有必要引入詹姆逊的"意识形态素"这一概念。所谓意识形态素,在詹姆逊那里,指的"是社会阶级在本质上不相容的集体话语的最小可读单位。"②在将传记人物生平故事化的过程中,编纂者将特定社会构成的激情、价值、人生观等不知不觉运用其中,在这一过程中,意识形态素的序列位置被重新洗牌,置于新的相对化了的视角之中,即最大的叙事话语围绕意识形态素这一最小单位组织文本,这是意识形态素在文本中经历的最后一次转变。宗族成员或读者根据自身的条件解读人物传记时,由于自身条件与所处环境的不同,对意识形态素组合理解也就产生了差异,因此,那些容易被多数人群理解的意识形态素就形成显而易见的意识形态评价,那些不容易被大多人群理解的意识形态素就形成隐蔽晦涩的意识形态评价。如,《河南正宗程氏宗谱》人物传记颇多,其中在叙事之中不乏时代特色与诗歌文赋,这样的人物传记仁者见仁,智者见智。这些意识形态评价是私修谱牒文本所要传达的重要意义之一。张开焱先生指出:"历史叙事在建构古代中国的意识形态,在精神生活的重要性方面,没有任何其他符号样式可以与之相比。"③陈新认为这些意识形态评价的标准"超越了一般日常生活中的道德标准,而更多地涉及一种政治立场或哲学态度。"④这里,意识形态评价就是不同价值体系在道德、伦理、政治与哲学态度的呈现。要说明的是:对于人物传记的编排没有一个特定的尺度,在私修谱牒中,有多少人物传记,就有多少再现时间流逝的具有宗族文化特点的表达方式,有多少表达方式就有多少不同阐释的可能,不同的阐释孕育着多种意识形态评价的生产,这也正是编纂者普遍性的主要体现。

---

① 陈新:《西方历史叙述学》,社会科学文献出版社,2005年版,第195—196页。
② 弗雷德里克·詹姆逊:《政治无意识》,王逢振、陈永国译,中国社会科学出版社,1999年版,第64页。
③ 张开焱:《文化与叙事》,中国三峡出版社,1994年版,第288页。
④ 陈新:《西方历史叙述学》,社会科学文献出版社,2005年版,第196页。

2. 从传主的立场分析

从传主的主场分析故事化的普遍性,传主的材料在没有形成传记之前只是文献数据的记载,没有连贯性。若要将传主的性格、品味、处世方式等显现出来并给读者以深刻印象,故事化应该是不二选择。这一故事化,包含着传主所经事件发展过程的体验和情感态度。但从另一方面说这并不完全是传主的体验与情感态度,还融合了更多编纂者的思想与情感,是二者的结合体。传主本身的文献数据对故事化这一范式具有决定作用,但其叙事化生产过程受编纂者控制。

综上两点,传记人物生平故事化具有普遍性,最初,编纂者并不是为了某种意识形态去编纂人物传记,而是为了本宗族的繁荣昌盛而编纂,但其意识形态却是私修谱牒叙事话语本质的体现。

第二节 传记的人物类型与情节编排模式

由于传记人物生平故事化的主观性与普遍性的存在,意识形态内容潜含其中,与其说存在于叙事话语模式之中,不如说存在于占主导地位的情节结构中。编纂者在编纂过程中,一般将人物传记安排在私修谱牒中的三个位置,根据其位置的不同可将传记人物分为三种类型:杰出人物、重要人物、一般人物。这些人物类型的情节结构赋予所论述人物事件以可以辨认的故事模式,形成情节编排模式。

一、传记的人物类型

1. 杰出人物

杰出人物是在本宗族发展、繁衍及收宗睦族的过程中起到精神支柱作用的人物,其传在私修谱牒中大多会专列成章,这类人物在本宗族中具有模范作用或精神支撑作用,叙事性最强。编纂者在编纂这一类型人物传记时,根据自身的需要,有意识地强化其作用,不惜以大量的篇幅进行叙事,修

筑其对本宗族的作用和影响。如，编纂者在编纂《白居易家谱》时，将《旧唐书》中关于白居易的传记收录其中，仅这一传记万余字。不但翔实记述了白居易的生平，还叙述了诗歌、事迹等。

2. 重要人物

重要人物是对本宗族起源、发展、播迁具有决定性影响的人物，主要包括：始祖、始迁祖、迁祖等，其传记主要体现在谱序中。这类人物对本宗族最初发轫具有决定作用或对子嗣繁衍具有承前启后的作用，叙事时间与叙事空间转换较大。如，《丘氏家乘》谱序十六篇，其中明朝正统三年（1438）丘希质所撰的《序》载有："始祖六十郎公以上数世，自闽省上杭胜连乡上南湖……始祖六十郎公生高祖文兴公，同高祖伯文胜公，于宋季元初，徙居广之梅州石窟，兄弟刚毅有能有为，同心协力，经营家计，创置田业。"①这里对丘氏始祖播迁进行叙述。

3. 一般人物

一般人物是对本宗族繁衍子嗣起到传承作用的同时对本宗族的发展多有贡献的人物，其传记大多数体现在世系中。

与此同时，世系不可避免要记载杰出人物与重要人物，编纂者的编纂工作就受到主体性思维的影响，一般采用两种叙事策略：其一，杰出人物没有专门的章节，重要人物也没有在世系外做详细叙述，那么，编纂者在世系中会对其采用详细叙述方式进行叙述，在河洛地区236册私修谱牒中，有34例属于此种叙事策略，占就总数的14.41%，属于私修谱牒的少数，因此，在世系中，编纂者将人物分为杰出人物、重要人物和一般人物进行叙述。如，《孙氏族谱》便采用这一叙事策略，编纂者将孙氏杰出人物、重要人物与一般人物都纳入世系这一叙事体例中进行叙述。其二，杰出人物和重要人物在别章已有详细叙述，编纂者在世系中就言简意赅地进行叙述，这一情况占据私修谱牒的大多数。编纂者将杰出人物与重要人物纳入一般人物行列，世系谱载的一般人物传记最多且最简单，主要载有字、官职、婚配、子况、事迹、播迁、坟茔等，在河洛地区236册私修谱牒中，有202例属于此类叙事策略，占就总数的85.59%，属于私修谱牒的多数。如，《河南程氏正宗谱》世系中载

---

① 丘倡修等：《丘氏家乘（谱序篇）》，洛阳理工学院图书馆馆藏，1948年版，第33页。

有程宗孟小传:"宗孟,字仰川,嘉靖二十修家谱、修祠宇、修故里志、程氏功德图、拾遗集、立义仓、置学田,又在祠内置石盆、石狮、石柱,重修著述、楼、桓、祠,后坡柏树数千棵,皆公手栽,取堂弟宗思子佳胤继,卒葬牌路茔。"①不到一百字的小传,记述了传者的名、字、事迹、子况、坟茔等,这些都以线性序列进行叙述,且叙事性较弱,即使叙事性再弱,其叙事话语在性质上最终也会指涉宗族文化与意识形态。

二、崇拜性人物传记的情节编排模式

无论传主是重要人物、杰出人物还是一般人物,编纂者在运用叙事话语编纂人物传记时都会移注自身的主观意识,而对先祖的崇拜是最为主要的主观意识之一,因此,所有的人物传记都渗透着编纂者乃至本宗族成员对先祖的崇拜,这些传记的情节编排受制于这一主观意识,这在众多编纂者中具有普遍性。

从私修谱牒简单概括出传记的三种人物类型可知,人物传记的形成需要三个要素:人物事件、叙事者、叙事话语。三个要素的有序结合过程就是人物传记生平故事化形成的过程,最终形成一个完整的系统,其中编纂者的主观性与普遍性起主导作用,从而形成不同的情节结构类型,"情节,即事件的安排"②。人物传记是以故事的形式在私修谱牒中出现,编纂者在叙述人物传记时,根据故事类型的结构原则对人物事件进行情节建构,把人物事件的连贯性与情节结构相联系,再把这种情节结构赋予文献数据,这一过程是情节结构强加给人物事件来实现的,并且:"应当把历史话语看作同时具有两个指向的一个符号系统:首先,朝向它刻意描写的一组事件,其次,朝向类的故事形式,为了揭示要么作为结构、要么作为过程的形式连贯性,历史话语沉默地把那组事件比作故事形式。"③为了分析情节编排模式的需要,有必要借助列维-斯特劳斯的"历史场"概念,用"谱牒场"这一概念对海登·怀

---

① 未题纂者:《河南程氏正宗世谱(世系篇)》,洛阳理工学院图书馆馆藏,未题时间,第26页。
② 亚里士多德:《诗学》,人民文学出版社,1962年版,第21页。
③ 海登·怀特:《后现代历史叙事学》,陈永国、张万娟译,中国社会科学出版社,1997年版,第109页。

特这两个指向进行阐释。谱牒场是编纂者对文献数据所感兴趣的载体,包含某一事件构成要素的场,宏观层面转化为整个宗族文明兴衰发展史的变化节奏,具有系统性;微观层面转化为谱牒事件的信息编排,具有具体性,且在同一发生场,谱牒文献数据信息与我们最终的理解成反比。因此,"为了赋予对'过去所发生的事件'的叙事以可理解的发展进程的属性,就仿佛戏剧或小说的表达一样,情节—结构就成了历史学家'阐释'过去的一个必要成分。"①情节结构在阐释过程时,是通过情节编排进行解释的,海登·怀特将其定义为"'通过识别所讲故事的种类为故事提供意义'而'情节编排则是把一系列事件编成故事,通过逐渐展开使其成为一个特殊种类的故事'。"②由此可见,没有情节就没有故事,识别故事类型的情节编排模式是一个重要的环节。纵观河洛地区私修谱牒,凡是入谱的传记都具有崇拜性,在这一崇拜性下,根据传记人物类型可将其故事的情节结构编排为:励志型、炫耀型、悲剧型与含蓄型,划分如表3-1所示:

表3-1　私修谱牒传记人物故事情节编排模式

情节编排模式	励志型	炫耀型	悲剧型	含蓄型
传记人物类型	重要人物 杰出人物	重要人物 杰出人物 一般人物	一般人物 杰出人物	一般人物 杰出人物

何以如此划分呢？这要从三个方面去把握。

首先,要从已然的人物事件去把握,这一数据是编纂者编纂人物传记的客观性呈现,对事件的结局起到关键性的作用。

其次,要从编纂者本身去把握两点:一是编纂者的编排顺序,这是编纂者谋篇布局的呈现,根据人物传记在宗族史中的不同作用,安排不同的位置;二是编纂者的主观性渗透,这在人物事件的起因与过程中具有明显主导

---

① 海登·怀特:《后现代历史叙事学》,陈永国、张万娟译,中国社会科学出版社,1997年版,第82页。

② 海登·怀特:《后现代历史叙事学》,陈永国、张万娟译,中国社会科学出版社,1997年版,第3页。

作用。

　　再次，要从人物传记文本去把握，人物传记文本是情节编排的载体，需要注意三点：一是统一的归类形式，这是编纂者在编纂过程中通过论证进行解释宗族已然事件的方法，主要阐释事件的主旨与意义。其过程是叙事话语的论证，即私修谱牒传记文本是如何构建的。"不论历史事件还是别的什么，它们都是实际上发生过的事件，或者被认为实际上已经发生的事件，但都不再是可以直接观察到的事件，作为这样的事件，为了构成反映的客体，它们必须被描述出来，并且以某种自然或专门的语言描述出来。后来对这些事件提供的分析或解释，不论是自然逻辑推理的还是叙事主义的，永远都是对先前描述出来的事件的分析或解释。描述是语言的凝聚、置换、象征和对这些做两度修改并宣告文本产生的一些过程的产物。"①私修谱牒叙事人物传记文本对语言的操作，其叙述性是隐喻的，这应从叙事话语的语境中进行分析。编纂者编纂杰出人物的事迹，其过程如钱锺书所言："史家追叙真人实事，每须遥体人情，悬想事势，设身局中，潜心腔内，付之度之，以揣以摩，庶几入情合理。盖与小说、院本之臆造人物、虚构境地不仅同而可相通……作史者据往迹、按陈编而补阙申隐。"②事实和解释构成互补的关系，编纂者在解释事实之时，比喻性话语以形式化的形象被摆在了文本的表面，再抽象化后就成为再现事实的理论。归类形式的划分与话语的比喻成分密切相关，比喻意义的生成是归类形式划分的一个标准，这一标准隐含着编纂者在编纂过程思维的转换，对情节编排具有明显的作用，励志型、炫耀型、悲剧型与含蓄型的情节编排模式是建立在具有统一归类形式基础之上，叙事话语的终极体现。二是人物性格的呈现，每一宗族都有其内在的性格特征，这一内在性格并非是在一时一地形成，也并非是某一人物的性格，而是整个宗族成员在生活过程中通过相互磨合、相互帮助而逐渐形成的一种内在机制。这一机制的形成，宗族中一般人物的性格起到决定性作用，它虽然不为某一人所左右，也不为某一事改变，但在整个宗族内在性格形成的过程中，杰出人物与重要人物的性格对宗族这一内在机制的形成起到引导作用。虽

---

① 王逢振等编：《最新西方文论选》，漓江出版社，1991年版，第499、500页。
② 钱锺书：《管锥编》，中华书局，1979年版，166页。

然杰出人物与重要人物的性格不能改变这一机制形成趋势,但是他们的性格有时会对宗族中重大事件的进程或结局产生决定性的影响。因此,研究情节编排模式,人物性格是不容忽视的一部分。励志型、炫耀型、悲剧型与含蓄型的情节编排便是对这一内在机制的具体呈现。三是一定的文化内涵。文化是"指人类创造的,使自己以超自然方式生活的、有相对稳定性的全部成果和条件"①。文化内涵是指文化载体内在呈现的人类精神与思想方面的内容。在私修谱牒人物传记中的文化内涵主要涉及伦理思想、宗族传统与儒家精神等意识形态。每一宗族在其发展史中都有本宗族的文化内涵,私修谱牒是宗族文化的一种载体,其内潜含着意识形态。励志型、炫耀型、悲剧型与含蓄型的情节编排种类便是建立在阐释意识形态基础上所总结出的情节编排模式。

综上所述,在私修谱牒叙事中,传记人物生平故事化具有主观性与普遍性,励志型、炫耀型、悲剧型、崇拜型与含蓄型的情节编排模式也是宗族史的原型情节结构,编纂者依据这些结构阐释宗族人物所经历或发生的真正事件,在对一系列宗族事件阐释之时,将其以敦宗睦族的形式还原,使得这些事件具有了叙事过程的形式与实质,并在这些"事件的涡流之后或之内看到一种正在进行的关系结构,或差异中看到同一性的永久回归。"②

第三节 案例分析

编纂者在编纂人物传记时,根据已然事件的原始材料与自身主观意识进行重构形成传主的生命信息及事迹,每一套私修谱牒都具有祖宗崇拜意识,其中每一位人物传记也都潜含着祖宗崇拜意识,德·格鲁特在《中国人的宗教》中提出:"正是祖宗崇拜使家族成员从死者那里得到庇护从而财源

---

① 张开焱:《文化与叙事》,中国三峡出版社,1994年版,第24页。
② 海登·怀特:《元历史:19世纪欧洲的历史想象》,陈新译,译林出版社,2003年版,第11页。

隆盛,因此生者的财产实际上是死者的财产;固然这些财产都是留存于生者这里,然而父权和家长制权威的规矩就意味着,祖先乃是一个孩子所拥有的一切东西的物主……因此,我们不能不把对双亲和祖宗的崇拜看成是中国人宗族和社会生活核心的核心。"励志型、炫耀型、悲剧型与含蓄型的情节编排是建立在祖宗崇拜意识这一基础之上的分类形式。

一、励志型情节编排模式

励志型是私修谱牒人物传记最主要的情节编排模式之一,励志型人物传记形成过程主要体现在以下三个方面:一是传主的事件本身具有励志性,这要从已然的原始材料中寻找;二是编纂者励志性的主观意识渗透;三是编纂者所生存的时代背景与文化传统对励志性内涵的凸显。这一励志性是建立在至亲至孝这一传统宗族文化基础上的。励志型情节编排模式主要存在重要人物传记和杰出人物传记中。

《范氏家谱——伊川忠宣房系》中单篇成章的传记颇多,在这些单篇成章的传记中,不乏炫耀的因子,但与对宗族励志向上相比,就逊色了许多。范纯仁是忠宣房始祖,属于忠宣房重要人物,在其6000余字传记《忠宣房祖范纯仁传》中记载了范纯仁的事迹,彰显范氏忧国忧民的品德,同时传递本宗族励志向上,正直无私的宗族性格。杰出人物载有《北宋参知政事范仲淹传》:"两岁丧父,母贫无依,改适山东朱文翰。淹随母,更名朱说。幼随继父官任,于湖南澧州安乡东溪书院,安徽池州就学。二十一岁寄山东长白山醴泉寺僧舍就读。幼时读书,家境极贫,少米无菜,三餐不继。米熬糊粥,结切四块,早晚各取而充饥,遂留下'断齑划粥'之事。二十三岁,知其家世,感泣其母,去南京(河南商丘)应天府就读。立言'士当先天下而后个人'。宋真宗在大中祥符八年,中蔡齐榜进士。"从中可以看出励志色彩非常浓郁。

二、炫耀型情节编排模式

炫耀型和励志型是私修谱牒人物传记最主要的两种情节编排模式,炫耀型人物传记的形成过程也需要从三个方面把握:一是传主材料本身具有官爵、封号、成就或丰功伟绩等这些宗族成员所期待的东西;二是编纂者主观意识中潜含着对传主褒奖与赞扬,以炫耀的姿态进行铺排渲染;三是本宗族文化观念中具有炫耀因子。炫耀型情节编排模式主要存在重要人物传记和杰出人物传记中。

《河南程氏正宗世系》中的人物传记多在世系中,其中无论是重要人物、杰出人物还是一般人物,其传记的叙述情节结构以功业为主题,以官爵为主线,以生卒、播迁、葬地为叙述要点。如,重要人物有"文尚:汉安成太守,赤眉之乱往依南阳刘定冒姓刘,光武擢为偏将军,讨蜀有功,拜江阳太守,自言本程氏原以军功食邑,封定之子而身还程氏,帝高其义许之。"叙述了程文尚的官爵,以及程氏易姓后还的事件。杰出人物有:"颢:字伯淳,号明道,谥曰纯。宋进士,官监察御史里行生于明道元年壬申,卒于元丰八年六月十五日,寿五十四岁,妣彭氏户部侍郎彭思永之女,赐葬伊阙。宋封河南伯;元封豫国公;国朝康熙二十五年七月进儒为贤,生三子。"程颢是程氏宗族杰出人物,同时也是非常重要人物,《河南程氏正宗世谱》将其与程颐称为第一世,在程颢传记最后大量罗列其封号。一般人物更多:"旸:宋绍兴十年四月二十九日授将仕郎,历官迪功郎,江州德化县丞。"也是对其官爵进行重点叙述。

三、悲剧型情节编排模式

悲剧型是私修谱牒人物传记的一种情节编排模式,悲剧型人物传记中的传主具有悲天悯人的情怀,亚里斯多认为:"关于'性格'须注意四点。第一点,也是最重要之点,'性格'必须善良……第二点,'性格'必须适合……第三点,'性格'必须相似,此点与上面说的'性格'必须善良,必须适合不同。第四点,'性格'必须一致;即使诗人所模仿的人物'性格'不一致,而这种不一致的'性格'又是固定了的,也必须寓一致不一致的'性格'中。"这里第二点"性格必须适合"是指性格要适合传主的身份;第三点"性格必须相似"是指编纂者或撰写者所编纂的传主的性格必须与正常的一般人相似;第四点"性格必须一致"是指传主性格基本上是平稳的,悲伤的人物有时也会突然高兴或欣喜一下,此表现是和传主的基本性格一致的。悲剧型情节编排模式是在传主原始材料中存在"善良"这一主导性格,再融合编纂者主体意识而形成的。悲剧型情节编排模式主要存在杰出人物传记和一般人物传记中。

《白居易家谱》中单篇成章的传记一篇《白居易传》，白居易属于杰出人物，传记中载有白居易乐善好施，以善为美德。此外还有《白氏先人事实录》，其余小传皆穿插在宗族世系中，宗族世系中传主的传记和白居易传一样，具有浓重的向善意识，善良是白氏宗族成员传记的主要特色，如，"二十八代祖，讳鸣雷，字振宇，长涵先；次萃先；三不详；四光先。公幼好学，长好善，修理桥道四十年。"以善良本性修筑桥道。"三十二代祖，讳超，配平氏，生一子：献璋。家贫，训书门人，买田二亩养赡，时有邻人陶姓四旬无室，江氏欲以女嫁之未果，公特以代为助资与陶娶之。"传主以善做事，买田奉养，以钱助婚。"三十四代祖，讳献珪，配贾氏，生三子，长祐；次祯；三福。仕彰县令，至任十余日，有许配作盗，怜而劝之，且出啼责之，赠以银米，其人誓天不盗。"传主以善劝恶，恶而改善。"三十四代祖，讳祐，字天相。配吕氏，生一子：延辅。庠生，家贫，出外坐馆，年终解馆归家，途与人偕行，拾银数十两，公欲悬文还其主，偕行之人欲私分焉。公答云：财物有主，不可妄受也。我命如穷，取之未能致富。其人揖而去。后数日，有主人找银，公全与之，其主感谢不已。"传主以善感化行人。"三十六代祖，讳金刚，字霜绛……卒未中试，而晚年更好施舍，遇贫苦辄与衣食，时人号为怜贫先生。"传主以善施舍，资助贫苦之人。以上事例的传主都是一般人物，悲剧情节编排模式主要存在于杰出人物与一般人物中。

四、含蓄型情节编排模式

含蓄型是私修谱牒人物传记的一种情节编排模式，这一类型的形成主要是由于传主的事迹对国家或民族的发展起到过阻碍作用，或在本宗族中做过以损害他族利益为条件而对本族有利的事件，抑或膝下无子而过继了他者之子，抑或对传主的原始材料掌握有限或很少。含蓄型情节编排模式主要存在杰出人物传记和一般人物传记中。

一些私修谱牒对本宗族的杰出人物或一般人物只是以只言片语表达出来，如《秦氏宗谱》对秦桧的含蓄表达，只是以宰相简单叙述，别无他事。《白居易家谱》白居易在宗族世系的小传中对过继其胞兄白幼文的次子白景受事迹只是简单叙述而已。还有私修谱牒宗族世系中大量宗族成员，因其不出门或掌握材料较少皆以含蓄简单的形式叙述出来。这些传记都属于含蓄型情节编排模式。

　　总之，私修谱牒叙事中的人物传记在祖宗崇拜这一集体无意识下主要存在励志型、炫耀型、悲剧型与含蓄型的情节编排，但并非所有的人物传记都是严格地按照这四种情节编排模式，它们之间也可以相互结合，只以某一模式为主的形式呈示出来。

第四章

私修谱牒叙事的主观虚构性

　　私修谱牒从其本质上说是拒绝叙事的,但宗族史只有以文本的形式才能接近宗族成员,也就是说,宗族成员只有通过预先文本化的私修谱牒才能较为清楚地了解本宗族史。编纂者在叙述过程中总会面对一个不可避免也无法避免的事实,即按照事物或事件的本来面目再现这一事物或这一事件过程。在叙述过程中尽可能不加任何主观意识的修辞,即便是这样,这一意图最终也无法达到。私修谱牒宗族史虽然具有真实性和时代性,但从私修谱牒叙事文本这一特性上来看,仍然逃不出主观虚构的范畴。鉴于私修谱牒叙事性的存在,本章以历史叙事学为理论视角,尝试从编纂者层面和宗族成员层面论析私修谱牒叙事中的主观虚构性。

第一节　编纂者的虚构性

　　每部私修谱牒编纂者皆为本宗族成员,"族谱在成为职业历史学家进行历史研究的资料之前,本身已经是一部包含着对本族过去经历的解释与主

张的'历史叙述'。"①这一"历史叙述"本身就带有一定的虚构性,当历史学家对私修谱牒这一文本进行考量的时候,即便是"大胆假设,小心求证",尽可能摒弃自己的主观意识或情感,但受制于学识、历史、政治及环境等方面的影响,使得研究成果难免会有虚构的成分,其中一部分研究成果也就成了虚构的虚构。其实,私修谱牒叙事旨在成为宗族历史进程中特殊环节的一种语言模式。这种模式之所以被需要,是因为宗族文献记录并没有描绘他们所验证的事件结构的清晰形象。编纂者为了描绘过去"真正发生的事件"会怎么做呢? 海登·怀特认为:"历史学家必须首先预设一个可能的认识客体,也就是文献中报告的整个事件。这种预设行为是诗意的,因为在历史学家自己意识的经济中,它是前认知的和前批判的。它是诗意的,也因为它所构成的那个结构后来将在历史学家提供的语言模式中变成形象,作为对过去'真正发生的事件'的解释和再现。但它构成的不仅仅是历史学家可能用作(精神)观照客体的一个领域。它还构成了许多概念,历史学家将用这些概念识别于那个领域里的客体,描写这些客体相互间维持的那些关系。"②这就涉及私修谱牒场的重新编排了。

一、纂者对私修谱牒场的重新编排

编纂者在私修谱牒编纂过程中所进行的叙事,最主要的功能就是要建构一个本宗族的知识体系,这一体系建构过程是叙事的,也就是说这个体系不是一个可以用科学的标准来证实的知识系统,而是以编纂者自身的情感、意志、修养、伦理价值、学识等综合因素为依据,借助私修谱牒场建构的一个知识体系,该体系的核心是宗族里的人,是关于本宗族世系中人的知识。私修谱牒场是宗族文献与事实的载体,是宗族史情节结构或某一事件构成的要素场。这里我们所说的事实并不是编纂者直接接触到的私修谱牒或宗族的感性材料,而是编纂者在思考着的某种经验或某个客观的事实,"这种客

---

① 濑川昌久著:《族谱:华南汉族的宗族·风水·移居》,钱杭译,上海书店出版社,1999年版,第1页。
② 海登·怀特:《后现代历史叙事学》,陈永国、张万娟译,中国社会科学出版社出版,1997年版,第404页。

观性不是给予的,而总是包含着一种活动和一种复杂的判断过程。"①这就涉及编纂者对事实的阐释和推测,因此,这里的私修谱牒场并非实在的世界,它具有非在场性,即不在场,私修谱牒场的不在场是以某时某地为标准:一类是在某时某地不存在,但在非某时某地抑或某时非某地存在过;一类是从来就不曾存在过,这类私修谱牒场中数据是当前编纂者或私修谱牒以前编纂者为了宗族的繁荣昌盛或宗族权威幻想出来的叙事对象。

(一)编纂者对私修谱牒场的选择

编纂者在叙事过程中,对私修谱牒场的选择具有一定的规律性,所选择的私修谱牒场要符合自身编纂的需要,同时要有利于宗族的发展。在微观层面,私修谱牒场可以是事件简单数据的堆砌;在宏观层面,私修谱牒场可以转化为整个宗族文化的发展历程。编纂者对私修谱牒场的选择,主要有三方面。

第一,是私修谱牒场中有很多事实数据,编纂者在以叙事再现宗族史或阐释某一特定的时刻时,不可能把全部事实都表达出来,这就需要编纂者对私修谱牒场一部分数据进行"阐释",把与叙事目的无关的事实数据在预想的故事模式里删除。

第二,是编纂者预想的故事模式与私修谱牒场中的文献或事实并非完全对等,在不对等的情况下编纂者一般会运用三种方式对其进行选择:一种是在既定文献的前提下按照自己的想法选择某一部分事实,放弃一部分事实数据;另一种是遵循既定的文献进行选择,采用转述的形式叙述事实;再一种是否定既定文献,重新立事,这种情况极少,不代表没有,但是这种情况脱离了叙事的虚构范畴,滑入了虚假行列。如,程敏政在其编纂的《新安程

---

① 恩斯特·卡西尔:《人论》,甘阳译,上海译文出版社,1986年版,第221页。

第四章 私修谱牒叙事的主观虚构性

氏统宗世谱》中,任意武断,篡改世系①,以本宗族直系为核心,若有不同之旁系,则改之。该统宗谱编纂之后第二年,程文吉撰文写道:"以北方之人,南来认族,妄易祖系,擅削宗支,其谬也甚矣。"②嘉靖之后,反对者更多。

第三,是在重建宗族史上某一时期发生的某一事件之时,编纂者在叙事中必定要对这一事件进行"合理"的叙述,对这一事件前因后果进行解释,但是私修谱牒场中事实数据毕竟有限,在缺少事实数据支撑的情况下,编纂者不得不以假定数据,或假定事实,又或某些理论填补私修谱牒场的空白,同时,对私修谱牒场中所选择的一些事实数据进行充实和阐释。如,《河南程氏正宗世系谱》为"二程"后裔宗族世系,该宗族在二程之后日渐衰微,该谱

---

① 程敏政更改祖系,将世系中的先祖由程昱更改为程普,其原因有三:其一是程昱为曹魏重臣,对于曹魏在历史中正统地位,程敏政一直持反对意见,并在多篇史论中论述,如程敏政在其《读将鉴博议》卷五十八《篁墩集》中写道:"以予观之,操岂足以言智哉?操之所以不即败亡者,天幸也……若操之幸胜苟免,特所谓穿窬之雄耳,乌足以言智。"从中可以看出程敏政的政治立场;其二是程昱本人品性较差,在陈寿《三国志》卷十四《程昱传》中记载:"初,太祖乏食,昱略其本县,供三日粮,颇杂以人脯,由是失朝望。"站在宗族立场来看,这或许是程敏政改祖的初衷;其三是程普为东吴大将,程敏政在编纂《新安程氏统宗世谱》时,借助陈寿的《三国志》对程普赞誉有加:"普,居右北平土垠,汉末从孙坚渡江,累平群盗,破曹操,为荡寇将军,领江夏,食四县。卒,追封都亭侯,子孙始迁建康。详见《三国志》本传。"可见其编纂家谱的良苦用心。

② 程元皓:《新安程氏世谱正宗迁徙注脚纂》,上海市图书馆馆藏,1670。

载有程颐为程颢所撰写的《明道先生行状》:"先生五世而上居中山之博野①,高祖赠太子少师讳羽,太宗朝以辅翊功显,赐第于京师居,再世曾祖而下葬河南,今为河南人。"②该私修谱牒其他宗族史再无更久远的记载。在《河南程氏正宗世系谱》前期编纂的过程中,只承认祖上为河北中山博野人,后迁徙河南,子嗣遂为河南人。自二程(程颢、程颐)之后河南程氏衰微,从根本上讲,河南程氏与徽州程氏并无联系,明清之时,徽州程氏宗族高官巨商如雨后春笋,层出不穷,这就为双方复合提供了契机:一方面是河南程氏宗族需要当时有名望的徽州程氏给宗族扬名;另一方面徽州程氏宗族需要借助二程的名望光宗耀祖。这样,河南程氏编纂世系谱的时候,就派编纂者前往徽州考察,编纂者并未考证徽州程氏宗谱的真伪,在《河南程氏正宗世系谱》世系中,转述了程祁和程孟编纂的部分世系(从程元谭始至程灵洗止),同时也转述了程敏政编纂的部分世系(从程灵洗起至二程止),殊不知程祁的编纂与程敏政的编纂有很大的抵牾。编纂者对私修谱牒场的这种选择,就形成了如今河南程氏宗族现存的《河南程氏正宗世系谱》。

---

① "中山博野"地属河北,"中山"一词《辞海》中释义为:"1. 古国名,春秋时白狄别族所建立,又称鲜虞。在河北正定东北。战国初期建都于顾(今河北定县)。公元前406年被魏攻灭。不久复国,迁都灵寿(今河北平山东北)。前323年与韩、燕、宋同时称王。前314年齐宣王乘燕内乱,攻破燕国;中山也同时取得燕许多领土。前296年为赵所灭。2. 郡、国名,汉高帝置郡,景帝改为国,治卢奴(今定县)。辖境相当今河北狼牙山以南,保定市安国以西,唐县新乐以东和浮沱河以北地区。十六国后燕慕容垂都于此。隋开皇初废。3. 府名,宋政和三年(1113年)升定州置。治所在安喜(今定县)。辖境相当今河北定县、唐县、新乐、完县、望都、曲阳、无极等县地。明洪武二年(1369年)降为定州。宋时为防守河北的重镇,靖康元年(1126年)金兵南下,进陷京师,诏割三镇于金。此为其中之一。4. 县名。在广东省珠江三角洲南部。县革命委员会驻石岐镇。宋置香山县,1925年改中山县。盛产稻、甘蔗、荔枝、香蕉等。有制糖等工业。县南翠亨村为孙中山故乡。"[辞海编辑委员会编:辞海(缩印版),上海辞书出版社,1979年版,第1406页],"博野"一词《辞海》中释义为:"县名。在河北省中部,潴龙河流域。汉置蠡吾县,北齐并入博野县,元入蠡州,明于故蠡吾县址复置博野县。农产有棉花、小麦、谷子、玉米、高粱、甘薯等。"[辞海编辑委员会编:辞海(缩印版),145页,上海辞书出版社,1979年。]从《辞海》释义中可知,中山博野这一地名在河北。而顾燕研究员在其专著《中国家谱堂号溯源》一书中却写道:"二贤堂:二贤,指北宋理学家及教育家程颢、程颐兄弟。程颢(1032—1085),字伯淳,学者称'明道先生',祖籍中山(今江苏溧水),徙居洛阳伊川(今属河南)。"(顾燕:《中国家谱堂号溯源》,上海古籍出版社,2015年版,第273页。)河北中山与江苏溧水地理位置相去甚远,实属作者疏忽。

② 未题纂者:《河南程氏正宗世系谱》,洛阳理工图书馆馆藏,未题时间。

第四章 私修谱牒叙事的主观虚构性

从这一事例我们可以看出:"一个历史叙事必然是充分解释和未充分解释的事件的混合,既定事实和假定事实的堆积,同时既是作为一种阐释的一种再现,又是作为对叙事中反映整个过程加以解释的一种阐释"①这样,编纂者根据自己需要选择私修谱牒场,按照故事的叙事类型赋予事件序列以不同的宗族文化意义。

(二)编纂者对私修谱牒场的情节编排

在私修谱牒叙事中,如何建构宗族状况,取决于编纂者对私修谱牒场中某一组宗族事件与情节结构的合理编排,而这一合理编排也具有一定的虚构性。编纂者以私修谱牒场为基础,以一事物或事实思考另一事物或事实,使私修谱牒场中的事物或事实之间具有了连贯性,把诸多文献或事实编织成一个整体或情节结构,并将这种情节结构赋予事实事件,形成某一情节编排模式。通过翻阅河洛地区诸多私修谱牒叙事文本,根据编纂者的情节编排,分析其中潜含的意识形态。无论编纂者的叙事以何种方式进行,河洛地区私修谱牒文本的所有编纂者都潜含一个共同文化因子——祖宗崇拜,在这一因子影响之下,可以分为三种情节编排模式:励志型编排模式、炫耀型编排模式与含蓄型编排模式,在这个叙事化层面上,赋予私修谱牒场的文献、事件以特殊意义(可以是励志、炫耀、含蓄)而形成不同的情节类型,其中涉及因素(可以是统一的归类形式、宗族历史人物性格的呈示、宗族文化内涵等)较多。

私修谱牒场中的一切事实,不管编纂者看上去多么简单,都只有借助对各种文献材料所涉及的事实先分析才会被规定。除了私修谱牒场中的文献、宗族口传事件和宗族事物之外,或许再也没有任何其他事物或事件可以成为编纂者建构宗族知识体系第一手的资料对象了。只有从这些符号或事物作为媒介,精心建构事实的情节编排模式,才能从理想中接近宗族过去的事或人。这样,编纂者通过对私修谱牒场的情节编排形成一定的模式,其中,把宏观叙事体例内容编纂成一个连续的世系体系,把中观叙事体例内容建构成一个本宗族完整的宗族史,同时将微观叙事体例内容尽可能详实地

---

① 海登·怀特:《后现代历史叙事学》,陈永国、张万娟译,中国社会科学出版社,1997年版,第63页。

叙述出来,从而为本宗族建构了一个宗族知识体系,使得宗族成员在精神上有一个心灵的栖息地,在思想生活中存在于一个叙事建构的宗族文化世界里。

二、编纂者对宗族历史时间的把握

在宗族发展史中,可以见证历史时间的事物有三类:一是私修谱牒和宗族其他文字记载的事物;二是宗族保留下来的物品或建筑物;三是宗族成员的回忆。宗族成员将这些事物进行固化,作为宗族史的内容传承下来,同时历史时间也被纳入这一内容中,以一条线性链把事件串联成一个宗族文化体系,宗族成员以"点"的形式固化在历史时间链上,且留下了永恒的生活轨迹。对于时间与历史的关系,陈新教授认为:"过去的事件已经成为历史,现在的事件正成为历史,将来的事件也将成为历史,过去、现在、将来这时间的三维组成便以已经静止的过去为核心构成了历史显现的形式。"①因此,编纂者在对私修谱牒场中文献和事实进行梳理时,历史时间在其思维中具有五个方面的含义:第一个方面指历史事件发生的时刻,可称之为时点;第二个方面指宗族史中某一情节内部各个事件或某一事件内部各小事件相继发生的次序,可称之为时序;第三个方面指宗族事件时间长度与私修谱牒文本时间长度的对比,可称之为时距;第四个方面是指某一连续事件在整个叙述过程中的持续期限,可称为时段;第五个方面为指"实际编纂族谱的时间与族谱所记载的早期祖先的时代之间,就存在一个巨大的时间差。"②可称之为时差,在这个"巨大的时间差"中,编纂者借助历史时间的时点、时序、时距、时段对私修谱牒场中的文献和事件重新建构叙事模式,这是一个追溯性的过程,濑川昌久为了方便考察私修谱牒的可能性和虚构性,分为三个层次,"'新层'(最近的祖先)、'中间层'(宗族的开基祖)和'老层'(移居本地以前的远祖系谱)。"③在河洛地区的私修谱牒文本中,无论是编纂者,还是应编

---

① 陈新:《西方历史叙述学》,社会科学文献出版社,2005年版,第129页。
② 濑川昌久著:《族谱:华南汉族的宗族·风水·移居》,钱杭译,上海书店出版社,1999年版,第6页。
③ 濑川昌久著:《族谱:华南汉族的宗族·风水·移居》,钱杭译,上海书店出版社,1999年版,第3页。

纂者之邀写谱序的作者,对宗族历史时间的把握存在三方面的共性:一是时间越近的年代,编纂者在编纂过程中对私修谱牒场中文献、事物或事实的阐释或推测相对就越少;二是时间越久远的年代,编纂者在编纂过程中对私修谱牒场中文献、事物或事实的阐释或推测相对较多,却更具挑战性;三是时间相同的年代,本支系比其他支系的编纂在对私修谱牒场中文献、事物或事实的阐释或推测相对较少。如《邵氏家谱》以邵雍为第一世,即河南邵氏宗族的开基祖,自开基祖之前的远祖系谱,观其谱序可见一斑。《邵氏家谱》第一篇谱序为宋绍兴五年(1135年)太学博士监察御史工部尚书谢谔①所撰

---

① 谢谔:(1121—1194年)字昌国,号艮斋,一说定斋,人称艮斋先生、桂山先生,新喻(今属江西)人。幼聪慧敦厚,有志圣贤之学,从学郭忠孝,程颐再传弟子。宋高宗绍兴二十七年(1157)进士。历抚州乐安尉、吉州录事参军,知分宜县,累官右谏议大夫兼侍讲,进讲《尚书》。光宗时,历御史中丞、权工部尚书,提举太平兴国宫,晚归桂山。著有《圣学渊源》《诗书解》《论语解》《左氏讲义》《柏台谏垣奏议》《经筵总录》《孝史》《艮斋集》等。这里疑点有三:一是《邵氏家谱》中该谱序所载为谢锷。在历史上宋绍兴年间并无谢锷此人,应为谢谔;二是谢谔出生于宋宣和三年(1121年),而《邵氏家谱》所载为宋绍兴五年(1135年),这样说,谢谔撰写该谱序时为14岁,是否属实;三是除了《邵氏家谱》载有该谱序外,《蔡氏宗谱》也载有该谱序,其中第一部分完全相同,内容均为:"圣人制礼莫重乎宗族、宗族之辨莫详于谱书、谱书之传莫大乎宗祖。有百世不迁之祖,有五世则迁之宗,祖迁于上,宗易于下。祖宗之传序、人道之本也。古者系出支余小史之官,所以定世次之承,辨昭穆之例,俾后之子孙,知其宗族之所由来,亲疏之所以别,联疏以为亲,敦本以追繁,莫善于谱矣。后世谱牒不修,而宗法不讲,数世之下,遂相视如路人,其能原宗族之礼,而追崇其祖宗也哉?"我们再看第二部分,其中《蔡氏宗谱》该序第二段为:"蔡氏惓惓于谱牒是辑也,出自周文王之子,蔡叔度生子曰仲,封于蔡国,子孙以国为氏,历传千百年。今枢密院使挺公,工部尚书杭公,概然欲统其宗,而思吾族播迁南北,苟无谱以志之,则吾之始祖左丞相淑公,一体而分者,将近如路人,是故ربرеdgeconstruct修辑谱书,以收其族心甚盛也,事甚美也。然余闻之,谱牒之作,所以考古而征前、传今而裕后也。非其裔而强授之,不智;得其宗而故弃之,不仁。今日之举,亦以宗其宗而无冒他人之宗,祖其祖而无舍自出之祖,斯免不仁不智之说矣。爱书之以书序。"(西山堂蔡氏文化研究:http://blog.163.com/zmcai1979%40126/blog/static/11379634820098138317451/)《邵氏家谱》第二部分内容为:"此邵氏谱牒所由辑也,邵氏自度陵召公薨之后,由周而来,历千百年,今丞相颢,大学士亢,概然欲统其宗,拆其族而辑谱,以贻后人,心甚盛也,余闻之谱之作,所以考古而征前、信今而传后也。非其裔而强承之,不智;得其宗而故弃之,不仁。邵氏之谱以尚书执中公为始祖,其他远莫考者,概关如马以惟是,宗其宗而弗冒他人之宗,祖其祖而舍无自出之族也,斯免不仁不智之讥矣。爱书之序。"(未题纂者《邵氏家谱》洛阳理工学院图书馆馆藏)。我们可以看出,第二部分内容,除了远祖世系部分不同之外,其余均相同。从以上三疑点可见该谱序真实性有待考证。

《题邵氏族谱序》,其中涉及远祖世系问题的内容仅有:"邵氏自传陵召公奭之后,由周而来,历千百年……邵氏之谱以尚书执中公为始祖,其他远莫考者。"①这里仅仅叙述了远祖及始祖。第二篇谱序为宋绍兴三十二年(1162年)太子宝宾观文殿学士兼枢密院使颍州陈伯康所撰《题邵氏宗谱序》,其中涉及远祖世系问题有:

> 粤稽邵氏之出自召公奭,之后加邑为召邑。则自三代以来其为名世也,远矣秦汉之时散,而后合,合而复涣其间。四布而不可纪,唐太宗敕修天下谱牒退新门进旧望,左膏粱右寒微,合一百九十三姓千六百五十一家,邵氏亦与首称焉。自皇宋南渡子姓扈跸散处四方,有居于临安者,有徙于绍兴庆元者,有徙于建康昆陵者,有徙于歙与扬州者,有徙于姑苏云间者,有徙于江右南昌及抚州九江者,有徙于福建建宁泉州者,及广东厓州南雄者。②

编纂者在第二次私修谱牒编纂的时候,邀请了当时比较有名望的陈伯康为其私修谱牒写序,陈伯康在考察邵雍后裔所提供事实与文献后撰写该谱序,编纂者转录其序,也就是说编纂者对陈伯康所撰写谱序持认同态度。可见《题邵氏宗谱序》比《题邵氏家谱》多了几个方面的阐释与推测:一是远祖姓之由来。这里之所以说姓之由来,而非姓氏之由来,是因为姓氏为两个概念③,"姓"表血缘,"氏"表地域。张肇麟在其《姓氏与宗社考证》中阐释为:"氏表示地域,在同一个地域的居民可能有不同的姓,因此同一个氏的居民可以有不同的姓;而姓则是表达血缘关系,有密切血缘关系的人可以有不同的氏。"④二是邵氏子嗣繁衍,这也是编纂者编纂私修谱牒最为重要的目的

---

① 未题纂者:《邵氏家谱》,洛阳理工学院图书馆馆藏,未题时间。
② 未题纂者:《邵氏家谱》,洛阳理工学院图书馆馆藏,未题时间。
③ 有一种流行观点认为:姓氏是一个概念,氏是姓的一个下属血缘组织,一个下限概念。持这一观点的学者主要有杜正胜(论文《传统家族试论》)、雁侠(博士论文《中国早期姓氏制度研究》)、陈絜(博士论文《商周姓氏制度研究》)、张淑一(《先秦姓氏制度考索》)等。
④ 张肇麟:《姓氏与宗社考证》,社会科学文献出版社·近代史编辑室,2015年版,第15页。

之一;三是宗族之播迁。第三篇谱序为正统九年(1444年)广西道监察御史邵奭第五十三代邵叔芳所撰《重修邵氏族谱述》,该文对正统九年(1444年)之前的邵氏宗族邵姓源流、氏族播迁进行详细阐释和推测。

三、编纂者主观意识的渗透

编纂者根据自己的意识,将私修谱牒场中可以编成故事的事实按照自己预想的情节编排模式进行加工,形成一个故事模式。编纂者个人的生存环境(地理和气候)、个人的生活习惯、当时政治背景、宗族的文化传统、社会发展水平等因素对故事模式的形成起重要作用。这些因素深深影响了编纂者的逻辑思维,"于是对于历史事实的构成使用的东西,也同样适合于历史事实的选择。按照这一观点,历史学家和历史行动者进行选择、切割和划分,因为真正完全的历史将使他们陷于混乱"①。这样,在"选择、切割和划分"的过程中,编纂者主体意识就凸显出来,有利于敦宗睦族、繁衍子嗣的事件、地区、时期、宗族群以及宗族中的个人就会被保留下来,无关的将被抛弃,也只有"抛弃"某些宗族历史中的事件或文献数据,编纂者才能够建构一个关于宗族过去的完整故事,因此,编纂者结合自己的主观意识对这些被保留下来的、无规则的东西进行编码,使其成为一个连续的整体。同时,编纂者在编纂的过程中,会预设一个隐含的读者,并预想他读此谱时该有的情怀,或预设读此谱宗族成员的类型。"优秀的职业历史学家的特征之一就是不断地提醒读者,他在总是不完整的历史记录中所描写的事件、动作者和动因都具有纯粹的暂时性。"②这一暂时性具有非事实性,即可能性,也就具有了虚构的意蕴,也就是说编纂者主观意识的投射并非与读者的思维意识相契合,因此,这将导致编纂者与读者之间逻辑思维相去甚远。

那么,在编纂过程中,编纂者的主观意识主要体现在哪些方面呢?总起来说主要有三个方面:

---

① 列维-斯特劳斯著:《野性的思维》,李幼蒸译,商务印书馆出版,1997年版,第294页。

② 海登·怀特:《后现代历史叙事学》,陈永国、张万娟译,中国社会科学出版社,1997年版,第170页。

1. 对宗族过去的怀念与崇拜

私修谱牒场中的这些文献描绘的宗族世界是不可接近的,具有模糊性。每编修一次新的私修谱牒,只不过增加了私修谱牒文本的数量,若要忠实地反映过去特定宗族历史环境的完整性和准确性,编纂者就必须对过去的私修谱牒文本进行阐释,需要分析过去的历史并通过分析私修谱牒场中的文献而创造出的私修谱牒文本之间的区别,不过,我们可以看出,编纂者对过去了解的越多,概括起来就越难,主观意识的投射就越少。但是,在编纂者的思维意识中,对过去的怀念和先祖的崇拜使这一意识从未停止和间断过。如:《范氏家谱》载有范崇信所写《序》,其中写道:"余每观家史、传记,常缅怀先祖的丰功伟绩,高尚情操,更敬仰先祖敢为天下先的气概。"①

在河洛地区众多私修谱牒中,编纂者对宗族过去的怀念与崇拜的终极指向是神话,《姜氏家谱》《许氏家谱》等远祖为少典;《程子宗谱》《河南程氏正宗世谱》《范氏家谱》《朱氏家谱》《姬氏宗谱》《熊氏家谱》《颜氏家谱》等远祖皆为黄帝;《洛宁姜氏族谱》《卢氏家谱》《皇甫氏家族族谱》《高氏家谱》等远祖为炎帝;《张氏家谱》远祖为张挥;《赵氏家谱》远祖为造父等。私修谱牒中的神话是本宗族最初的存在意象与信仰体系,是宗族存在和延续的最初载体,最终成为宗族成员生活的精神支柱。远祖的神话历史与宗族现在的生活既有融合性又有分离性,分离性是因为神话祖先与现在宗族成员的本性各异,神话远祖是宗族的创造者和被崇拜者,而宗族成员是继承者和因崇拜的模仿者;而融合性是因为自从远祖出现以来,其历史事件中的人文精神在本宗族中继承着、发扬着。在一次又一次的传播和私修谱牒编纂过程中,私修谱牒文本体现的远祖历史也成为叙事的载体。因此,私修谱牒神话叙事是指在私修谱牒叙事文本中,人类对于本宗族的起源、远祖的行为以及他们与本宗族繁衍关系记载的叙述。这种叙事方式主要存在于宏观叙事体例的世系、中观叙事体例的谱序、微观叙事体例的谱图和传记中。私修谱牒中涉及自然界诸多神话物种:神人有三皇五帝;神物有龙、凤、饕餮、兰、竹等。其叙事模式主要有祖宗神话模式、仪式神话模式、谱图神话模式三种类型,整个宗族由祖宗神话开始延续在世系结构中,宗族成员借助世系证明其

---

① 未题纂者:《范氏家谱》,洛阳理工图书馆馆藏,未题时间,第24页。

在宗族中的特殊身份。其叙事功能建立在祖宗崇拜这一信仰下,形成了本宗族文化意识积淀的心理模式和本宗族的伦理道德观念,并使本宗族的集体无意识得到集中反映。经过编纂者主观意识的渗透,私修谱牒中神话人物的行为模式与宗族成员的实际生活模式具有极大的趋同性,宗族成员的现实生活大多都能在神话中得到阐释或被如实反映。远古神话作为本宗族一种集体精神的产物,"它只能表达那种积淀于这个民族无意识结构中的东西,而在人们的行为模式中,正是无意识地积淀着这个民族的集体精神和价值规范。"①编纂者对远祖世系的追溯,更多的是一种文化意义上的寻根、集体精神的重构,同时也是本宗族知识价值规范的定位。

2. 对当前现实宗族的关怀

私修谱牒是宗族文化的载体,编纂的目的之一就是敦宗睦族,通过敦宗睦族形成对宗族成员道德教化的作用。冯尔康认为:"分清族人支派,明白互相间的亲疏关系,是修谱的一个实际原因。"②编纂者是本宗族的成员,在编纂过程中始终保持着对当前宗族关怀,体现在三点:一是聚族众;二是明世系,辨尊卑;三是促教化。如《白居易家谱》载有嘉靖二年(1523年)"迁洛始祖乐天公三十六代正裔孙"白自成所撰《白氏重修谱系序》:"余近老矣,将七十矣,恐愈衍愈久,旧谱日损,近代失传,故重修而继续之,俾世德赖以弗泯,而昭穆(一二)尊卑之分益明,庶传之子孙,当不至有问其祖代,而愤然色沮者,为吾后所宜继述而接续焉,使世系相传于无已可也。"③由此可见,白书斋编纂私修谱牒的原因就是要明世系、辨尊卑,怕宗族世系混乱,这里"昭穆(一二)"代指世代顺序,因为祖庙中,以远祖居中,第二代居左,为昭;第三代居右,为穆,四代为昭,五代为穆,以此类推,世代尊卑分明。

3. 对未来的展望

私修谱牒的编纂并非是一次性完成的工作,而是不断地被编辑、被补充和被修正的过程,编纂者在编纂过程中所投射的对未来的展望,主要体现在寄望宗族子嗣的繁荣昌盛、光宗耀祖,宗族世系连绵不绝等方面。无论现在,还是将来,总希望在历史的长河中,本宗族枝叶扶疏,血脉永远流淌下

---

① 张开焱:《神话叙事学》,三峡出版社,1994年版,第306-307页。
② 冯尔康:《中国宗族制度与谱牒编纂》,天津古籍出版社,2011年版,第322页。
③ 白书斋编纂:《白居易家谱》,中国旅游出版社,1983年版,第2-3页。

去,父系观念永远传承下去。

第二节　宗族成员的虚构性

私修谱牒被本宗族编纂者编纂完成之后,成为一个新的叙事文本,从编纂者到宗族成员中的读者相距甚远,查特曼曾从符号学视角对叙述文本的交流过程概括为一种形式,如图4-1所示。

真实作者┈┈▶|隐含作者──▶(叙述者)──▶(受述者)──▶隐含读者|┈┈▶真实读者①

图4-1　查特曼叙述文本交流过程示意图

上图中有六个要素,皆为叙事文本的参与者,其中真实作者与真实读者存在于叙事文本之外,一个是私修谱牒的编纂者,一个是宗族成员中私修谱牒的实际读者,编纂者和实际读者在实践上是不可或缺的。编纂者在创造私修谱牒的时候,要借助隐含作者表达自己的思想、信念和情感等。叙述者(narrator)作为私修谱牒叙事文本范围内的核心部分,是私修谱牒世系、宗族史等讲述者,他与叙事文本片刻也不得分离。叙述者与隐含作者的最大区别在于:隐含作者在叙事中不承担任何叙述任务。"与叙述者不同,隐含作者什么也不能告诉我们。它,或更确切地说,它,没有声音,没有直接交流的手段。它通过整体的设计,借助于所有的声音,采用它所选择的使我们得以理解的所有手段,无声地指导着我们。"②私修谱牒叙事文本中的受述者(naratee)是叙述者的接受者,在私修谱牒叙事文本中,应该有一个或几个不同的受述者,每一个受述者接受同一个叙述者或不同叙述者的讲述。如《张

---

① Seymour Chatman: *Story and Discourse: Narrative Structure in fiction and Film*. Cornell University Press,1978,p.151.

② Seymour Chatman: *Story and Discourse: Narrative Structure in fiction and Film*. Cornell University Press,1978,Ithaca.

氏家谱》中的《家庙义田碑》载有:"我族人老而不能葬者,而不能娶者,咸取给马。"①这里的"我族人"显然是叙述者所要面对的受述者。即便是受述者不以任何宗族人物的身份出现在叙事文本中,但其仍然是叙述者所面对的叙述对象。在图 3-4 中,隐含的读者是与隐含的作者相对应的,在私修谱牒叙事文本中,并不存在一个真实的宗族成员在阅读私修谱牒,只存在私修谱牒文本所预想的听话者。而隐含读者不然,隐含读者与隐含作者相对应,与受述者不同的是前者作为私修谱牒叙事文本中的潜含对象而存在,如洛宁《孟氏家谱》载有:"众所周知,根之深者叶必茂。"②这里的"众",就是存在于私修谱牒叙事文本中隐含读者,"众"不属于受述者,因为这里的叙述者并不是向受述者隐喻性地讲述宗族源流的重要意义,而是把"众"设想为听宗族起源意义这一事件的隐含读者。

此外,"因为任何叙述都必然脱离不开特定的对象"③。由于受述者并未参与私修谱牒中的叙述事件,是事件之外的受述者,这样容易造成受述者与读者等同。热拉尔·热奈特认为:"读者不能与这些虚构的读者相认同,正如这些故事内容的叙述者不能向我们说话,甚至不能设想我们的存在一样。"④

从查特曼这一示意图可以看出,叙事文本中只要存在着叙述者和受述者,文本的交流就会自隐含作者开始传递,先传递给叙述者,接着传递给受述者,再传递给隐含读者。从叙事学角度来说,私修谱牒经历了编纂者、叙事文本和真实读者三个实践历程才能实现其价值和意义。离开宗族成员中读者的参与,编纂的私修谱牒犹如一本经典的乐谱,摆放在无人弹奏的橱柜,人类无法享受那美妙的音符,所以,读者是私修谱牒叙事文本实践意义的达成者。私修谱牒的编纂者首先是一个读者,阅读本宗族前人编纂的私修谱牒,编纂者在阅读过去的私修谱牒叙事文本和理解前人编纂过程时,也是在对本宗族的私修谱牒进行建构;再者本宗族若从开基祖至编纂者时期

---

① 张鼎延:《张氏家谱》,洛阳理工学院图书馆馆藏,未题时间。
② 未题纂者:《孟氏家谱》,洛阳理工学院图书馆馆藏,未题时间。
③ 谭君强:《叙事学导论——从经典叙事学到后经典叙事学》,高等教育出版社,2008 年版,第 33 页。
④ Gerard Genette:*Narrative Discourse.* Cornell University press,1980,Ithaca.

没有私修谱牒,这时,编纂者就要阅读本宗族的其他文献资料,或观看祖先遗留下来的事物,或阅读其他宗族的私修谱牒。在阅读其他宗族私修谱牒的时候,首先考虑的是同姓宗族的私修谱牒,此外,才会考虑阅读异姓宗族的私修谱牒。所以,私修谱牒的编纂者先是读者,此后才是编纂者。

面对私修谱牒叙事文本,读者是如何开始阅读的呢?并且其意义又是如何得以理解的呢?由于私修谱牒叙事文本潜含着宗族的历史性和文化性,读者在阅读私修谱牒叙事文本时,个人的历史性和文化性与文本中潜含的历史性与文化性存在着一个不可避免的冲突,但这是可协调的冲突,不同的宗族成员在阅读同一本私修谱牒叙事文本时,理解起来也可能出现很大差别,因而,读者和文本之间相互冲突过程的解决成为读者理解文本的前提。不同的本宗族成员对同一私修谱牒文本为何理解大不相同呢?为何这样理解,而不那样理解呢?我们不得不对阅读和理解之前读者的思维意识结构进行解读,这种思维意识被海德格尔称之为:理解前结构,包含先有、先见和先行把握三部分。这是读者对私修谱牒叙事文本历史理解的前提,海德格尔指出:"当读者拿到一个文本进行理解之时,他的意识并非一片空白,而是已经具有自己的立场和一定的认识能力,此即先有;读者将自然而然地根据自己的立场选择他认为最合理的切入口,以便开始理解,由此即先见;再者,读者在进入理解状态之时,预先总有一个假设,指出文本意义将获得揭示与理解的方向,此即先行把握。"① 从中我们可以把握三点:一是先入为主的个人立场和识别能力,这是读者在阅读私修谱牒叙事文本之前就具有的;二是读者利己思维,趋势而入,从最合理且最容易的地方切入,这是读者即将开始接触私修谱牒叙事文本时的思维方式;三是固有的情节编排模式,这一模式只有开始与私修谱牒叙事文本中的故事模式相融合时,才能真正开始私修谱牒叙事文本的解读。读者作为宗族中的个人,受制于宗族文化的影响,同时也受制于社会文化影响,读者的个人理解能力与他的宗族文化和社会文化具有必然联系。由于当前的社会水平发展迅速,宗族文化和社会文化施加于个人,那么个人的理解前结构较之宗族早期更为强大,反过来

---

① 海德格尔:《存在与时间》,陈嘉映等译,生活·读书·新知三联书店,1987年版,第183-185页。

说,由于宗族早期的人类思维意识受制于当时低下的社会生产力,其前理解结构要弱于现代读者。陈新教授认为:"个人的理解能力,往往受到决定着他的理解前结构的社会整体意识水平的影响,那种要使自己的理解超越于自己时代的社会整体意识水平的想法,将永远是一种不可能实现的幻想,因为任何性质的'超越',无非是对社会整体意识水平的贡献,是对它的发展,是它的新构成。"①海德格尔所提出的理解前结构使得读者具备阅读并理解私修谱牒文本的可能,因此,读者借助理解前结构所进行的私修谱牒阅读和理解,是一个带有强烈主观意识的思维活动。读者在理解私修谱牒叙事文本的过程中所获得的历史意义,与编纂者在编纂过程中所期望达到的历史意义可能相去甚远,也可能与私修谱牒叙事文本本身所具有的历史意义迥然不同,但当读者通过理解前结构理解私修谱牒叙事文本,且所理解的历史意义与编纂者的编纂意图相同时,就实现了编纂者与读者的交流,这种理解也会不谋而合,不过这种情况出现的可能性较少。"任何阅读都不可能符合某种原有的意义,而是生成意义,建构一种新的存在,它恰恰是文本之历史与读者之历史性相结合的产物。"②因此,我们可以看出读者阅读和理解私修谱牒的过程是一个虚构的过程,这一虚构过程要表达三方面的内容:一方面读者通过阅读私修谱牒叙事文本对其情节编排模式进行重构;二是读者理解私修谱牒历史时重新建构宗族史,且是私修谱牒叙事文本的实践者;三是读者阅读私修谱牒的目的是重新建构自身的存在,以自己的理解前结构结合私修谱牒叙事文本确定自己在整个宗族中的位置。

我们可以看出,文学叙事与私修谱牒叙事的根本性区别并非在于真实性与虚构性,而在于文学是将叙事形式强加于事件,而后者则相反。编纂者创造私修谱牒文本的过程包含着对宗族的阐释,并努力赋予私修谱牒场里那些片段性的文献或不完整的事件于意义,且不得不运用自己的想象力将自己认为有用的素材按照一定的次序进行编排,形成一个整体,再赋予其一定意义,从而创造出适合于表述其理解的最佳叙事形式。私修谱牒无论描绘一个环境,还是整个宗族历史讲程,或填补世系结构,或讲述宗族故事,都

---

① 陈新:《西方历史叙述学》,社会科学文献出版社,2005年版,第159-160页。
② 陈新:《西方历史叙述学》,社会科学文献出版社,2005年版,第161-162页。

是一种话语形式,都具有叙事性,只不过这种叙事性是以虚构形式讲述宗族的"真实事件"。读者借助理解前结构,将私修谱牒叙事文本朝着有利于自己理解的方向前进,在阅读和理解的过程中不断为自己的存在寻求宗族庇护,寻找自己在宗族中的坐标,这种意识融合到阅读中,形成新的理解前结构,并伴随着进入下一步阅读,这一阅读和理解过程就带有虚构性。一般来说,私修谱牒叙事文本应该结束于读者的阅读和理解,但事实不然,读者在阅读和理解私修谱牒叙事文本的实践中进行着自己的历史叙述,形成新行为文本,这对于他者而言,又可成为阅读和理解对象,同时,其中的某一个或几个读者又或许成为下一次的私修谱牒叙事文本的编纂者,因此,从历史叙事学角度分析,我们不妨可以说,私修谱牒叙事文本是一个虚构的文本。

第五章

私修谱牒叙事中的宗族圣数

在私修谱牒的研究过程中,叙事是一种话语形式,其目的是通过对宗族历史的叙述,让宗族成员对宗族播迁、已然事件、世系传承等有所了解或认知,为活着的宗族成员提供一个可以真实描述祖先事迹的叙事传统。私修谱牒叙事作为历史叙事的重要组成部分,其叙事文本内容具有一定的独特性,赵炎秋指出:"任何一部叙事作品,都必然具备一定的内容,而这些内容可以从两个方面进行考察。一是这些内容所包含的要素以及这些要素的多寡,一是这些要素之间的相互联系与组织。"①

就私修谱牒叙事文本内容而言,有些文本传记要素记录所证实的某些"数"不能在宗族人物故事中完全呈现,却能作为反映客体的实际情况存在于世系、义田、坟茔图、祭祀礼仪、庄园等其他叙事模式中,并且这些数不是以计算的形式出现,而是独立并反复在叙事文本中出现,且潜含着宗族的集体无意识,或社会缩影下的文化基因。如何理解私修谱牒叙事中的这些数呢?这些数在宗族中蕴含着什么文化意义呢?我们应该知道某一个数在自己宗族文化的指意系统中赋予了这个数什么作用。当然,在宗族历史发展的长河中,从一至数千万个数,并非每个数都具有与众不同的文化内涵和文化意义,只有一部分被用来赋予宗族乃至中华民族的文化系统中某种指意

---

① 赵炎秋:《要素与关系:中西叙事差异试探》,《外国文学研究》,2018 年第 3 期,第 44 页。

作用,所以,我们应该大致知道宗族圣数有哪些,其在宗族历史文化中的地位和意义是什么?

第一节　神秘数字

神秘数字发生是原始先民在最初的实践过程中,形成的对于集体表象中物体的数与整体开展辨别思考的结果,列维-布留尔认为:"原始思维不能清楚地把数与所数的物区别开来。这种思维由语言表现出的那个东西不是真正的数,而是'数-总和',它没有从这些总和中预先分出单独的1。要使这种思维能够想象从1开始的、按正确序列排列的整数的算术序列,必须使它把数从其所表示的那些东西中分离出来,而这恰恰是它所办不到的。相反的,它想象的是实体或客体的总和,这些总和是它按其性质及其数而得知的,数则是被感觉到的,而不是抽象地被想象的。"①从这里可以看出,在人类早期的文明里,原始先民认为世界是一个总体,在最初的先民那里,没有数的概念。他们虽然没有用数来划分或表示氏族、图腾或族人等的量的多少,但却以集体无意识的形式包含了一定数的意义。在原始先民活动的仪式中,进行某些分类时,以"暗示"的形式来占有数。"对于原始民族来说,任何东西或者差不多任何东西都不是像我们认为合乎自然的那样被感知的……在这里,被感知的任何东西都同时包含在那些以神秘因素占优势的集体表象的复合中。"②在这些集体表象中,数与名称紧密地融合在一起,或许正是这种不可分的无名状态,数的神秘效能才能最大化地彰显出来。随着生产力的发展与进步,原始先民仅仅依靠整体观念已经不能满足日常生活的需要了,数的观念开始慢慢增强起来,不知不觉变成半抽象半具体的计数。列维-布留尔发现:"在非常多的原始民族中间(例如在澳大利亚、南美等地),

---

① 列维-布留尔:《原始思维》,丁由译,商务印书馆,2004年版,第187页。
② 列维-布留尔:《原始思维》,丁由译,商务印书馆,2004年版,第201页。

用于数的单独的名称只有一和二,间或也有三。超过这几个数时,土人们就说:'许多,很多,太多'。要不然他们就说三是二、一;四是二、二;五是二、二、一。"①他们用具体的方法来数数和计算,这些简单的数字是人类认识自然,形成抽象数字的关键时期,正是这些具有古老民族集体表象的数,衍生出人类文化数量的初始意义,并且能够长久地保持着神秘力量。叶舒宪认为:"神秘数字是一种世界性的文化现象,是指某些数字除了本身的计算意义外,还兼有某种非数字的性质,它在哲学、宗教、神话、巫术、诗歌、习俗等方面作为结构素反复出现,具有神秘或神圣的蕴含。"②人类各民族在其文化形成的过程中,某些数具有一定的神秘性,其终极指向为人类各民族元文化的形成期。"神秘数字是人类认识发展特定阶段的产物,又是一种原始观念的载体。"③文明起源于文字,文字肇始于数字,"一"成为数字发展的滥觞,就中国而言,河图、洛书蕴含着宇宙天地之数,《易》蕴含着天地阴阳之数,《算经》蕴含着天圆地方,叁天两地之数,《春秋繁露》蕴含着天人合一之数等。其中集大成者当属《春秋繁露》,主要包含了人类化的天地之数、天地相参、天人合一理论。原始初民所适应的并非世界本身,而是在实践的过程中所认识的部分世界,中国的原始先民通过对世界的认知,寻找天人合一的物质载体就是玉。叶舒宪对天人合一的神话中介物"玉"的出现是这样思考的:"华夏初民在石器时代的漫长进化中,把在地上发现的某种物质想象成上天降临下来的符号物,人就是通过掌握这种能够代表上天的符号物,在大地上实现天人合一梦想。这种标志物的出现有一个漫长的筛选实践过程,最终代表人的升天想象。它究竟是什么物质呢? 华夏初民给出的第一个答案就是'玉'。"④《周礼》所记旧的六器说,内容专指六种"玉"的礼器组合:琮、璧、圭、璋、璜、琥,这六种玉的礼器分别用来祭祀天地和四方。以5000年前良渚文化时期发展起来的礼器玉琮为例,外方内圆的造型蕴含了天地之数,人类学家张光直诠释"琮"的天人合一意义时指出:"方属地,圆属天,天圆地方。

---

① 列维-布留尔:《原始思维》,丁由译,商务印书馆,2004年版,第175页。
② 叶舒宪、田大宪:《中国古代神秘数字》,社会科学文献出版社,1998年版,第1页。
③ 叶舒宪、田大宪:《中国古代神秘数字》,社会科学文献出版社,1998年版,第2页。
④ 叶舒宪:《玉石神话信仰与华夏精神》,复旦大学出版社,2019年版,第96页。

方数为典,以方出圆,笠以写天。"①这些与神秘数字有着密切的联系。通过研究神秘数字有助于具体了解中国先民及古代社会的思想信仰对早期谱牒叙事书写的影响。

一、神秘数素的构成

从数的表达功能上看,数其实最初表达量的多少,只是其中一个方面,更多的是表达人类自身自我意识的特殊性、空间感和时间感。卡西尔在《神话思维》中提出:"如果我们试图追溯附着于各种圣数的情感值的始源,那么我们几乎总会发现,它的基础是神话空间感、时间感或自我意识的特殊性。"②众多学者认为,数字十以内的数均为神秘数字,叶舒宪指出:"一般来说,这类数字多在十以内或不超过十余个,因为它们分别标志着人类认识发展与抽象数概念形成演进的重要阶段。"③叶舒宪、田大宪合著的《中国古代神秘数字》主要分析了从一至十这十个神秘数字,另将十二、三十六和七十二也纳入神秘数字序列。这一论断与前辈闻一多、季镇淮、何善周和周法高等学者趋同。张开焱在《夏商创世神话的宇宙圣数与中国文化元编码刍议》中从文化叙事学角度将其界定为文化元编码:"文化元编码数是指在一个民族文化的奠基定型时期被当作原型圣数来组构起自己独特文化世界和符号体系的那些数概念。"④张先生借助翔实的神话文献数据分析夏人心目中创世神话的宇宙圣数是"三"及其倍数"九",而商人创世神话宇宙圣数是"二"及其倍数,"三"和"二"是这两个朝代分别的元编码数字,用于组织以自己创世神话为核心的文化世界。张先生进一步指出:"从'一'到'十'的数字具有最重要的意义,它们成为中国社会组构自己的文化世界乃至现实世界的基础性数字。"⑤既然要论析神秘数字的体系构成,就不能回避其生成规律,这种规律是中国人思考问题的一种思想,葛兰言认为:"中国思想的基本特

---

① 张光直:《中国青铜时代(二集)》,生活·读书·新知三联书店,1990年版,第72页。
② 恩斯特·卡西尔:《神话思维》,中国社会科学出版社,1992年版,第165页。
③ 叶舒宪、田大宪:《中国古代神秘数字》,社会科学文献出版社,1998年版,第3页。
④ 张开焱:《夏商创世神话的宇宙圣数与中国文化元编码刍议》,《民族文学研究》,2016年第4期,第16页。
⑤ 张开焱:《夏商创世神话的宇宙圣数与中国文化元编码刍议》,《民族文学研究》,2016年第4期,第15页。

征之一,即对数字符号组合象征极其尊重,但对任何数量关系的极端漠视。"①茱莉娅·克里斯蒂娃也认为:"中文的数字不是一种数量词。"②他们的说法虽有过于极端之嫌,但不无道理,这种思想是关于数字的象征意义远大于其数量关系意义的一种思维方式。数的神圣象征性构成了中国人自我意识结构的一种本质力量,这种力量把感觉、直觉、顿悟和情感等转化为一个统一体。

"一"是数的开端,老子认为:"道生一,一生二,二生三,三生万物。"老子认为"道"是世界的本源,宇宙的本体,"一"从"道"这里产生出来。历来关于"一"的阐述高见颇多,大致分为三类:第一类是宇宙生成类,这类学者主要有冯友兰("气"观)、汤一介("元气"观)、陈鼓应("道"观)、高亨("天地未分之元素"观)、奚侗("太极"观)等;第二类本体论,这类学者主要有张祥龙("境域"观)、林安梧("整全、根源"观)等;第三类是呈现论,主要代表是牟宗三("无"观)。其实,在原始先民时期,人类尚未从理性上了解自身与自然,尚未拥有自我意识,万事万物混为一体,这种整体性与原始先民感知世界的方式是相应的。因为"一"与"整体性"或"混沌状态"是相通的,不具有数的真正意义,叶舒宪认为:"这种以整体划分和记忆来表征的'一',从严格的意义上说,还不属于真正意义的数而是数的萌芽,因为它并没有将'一'从事务的具体形态中抽离出来,只是处于被抽离的过程中。"③这种萌芽是以宇宙万物生成的"道"为特征而开启万有始于"一"的观念。"道"用老子所言即"周行而不殆",其原型是周期性变化的事物现象。对于原始先民而言,周期性变化最大的事物无疑是太阳,其终极指向为天地开辟前的混沌状态。"一"是人类发展历程中的第一个最为基本的神秘数素,神秘数素是神秘数字构成的基本元素,并具有典型的其他数字不可替代的意义,神秘数字由一个或多个神秘数素的倍数(或叠加,或公倍数)构成。由于"一"的出现,原始先民对事物的认知向着整体与单一(亦多与少)两个方面开始发展,这个时候的原始先民,只是从心里来感应事物,还没有强烈的愿望来衡量或区分事

---

① Marcel Granet:la Pensee chinoise, ch. III, Ed. A. Michel, 1934, P. 149.
② 克里斯蒂娃:《符号学:符义分析探索集》,史忠义等译,复旦大学出版社,2015年版,第283页。
③ 叶舒宪、田大宪:《中国古代神秘数字》,社会科学文献出版社,1998年版,第8页。

物的多与少。

后来,天地分开,一分为二,"二"最直接的理解就是把混沌的整体分为天地,从一团分化为两部分。"二"的出现对原始先民而言具有里程碑式的意义,标志着数在量上的出现,"二"是神秘数字组成最为核心的神秘数素之一。"二"这一神秘数素表现了阴与阳、天与地、乾与坤、奇与偶等的对立关系。在原始观念中,'二'是'一'的对立面,从人性本原来看,郭沫若借助"八卦"符号指出:画"一"以像男根,分而为"一一"以像女阴。张开焱也指出:"'二'作为前男权社会的元编码圣数,与两个方面的历史因素相关。一是前男权社会的女阴崇拜,二是前男权社会男女婚姻关系的短暂性只突出了二元关系。大量人类学资料显示,在前男权社会生殖崇拜对象中,女阴崇拜是最重要的。而女阴与男阳的刻符和数字表示式,则常为女二男一。"①从表达方式来看,"'一'表示整体,则'二'表示分裂;'一'表示专业,则'二'表示分心。"②列维-布留尔也指出:"'2'常常以自己对称的对立属性与'1'对立着,因为它表示的、包含的、产生的东西是与由'1'所表示的、包含的、产生的东西严格对立的。凡在1是善、秩序、完美、幸福本原的地方,2就是恶、混乱、缺陷的本原。"③由此可以看出,"一"和"二"这两个数的形成常规是沿着相反的途径展开的,如果说"一"是数的萌芽,那么"二"是数的发展,从而打开了原始先民认识世界的一个窗口,这个窗口出现了对立面,丰富了原始先民的视野,人类开始"一分为二"的认识、切分宇宙世界,从而促使"二"成为一个典型的神秘数素。

"三"是另外一个典型的神秘数素,在原始先民那里,它与"多"有着千丝万缕的联系,在中国古代在汉字的塑造上具有典型的代表性,比如三木为"森",表达树多之意;三水为"淼",表达水多而大之意,等等。老子也曾说:"道生一,一生二,二生三,三生万物。"三从"多"或"大"或"广"之意进而衍化成万事万物生成发展的基数。叶舒宪指出:"中国传统思想把人放置在仅

---

① 张开焱:《叙事作品三维结构的文化基础与精神特征》,《东方学刊》,2000年第4期,第9页。
② 叶舒宪、田大宪:《中国古代神秘数字》,社会科学文献出版社,1998年版,第27页。
③ 列维-布留尔:《原始思维》,丁由译,商务印书馆,2004年版,第204页。

次于天地万物之灵的地位上,代表人的'三'也就成了创造之数,化成万有之数。"[1]这一"万有之数"成为中国古代哲学思想智慧的神秘数素,是"天人合一"思想的基数。它包罗万象的神圣意义成为中国原始先民乃至整个人类社会集体意识中的典型数字,并通过原始先民的集体无意识不断作用到具体文化现象中,形成各种文化观念。从人类共同的文化传统来看,"三"是关于那种源于人类自身第一个实体,转变成另二个实体,再从第三个实体中与第一个实体重新结合之后的统一。"三"的出现,使人类对数的发展有了一个巨大的跨越,它也成为人类早期所能认识的最高数。"三"的出现主要向五个方面延伸,第一个方向"许多""很多""很大"或"很广"延伸,这一延伸"暂时性"地满足了原始先民对数的需求,这一"暂时性"在人类历史上经历了一个漫长的时间阶段,这一时期"三"这个神秘数素主要涉及原始先民的空间观、时间观、人身观这三个领域。第二个方面向宇宙创造的基数延伸,奠定了中国宇宙论意义,最具代表性的是中国神话中"三皇"神祇和天人合一思想中的"三才"之理。在中国神话帝王谱系中,虽然"三皇"的组合有好几种,但在中国人类发展史上具有重要的地位。其中《帝王世系》以伏羲、神农和女娲为三皇;《尚纬·号谥记》以伏羲、神农和祝融为三皇;《尚书大传》以燧人、伏羲和神农为三皇,这里的"三"不仅仅是指帝王世系成员组合的种种变化,因为这种变化表现了不同部落祖先传说在中华各个民族之间跨文化、穿时空的相互融合,进而形成了固定的神秘数字"三"这一模式及潜含了一定的集体无意识作用。"三才"即天、地、人三才,"易之为书也,广大悉备,有天道焉,有人道焉,有地道焉,兼三才而两之,故六,六者非他也,三才之道也。"[2]这里的"道"是万物之大理,天有天道,地有地道,人有人道,天、地、人三才虽各有其道,但并非各行其道,他们之间融会贯通,相互依存,最终达到人与天地自然保持和谐一致。第三个方面向圆满或无限延伸,"三"在这个方面的延伸向着三个层次发展:一个层次是"三生万物"向无限发展,另一个层次是达到一个顶峰之后形成"合三而一",向统一、圆满回归,再一个层次从数理分析,"三者圆也,四者方也。而其所以然者,则实由于当圆的直径与

---

[1] 叶舒宪、田大宪:《中国古代神秘数字》,社会科学文献出版社,1998年版,第47页。
[2] 朱熹:《〈周易〉本义》,上海古籍出版社,1988年版,第68页。

方的边径相等时,圆方的周径之比为三比四;易言之,就周径而言,圆是三,而方是四。"①"三"有天圆之意,天圆地方对应阳三阴四,三四两数是圆与方的象征之数,也是天地之数。第四方面以男根为象征,向人类的宗族家庭结构延伸,从人类发展历程中的生殖崇拜分析,"二"是女阴的象征,"三"是男根的另一种象征,赵国华指出:"远古先民以鸟象征男根,男性两腿夹一男根,其数有三,所以,他们在彩陶上绘制象征男根的鸟纹时,为了强调其产卵的尾部,以局部对应突出象征男根的意义,遂将鸟纹画成'三足'。"②这里的"三足鸟"两足之间多出来的一足,以局部对应象征男人两腿之间的男根,"足"就衍生出男根的意义了,除了"三足鸟",原始先民时期,以"三足"命名的还有三足乌、三足鼎、三足鳖,等等。如果母系氏族社会以女阴崇拜为主,那么父系氏族以降,则以男根崇拜为主,从而也就形成了母系氏族崇"二",父系氏族崇"三"的文化基因。张开焱认为:"正是这种男根崇拜,使'三'成为至高无上的神圣编码。"③其实,这也是"三"形成神秘数素的一个重要原因。由于男根的崇拜意识,由母系氏族时期崇"二"的男女婚姻两极关系转变为崇"三"的"父—母—子"(子指儿子)三极关系。"父—母—子"这一极在父系氏族社会以来一直延续至封建社会结束,随着重男轻女现象的消失,这一极慢慢转变为"父—母—儿",张开焱认为:"在夫妻二维关系中,一个重要的因素——儿(女儿或男儿)——出现,成了分开他们又联结他们的重要一极,'你—我'二元关系变成了'你—我—他'三元关系。在男性中心的家庭,有'三'才为完满,才为幸福,才为至大。"④张开焱所倡导的三元社会生存模式要比西方提出的二元对立(男性和女性的对立)原则在其稳定性上要精进得多,这也形成了当前家庭的稳定结构,稳定的三维结构促进了中国文化的快速发展,这也就奠定了"三"成为神秘数素的基本基因。张开焱在《神话叙事学》一书中还指出:"由于'三'的重大影响和崇高地位,它是许多民族文

---

① 中国社会科学院科研局组织编选:《杨希枚集》,中国社会科学出版社,2018年版,第397—398页。
② 赵国华:《生殖崇拜文化论》,中国社会科学出版社,1991年版,第265页。
③ 张开焱:《叙事作品三维结构的文化基础与精神特征》,《东方学刊》,2000年第4期,第8页。
④ 张开焱:《叙事作品三维结构的文化基础与精神特征》,《东方学刊》,2000年第4期,第8页。

化结构中的一个原型圣数,一种具有'元编码'性质的概念。"①这一元编码的性质更加巩固了"三"在神秘数字中的特殊地位。第五个方面是向和谐延伸,"由'三'所蕴含的崇'中'观念来表现'三'有中间段位,'二'则只有两极区分,故崇'三'与崇'中'有内在关联。"②从"二"到"三",文化意义上崇"中",由两极转变成三极,其中增加的这一极在两极中间,如"二"指天地、乾坤、父母、上下、前后、左右等,发展到"三",就成了天地人(人在天地之间)、乾坤物(物在乾坤之间)、父母子(子在父母之间)、上中下、前中后、左中右等。也就是说"二"将"一"引导向两个相反的方向或两极发展,"三"就在两个方向或两极的中间加了一端或一极,中间这一极起到调和两极的作用,使得事物的发展处于一种和谐的状态,形成中和之美。

人类之初,在一到十这些数出现的过程中,每个数都经历了漫长的岁月,对于"四"的出现,应该是"一""二"和"三"这三个数在人类历史发展过程中已不能满足人们对空间方位的认识,随着原始先民对空间方位认知的加深,越来越迫切需要增加数来辨别时空方位,"四"这个数在"二"的基础上应运而生。列维-布留尔在阐释原始思维的神秘性时,举例说明:"4这个基数和以4为基数的计数法,其起源可能归因于在所考查的民族的集体表象中,东南西北四方、与这四个方位互渗的四个方向的风、四种颜色、四种动物等的'数—总和'起了重要的作用。"③以互渗律的方式将四个方位延伸到其他方面。《周易》云:"是故,易有太极,是生两仪,两仪生四象,四象生八卦。"④这里按一生二,二生四,四生八的倍数递进,太极一分为二,生天地或阴阳,天地阴阳表两仪,两仪生四象,部分学者认为指天地变化所演化出的四季变化规律,四象即春夏秋冬。另外一部分学者认为四象即四相,本义为东西南北四个方位。叶舒宪认为:"'四象'本义并非四季,而是比时间观念更早发生的四方空间观念……抽象思维尚不发达的汉族祖先们凭借具体可感的自然物象辨认四方,并创造了东西南北等方位字,给后人留下了概念之

---

① 张开焱:《神话叙事学》,中国三峡出版社,1994年版,第204页。
② 张开焱:《叙事作品三维结构的文化基础与精神特征》,《东方学刊》,2000年第4期,第6页。
③ 列维-布留尔:《原始思维》,丁由译,商务印书馆,2004年版,第200页。
④ 朱熹注:《〈周易〉本义》,上海古籍出版社,1988年版,第62页。

先的直观表象。"①四为地数,三为天数,杨希枚指出:"三四两数原是天地之数,但由于与圆天方地有关,或者竟是圆方的象征数字,所以在十个天地数字中也就是真正的天地之数。"②所以,"天圆地方"的神话宇宙观与"天三地四"的神秘数字真正方位观在这里实现了真正的统一。

一、二和三这三个数构成了神秘数的神秘数素,在原始先民那里,三出现以后,在很长的一段历史时间内没有其他数字出现,占据了人类进化历史的较长时间,从三到四的出现经历的历史时间要远远超越四以后的任何一个数字,并且四是在二的基础上形成的,因此,不可作为神秘数素,其中,"一"是最基本的神秘数素,"二"是最具对称性的神秘数素;"三"是最重要的神秘数素,其余神秘数字的形成都是建立在这三个神秘数素或由这三个神秘数素形成的神秘数的基础之上衍生出来的数字。神秘数字五的形成是四方位的衍生物,原始先民把周围空间划分为四方之后,逐渐意识到人类自身亦或"中方"的存在。"在一个平面空间里,把周围向外延伸的部分划分为四方,自然产生一种'中间'的意识。处在四边包围以内的内空间一旦从理性上被确认为是除四方外的又一个方位,第五个平面空间方位——'中方'便应运而生了。"③方位意识的进化是由四而五的根源,五的出现是原始先民自我意识形成的雏形,人类逐渐意识到自我存在重要性,由此,中国也就进入了华夏文明史的初期,五行思想形成是五方观念的进一步拓展,两者具有紧密的联系,《河图》《洛书》应该是五行相生观的最好图解形式。神秘数字六是对四方位的拓展,由原来的前后左右四方位增加了上下两个方位,列维-布留尔借助史蒂文森夫人在朱尼人中间搜集的关于6这个数的例子:"这些原始的庄稼人作了极大的努力使谷类和豆类带上了符合空间六个方位的颜色:北方是黄的,西方是蓝的,南方是红的,东方是白的,天顶是花的,天底是黑的。"④可见,神秘数字六的基本含义是对四方位的进一步延伸,并结合原始先民的实践付之一定的意义。中国古代的帝王制度、祭祀礼仪、统

---

① 叶舒宪、田大宪:《中国古代神秘数字》,社会科学文献出版社,1998年版,第60页。
② 中国社会科学院科研局组织编选:《杨希枚集》,中国社会科学出版社,2018年版,第398—399页。
③ 叶舒宪、田大宪:《中国古代神秘数字》,社会科学文献出版社,1998年版,第82页。
④ 列维-布留尔:《原始思维》,丁由译,商务印书馆,2004年版,第212页。

治阶层的秩序等均沿袭了神秘数字六的结构,蕴含了较深的文化象征意义。如,六宗、六制、六军、六相、六马、六合、六爻、六艺、六书、六根、六因等。神秘数字七是六方位的进一步衍生,在六方位的基础之上增加了"中间"或"内部"这个方位,最终形成了空间的全方位。列维-布留尔借助神话分析神秘数字七时举例说明:"7 这个数可以具有独立的神话意义,但是利西无疑是用6+1 合成的(即用 6 个世界加 1 的办法)。这些神话的数的属性来自它们与空间各部分的神秘关系:例如,分世界为七分(7 个世界,即 6+1)是与神话的七分(7 个地方、7 个种族、7 大洋、7 条河,等等)相符合的。"这里将 7 这个神秘数字看作是一种实在,这种实在就是神秘数字自己的个性,这种个性使 7 能够准确表达具有一定意义的数,这一定意义的数与计算功能无关。叶舒宪通过比较神秘数字五、神秘数字六与神秘数字七的区别指出:"'五'代表的是二维的平面空间,'六'代表的是三维的立体空间,'七'则是在'六合'方位的基础上又加了'中'这个方位的结果。至此,空间上可以划分的所有基本方位都已穷尽了,除了东南西北上下中之外再无新的标准维度可求,所以,'七'方也就成了极限方位,无以复加的象征。"西方对神秘数字七也赋予了其他神秘数字无可替代的意义,恩斯特·卡西尔在分析七的神圣时指出:"在基督教中世纪,教父们把七说成是充实与完美之数、普遍与绝对之数:'七是完满之数'……把数字七神圣化以及把七视为'完美之数'、'充实'和'完整'之数的依据,证明是某个非常确定的直观领域——不过,只有当这个基础借助神话的'结构性'(structural)思维的形式和特征不断扩展,直至包容一切存在和变化之时,这个基础才真正发挥作用。"①由此可见,神秘数字七具有完美、完满、稳定和循环等意义。神秘数字八是在东南西北四方位的基础上衍生出东南、东北、西南、西北四个方位,最终形成了八方位。伏羲始作八卦——《周易》中提到:"古者包牺氏之王天下也,仰则观像于天,俯则观法于地;观鸟兽之纹,与地之宜,近取诸身,远取诸物,于是始作八卦,以通神明之德,以类万物之情。"②八卦的方位界定为:"天地定位,山泽通气,雷风相薄,水火相射,八卦相错。数往者顺,知来者逆。邵子曰:'乾南、坤北、离东、

---

① 恩斯特·卡西尔:《神话思维》,中国社会科学出版,1992 年版,第 164—167 页。
② 朱熹注:《〈周易〉本义》,上海古籍出版社,1988 年版,第 69 页。

坎西、震东北、兑东南、巽西南、艮西北。'"①可见八卦与神秘数字八具有难以割舍的联系。由于数字八的神圣性，佛教对"八"十分崇仰，形成大量与八相关的名词，如，八功德水、八大人觉、八邪、八宗、八垢等。神秘数字九由神秘数素三的三倍乘积而来，神秘数字九是"天地之至数"，象征天道以及原始先民对天的无限向往与崇敬之心。《黄帝内经》曾提到："三三者九，以应九野。"九作为天地之至数，蕴含着原始宇宙观和天人合一的哲学理念，上至帝王，下至民众，在他们心中具有极大的神秘性。张开焱在《启铸九鼎与夏人神话宇宙圣数》一文中指出："如果说实际历史生活中夏人曾经铸九鼎，那也是完全可能的……其内含于九鼎形制和组合中的宇宙圣数，也奠定了中国文化编码系统的基础，以'三'为基数并通过倍数的方式衍生新圣数的编码规则，成为后来中国文化组构自己文化世界和现实世界的重要规则，对中国数千年的文化与社会产生了深远而巨大的影响。"②根据《吕氏春秋·有始》记载："天有九野，地有九州，土有九山，山有九塞，泽有九薮。"③中国先民幻想出来的具有神性的龙，就是由"九"转化而来，因此，九也就被蒙上了一层神秘的面纱，导致了先民的崇"九"之心。神秘数字十在甲骨文中是一个竖线，与一个横线神秘数素一相对，十指十日、十干，由甲、乙、丙、丁、午、己、庚、辛、壬、癸十字组成，从甲至癸共十日，秦汉以前，一日一夜为十时，天以十为数，形成了十进位循环记数观念。通过类比，将自然现象附加到社会现象中，投射出天人合一的神秘性，并具有了神秘的象征意义。到殷商父权时期，形成了十干纪日的殷商历制。《周易》曰："天一，地二，天三，地四，天五，地六，天七，地八，天九，地十。"④在这些天地之数中，九为天数之极，十为地数之极，蕴含着原始神秘的圆满意义。叶舒宪和田大宪认为："这种以'十'为'成数之极'的原始观念，虽然到了文明社会中，依然积存在集体无意识深处，生成了形形色色的以'十'为多、久、远、全的数字文化现象。""十干"与稍晚出现的"十二支"并称，十二支为子、丑、寅、卯、辰、巳、午、未、申、酉、戌、

---

① 朱熹注：《〈周易〉本义》，上海古籍出版社，1988年版，第7页。
② 张开焱：《启铸九鼎与夏人神话宇宙圣数》，《井冈山大学学报（社会科学版）》，2013年第5期，第110页。
③ 陈奇猷校：《吕氏春秋新校释》，上海古籍出版社，2002年版，第662页。
④ 朱熹注：《〈周易〉本义》，上海古籍出版社，1988年版，第60页。

亥,两两相配,六十次循环一周,形成一个"甲子"。与十二支对应还有十二生肖,都蕴含着某些原始观念和神话思维,具有一定的神秘性和象征意义。

除了以上神秘数字外,在中国传统文化发展历程中,还有三十六、七十二、一百〇八,等等,这些数大多是神秘数素二或神秘数素三的倍数,抑或是这两个神秘数素的公倍数,这就需要一个系统的立数算式来进行归纳总结。

二、神秘数字的立数算式

杨希枚在《中国古代神秘数字论稿》中将中国神秘数字分为三类:第一类是基本天地数;第二类是真正天地数;第三类是十数以上神秘数。杨希枚并将第三类分为"(A)'叁天两地'小衍神秘数,(B)'参天两地'大衍神秘数。"①"叁天两地"小衍神秘数是以 12 为基数;"参天两地"大衍神秘数是以 72 为基数。杨先生并对(A)和(B)建构了立数算式:

"(1) $x=n(3×4)$……'叁天两地'小衍神秘数;(2) $x=n(8×9)$……'叁天两地'大衍神秘数。"②

从中可以看出,这两个十二以上神秘数字的立数算术蕴含了天地交泰、阴阳结合、至大至极和美美与共的象征神秘意义。

张开焱在此基础之上对神秘数字的立数算式进行简化,并将十二以内神秘数字生成规则纳入其中,简化修正的神秘数字立数算式为:

"1. $X=2n$;2. $X=3n$;3. $X=(3×2)n$。"③

此立数算式得出的神秘数字主要为神秘数素二、神秘数素三的倍数或公倍数,大多数神秘数字可以依此推演出来的,不过也并非包含全部,可以看出,此立数算式仍未包含神秘数字五和七,但已具有一定的普适性。

在人类的发展历史中,任何事物都不可能从人类文化中彻底消除其存在的痕迹,不过,人类未曾发现或忽视的除外。神秘数字是原始先民围绕自

---

① 中国社会科学院科研局组织编选:《杨希枚集》,中国社会科学出版社,2018 年版,第 422 页。
② 中国社会科学院科研局组织编选:《杨希枚集》,中国社会科学出版社,2018 年版,第 422–423 页。
③ 张开焱:《夏商创世神话的宇宙圣数与中国文化元编码刍议》,《民族文学研究》,2016 年第 4 期,第 17 页。

己的活动领域,形成的对自然界空间的最初辨别方式,神秘数字以神秘数素为基础,随着原始先民对空间认识的不断加深,逐渐需要对时间进行把控,从而借助神秘数字进行辨别划分时间。之后,神秘数字渐渐被人类赋予了特殊的意义,在代与代之间,一个历史时期与另一个历史时期保持着一定的连续性和同一性,这种同一性蕴含着人类的集体无意识作用,并给人类的生存和发展带来某些秩序和意义。

第二节 宗族圣数

"宗"是一个家族纵向父系血缘关系的尊卑秩序和传承延续,表达了尊祖敬宗的核心意蕴,讲的是大宗与小宗。钱杭在分析"宗"的本义时指出:"'宗'具有综合性的实践意义和象征意义,其中包括了对帝王、祖先本人及其世系的崇拜仪式,举行崇拜仪式的场所,以及崇拜仪式的主持者等内容。"①这里可以看出"宗"的综合意义以崇拜仪式为载体,涵盖了世系、祭祀的对象、行为和场所等。"族"是一个家族横向血缘关系的长幼秩序和交往联系,表达了睦族收族的核心意蕴,讲的是团结与和谐。对于宗族的定义,历来学者持有不同的观点,冯尔康认为:"宗族是男系血缘关系的社会团体,有组织机构,有经济力量,有处理内部关系的伦理和准则,是中国社会结构中的一个重要组成部分,具有不容忽视的社会地位。"②这里的男性血缘关系是先决条件,有组织活动能力和经济实力是宗族得以形成的决定条件。常建华认为:"宗族即同一父系祖先若干分支结成的同姓集团"③,并进一步强调了宗族以祖先崇拜把族人凝聚在一起,形成共同体意识和互助精神,具有一定的规范性。钱杭认为:"中国宗族是以父系单系世系为原则构建而成的

---

① 钱杭:《宗族的世系学研究》,复旦大学出版社,2011年版,第88页。
② 冯尔康:《中国宗族制度与谱牒编纂》,天津古籍出版社,2011年版,第4页。
③ 常建华:《宗族志》,上海人民出版社,1998年版,第15页。

亲属集团。"①并进一步对宗族界定为："中国宗族是一个父系世系集团。它以某一男性先祖为始祖，以出自这位始祖的父系世系为成员身份的认定原则，所有的男性成员均包含其配偶。虽然在理论上，宗族的基本价值是对世系的延续和维系，但在实践上，其成员的范围则受到明确的限定。"②其实，众多学者均强调宗族两点：一是父系世系的血缘性，这一点保障了同一祖先的延续性；二是具有制度性，这一点保障了对同一祖先子嗣的关系维系和行为规范。因此，宗族是指以父系血缘关系为连接点，以五服家庭为基础，通过世系传承、尊祖敬宗，纵向、横向相互融合而形成的家族命运共同体。宗族圣数是指对整个宗族发展或宗族历史传承起到一定作用的数，该数具有一定的神圣性质，并具有其他数不可替代的作用，这里尝试对私修谱牒叙事中的宗族圣数进行分析。

一、宗族圣数一

在私修谱牒叙事中，宗族圣数"一"主要存在于世系、祠堂中，宗族圣数一所蕴含的文化基因既与神秘数素一有着天然的内在联系，又有宗族所赋予的独特记忆，其主要蕴含两层意义：一方面指最初、开始之意；另一方面指在宗族中最高的权威性。世系是宗族世代传承的系统，而"叙事传统是世代相传的故事讲述方式"③，两者都具有世代的传承性。在世系中，"一"主要代表一世，也有些私修谱牒叙事文本将一世写为始祖。祠堂是宗族祭祀祖先的场所，在宗族祠堂中，供奉着盛放在神龛中的神主，神龛最中间的位置具有权威性和尊贵性，并且是固定摆放始祖神主的位置。神主以一世始祖开始，居中，东向，代表着尊贵和权威，后世按照昭穆顺序排列已故始祖子嗣，始祖神主。二、四、六世居左，为昭；三、五、七世居右，为穆，依次排开（如图5-1）④。

---

① 钱杭：《宗族的世系学研究》，复旦大学出版社，2011年版，第95页。
② 钱杭：《宗族的世系学研究》，复旦大学出版社，2011年版，第67页。
③ 傅修延：《论叙事传统》，《中国比较文学》，2018年第2期，第2页。
④ 陈秉仁：《中国家谱资料选编(11)礼仪风俗(下)》，上海古籍出版社，2013年版，第723页。

室夹	右穆一龛	龛中	龛一昭左	室夹
	五派总主	三派总主 始祖主 二派总主	主总派四	
	右穆二龛	龛主持	龛二昭左	
	七派总主		主总派六	
	右穆三龛	龛主持	龛三昭左	
	九派总主		主总派八	
	右穆四龛	龛主持	龛四昭左	
	十一派总主		主总派十	
	右穆五龛	龛主持	龛五昭左	
	十三派总主		主总派二十	
	十五派穆主至应置十三派龛内，十三派主应迁十一派龛内，以次递迁。而上五派主则祧而藏之夹室，是穆常为穆。	始祖百世不祧，以二派三派祖配，亦百世不祧。一派祖以下诸龛凡仕宦、忠义、乡贤、品学、隐德、孝友、好善乐施有功於祖先著作源流祠墓者，均入特主龛不祧。	十四派昭主至应置十二派龛内，十二派主应迁十派龛内，以次递迁。而上四派主则祧而藏之夹室，是昭常为昭。	

图 5-1　湖南宁乡颜氏祠主龛式之图

绩溪许余氏《南关惇叙堂宗谱》载有《中座不祧神主》(如图 5-2)①，叙述了神主所遵循的左昭右穆原则：

> 礼重本支嫡祖，今历代神主皆并兄弟数人。本支是弟，居于末位，如本支何？弟居中央，兄居边末，又越礼太甚，祖灵且不自安。今拟尽奉旁祖移入特祭祠龛座，照旧用边锁金字单牌，而粉牌报功

① 不题纂者：《南关惇叙堂宗谱(卷十)》，中南大学中国村落文化研究中心影印版，1889 年版，第 33 页。

神主,作为配享,使'特祭'二字有本,俗所谓'配享'者,亦有根源。左右第一级分左昭右穆神主以祀祧祖,牌髹以油粉,界以朱丝,中填墨字。左昭从第二十世考妣起,考东妣西,相并为一配,由中而边,上层填满,复填下层,仍由中而边。二世填毕,接填四世,四世填毕,每隔一单世填双世,以填至现在生丁之太高祖考妣为止,每一书总书第几世,字以横冠其首。右穆从二十一世考妣起,仍考东妣西,相并为配,余仿左。第二级以下为奉祀高曾祖考四代之神主,只以昭穆分东西,不以东西分大小,其高曾祖考之称,只照现在生丁所称。譬如有名百年者是兰十一世,是单数,世次为穆,则其高祖是穆,居西上;曾祖是昭,居东上;祖是穆,居西下;考是昭,居东下。日后百年寿终,将其西上之高祖毁为祧主,升其西下之祖于西上之穆位,为曾祖;而百年即进新主于西下之穆位,为考。其左昭之神主但改题东上为高祖,其东下为祖,而神主不移,所谓昭与昭齿,穆与穆齿,易世改题也。寝室两厢,左为官人龛座,未娶者殁后入其中,妻出者仍入正座。右为学生龛座,幼殇者入其中,三岁以上不为殇者不与焉,嗣后殇妇殇女议拟分别附祀学生座内。①

许余氏宗族严格按照"易世改题,昭与昭齿,穆与穆齿"的顺序对神主进行排列,表达两层意义:一是强化一世始祖在宗族中的崇高地位,具有明显的祖先崇拜意识;二是强化长幼有序、尊卑有别的宗法思想。

---

① 不题纂者:《南关惇叙堂宗谱(卷十)》,中南大学中国村落文化研究中心影印版,1889年版,第33—35页。

图 5-2 《南关惇叙堂宗谱》所载《中座不祧神主》

作为一世的神主具有不可替代的作用,代表着宗族起源,影响着宗族文化的传承。神主凝聚着宗族成员的特殊记忆,在祠堂祭祖中是不可或缺的组成部分,具有一定的神圣性,其制作过程有一定的规范性,其迁入祠堂和放置位置具有特殊性,镌刻了宗族的礼仪和文化。在《水澄刘氏家谱》叙事文本中对神主的制造标准有明确记载:

> 木用栗。趺方四寸,象岁之四时。身高尺有二寸,象十二月;博三十分,象月之日;厚十二分,象日之辰。上圆以象天,下方以象地,判其中而合之以象人,三才之义备矣。今亦仿以为法,但不判合,加趺高一寸,广六分,以象十二之闰。因位无积,故依之以安,且隆庙貌也。主式用周尺,位则合用三司布帛尺。布帛尺比周尺更加三寸四分,亦以隆庙貌之意。三司布帛尺又名京尺,疑即今之大尺,而周尺视为今小尺更弱九分,制器者审之。官封用硃涂饰,余用粉。趺座用黑,上下稍加彩饰随宜,高广一律。除始祖与妣用二位外,其余夫妇合一位,书曰第二世某官封某号府君暨配某封某

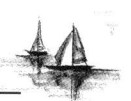

氏神位。阴面备书行讳,不称何亲,统尊于祖也。不书奉祀,无专奉也。凡尺度、书法违式者,神所不依,例不得入。神位入庙皆用春秋二分日,其子孙先以酒果奠告,而大祭则又缀之祝尾祔食之后,曰新奉某亲某府君或某处士以期班祔,并从祔食。①

此处客观叙述了神主所用木质、制作尺寸、制作样式及寓意、阳面阴面所撰写内容等。《石氏支谱》载有《入主》篇叙述了神主的排序:"远祖近宗后先序列,左昭右穆循环相生,故叹神龛有限,主位无穷也,所以,士庶建祠只设总位一座……思祖庙神龛高有丈余,或作九格取夫九族之谊,或作五格仿五服之意,最上一格供以总主,其下数格供奉私主,未为不可。"②从次序排列中可以发现,神主的次序与世系的排列传递着同样的功能,具有内在的同一性,其目的是叙彝伦,明昭穆,正名分,辨尊卑。

二、宗族圣数三

宗族圣数三主要存在于私修谱牒叙事的祭祀和宗法中,"三"主要指三族、三年之丧、三献、祭器中的三足等。

(一)三族

三族主要存在于私修谱牒叙事文本的族规和族礼中,钱杭将三族分为两种类型。

1. 非亲属的数量并列

殷商时期甲骨卜辞和西周时期钟鼎铭文记载的"三族",是指三个氏号的不同宗族,属于非亲属范畴。《左传》载有:"(吴公子札)适晋,说赵文子、韩宣子、魏献子,曰:'晋国其萃于三族乎!'……(楚平王)又杀三不辜,以兴大谤……夫鄢将师矫子之命,以灭三族。"③这里的"三族"仍在亲属范畴视角之外,钱杭指出:"虽然《左传》时代的人民对父系宗亲范围、血缘世系关系、

---

① 陈秉仁:《中国家谱资料选编(11)礼仪风俗(下)》,上海古籍出版社,2013年版,第735页。
② 未题纂者:《石氏支谱(卷四)》,中南大学中国村落文化研究中心影印版,1920年,第101页。
③ 孔颖达:《春秋左传正义》,上海古籍出版社,2000年版,第2008-2117页。

'大宗''小宗'区分、'宗氏''分族'层级等已有相当深刻和系统的认识,却还未能在专门性的世系群或亲属群意义上完成对'三族'的建构。文献上有一些关于'三族'的记录,其性质处于数量并列型向亲属群型的演变过程中,或许可称为中间过渡型。"①

2. 亲属群类型

该类型分为宗亲型和姻亲型。宗亲型的范畴不仅包含宗族内父、子、孙三个世代的直系和本人第一第二旁系男子及其配偶,还包含回归本族父辈姑姑和本人姊妹。姻亲型范畴包含本人宗族在内的父族、母族和妻族三个具有姻亲关系的异姓宗族。《后书·肃宗纪》记载:一人犯罪,禁至三属。这里的三属即为三族,指父族、母族、妻族。"夫与国君同食,泽及三族,而况父母乎!"②"祇三年而缓为儒。河润九里,泽及三族,使其弟墨。"③这里的"泽及三族"均指父族、母族和妻族。在私修谱牒叙事文本中,"三族"多指父、己、子三世宗亲型。

(二)三年之丧

三年之丧既是私修谱牒叙事文本中宗族祭祀的重要内容,同时也是中国古代丧服制度的内容。荷兰汉学家高延认为:"丧服自古就是中国社会不可或缺的重要礼制之一,且历经朝代更替而不现衰弱,其不仅在家庭和社会生活中,而且更在法律法规中有着非常重要的意义。丧服制度深奥而有趣,极具中国特色。"④可见丧服制度在中国礼制的传承中具有十分重要的地位,其影响不可小觑。

中国古代丧服制度主要分为服制和丧期两部分,服制主要指在服丧期间所穿服饰的规格和等级,可分为斩衰、齐衰、大功、小功和缌麻五种服制;丧期主要指亲友为逝者服丧的时间期限,可分为三年、九月、七月、五月和三月六种丧期,其中三年丧期主要包含斩衰和齐衰服制,九月丧期主要包含大功服制,七月丧期主要包含殇大功服制,五月丧期主要包含小功服制,三月

---

① 钱杭:《宗族的世系学研究》,复旦大学出版社,2011年版,第152页。
② 郭庆藩:《庄子集释》,中华书局,1961年版,第864页。
③ 郭庆藩:《庄子集释》,中华书局,1961年版,第1042页。
④ 高延:《中国宗教系统及其古代形式、变迁、历史及现状》,花城出版社,2018年版,第383页。

丧期主要包含缌麻和齐衰服制。

三年之丧的源流众说纷纭，丁鼎在《〈仪礼·丧服〉考论》一书中，将其源流归纳为殷商旧制说、东夷之俗说、武王创制说、周公之法说、孔子创制说和叔向首倡说等六种说法，并认为："'周公之法'说、'孔子创制'说较其他诸说可取之处为多。"①并对周公之法说做出大胆推测："'三年之丧'与周公'制礼作乐'恐怕也并非毫无关系。估计周公在'制礼作乐'的过程中又可能将体现宗法等级精神的'尊尊'、'贵贵'的内容注入从前世流传下来的丧服习俗之中，将其加工、改造为体现宗法等级精神的丧服制度，以适应周代已高度发达的父权宗法制度。因而周公时代所制定的礼乐体系中已包含粗具规模的丧服制度及与之相关的诸种丧期（当然包含'三年之丧'）的内容，就不是不可思议的事情。"②丁鼎推测不无道理，如果假设周公所创，那么在周公之后，孔子曾曰："予（宰我）之不仁也！子生三年，然后免于父母之怀。夫三年之丧，天下之通丧也，予也有三年爱于父母乎？"③这是孔子弟子宰我对"三年之丧"的合理性提出疑问时，孔子的回答。也就是说孔子仅是对"三年之丧"的一个解释，并非起源。《旧唐书》载有：

> 稽之上古，丧期无数，暨乎中叶，方有岁年。《礼》云：'五帝殊时，不相沿乐；三王异代，不相袭礼。'《白虎通》云：'质文再变，正朔三而复。'自周公制礼之后，孔父刊经已来，爰殊厌降之仪，以标服纪之节。重轻从俗，斟酌随时。故知礼不从天而降，不由地而出也，在人消息，为适时之中耳。④

这里简单勾勒了丧期由无数至有数的转变。其实，三年之丧的实际丧期并非是三十六个月，而是指跨三个年头。三年之制有两种说法，一是郑玄以为二十七月；二是王肃以为二十五月，以上两种说法均跨三个年头。之所以出现这两种说法，主要与丧期年是否闰月有关，《通典》载有："约经传，求

---

① 丁鼎：《〈仪礼·丧服〉考论》，社会科学文献出版社，2003年版，第48页。
② 丁鼎：《〈仪礼·丧服〉考论》，社会科学文献出版社，2003年版，第48页。
③ 《论语》，中华书局，1980年版，第36页。
④ 刘昫：《旧唐书》，中华书局，1975年版，第1024页。

其适中,可二十五月终而大祥,受以祥服,素缟麻衣。二十六月终而禫,受以禫服。二十七月终而吉,吉而除。"①禫祭在大祥之后第二个月,即大祥与禫祭之间隔了一个月,这样大祥祭是丧期的第二十五个月,禫祭是丧期的第二十七个月,非主祭者在第二十五月初服大祥受服,到月末可释服,释服即除去丧服;而主祭者需要在第二十六月继续服大祥受服,到第二十七月初服禫服,直至月末方可释服。主祭者一般是逝世者下一代中的长子,如果长子先去世,则由长子的长子做主祭者,如果长子无后,次子顺理成章成为主祭者,依次顺成。《金翼——一个中国家族的史记》就载有这种情况:

> 张太太一过世,三位儿媳立即号啕大哭……茂衡,现在是逝者唯一尚在人世的儿子,担任主祭人……逝者的亲属都穿上孝服。根据与逝者关系的远近,戴孝分为五个等级,要穿的孝服不同,穿的时间长短也不等。茂衡是儿子和主祭人,要戴孝三年,孝服不得缝边,代表最近的关系。②

这里的茂衡叫张茂衡,从《金翼——一个中国家族的史记》张、黄两家谱系表中可以看出,逝者为张家老太太,去世的时候,膝下有三个儿子,长子张茂德(去世),已娶妻,无后;次子张茂衡,已娶妻,无后;三子张茂魁,已娶妻,养子成春。从这一家族谱系中可以看出,原本这次的主祭者应为张茂德,而张茂德已去世,且张茂德无后,从而使得次子张茂衡成为主祭者。主祭者释服之后才开始正常生活,《仪礼·士虞礼》载有:"二十七月禫,徙月乐,二十八月复平常正作乐也。"③禫服是丧服礼制的最后一项仪式,《家里会通》记载:"祭祀大礼,日奠饭,朔祭起。至禫祭,除灵止。"④禫祭释服后标志着三年丧期的正式结束,形成慎终追远的最终表达方式,也是对父母三年养育之恩

---

① 杜佑:《通典》,中华书局,1988年版,第2388页。
② 林耀华:《金翼——一个中国家族的史记》,生活·读书·新知三联书店,2018年版,第98-101页。
③ 彭林注:《仪礼》,岳麓书社,2001年版,第394页。
④ 张序宗辑:《家礼会通(集新堂藏版)》,中南大学中国村落文化研究中心影印版,1734年,第101页。

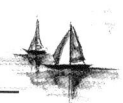

的一种报答方式。《大清通礼》对帝王的三年之丧做了翔实的规定:

> 初崩,王大臣去冠饰,大内自皇太后、皇后、皇贵妃、贵妃、妃、嫔以下咸去首饰。大殓毕,嗣皇帝截发辫成服,皇子、皇孙及内务府所属官人均截发辫,随成服。皇太后、皇后、皇贵妃、贵妃、妃、嫔以下、公主、皇子皇孙福晋及内务府所属妇女皆剪发成服。王、公、百官、宗室、觉罗,皆给白布制服。公主、福晋以下三等,侍卫妻以上给布制服如之。皇帝服三年丧。居翼室,百日以内缟素。上谕用蓝笔。百日以后请发易素服,诣几筵前仍丧服。二十七月而除。皇太后百日释服,二十七月内素服。皇后百日以内服缟素,百日后素服,诣几筵前仍丧服,二十七月而除。皇贵妃、贵妃妃、嫔,二十七日除服,皇子皇孙居官中别室,服二十七日而除。公主、福晋以下、侍卫妻以上及内务府所属妇女,服同。治丧仪王大臣及殡官守卫执事人等,百日除服。王公居各私第斋室。部院官居各公署。八旗及闲散官居各旗署服二十七日而除,皆百日不薙发,服素二十七月。奏疏文移用蓝印二十七日近支来室止昏嫁二十七月。远支宗室及在京王公百官止昏嫁期止燕会、遏音乐均二十七月。①

自上而下,无论是帝王将相,还是寻常百姓,对三年之丧都比较重视。《许氏家乘》载有许季觉传:"(许季觉)居亲丧,水浆不入口者七日,杖而后起。含殓、殡葬、虞祔、卒哭、祥禫皆用古礼。"②许氏对古代丧服礼制遵照执行,表达了许氏对亲丧的一种尊重,同时表达了对逝者的亲亲之情。三年之丧期间禁乐、戒性、禁嫁娶、禁自立门户及分家产等,《大清律例》规定:"凡居父母丧,未满二十七月,兄弟别立户籍、分财析产的,处杖八十。"③三年之丧需满二十七月,丧期未满而自立门户及分家产者,要受到法律惩罚。

---

① 来保:《大清通礼》,四库馆,1868年版,第136页。
② 未题纂者:《许氏家乘》,洛阳理工学院图书馆馆藏,未题时间。
③ 阿桂等纂:《大清律例》,中华书局,2015年版,第106页。

(三) 三献

三献在谱牒叙事的宗族祭祀中指的是三献礼,是中国传统叙事礼仪"五礼"中凶礼下设丧礼的重要内容。中国传统五礼是指吉礼、凶礼、宾礼、军礼和嘉礼。其中凶礼包含丧礼、荒礼、吊礼、禬礼、恤礼。丧礼包含服制、葬制和祭制,其中祭制包含丧祭和吉祭。三献礼就是丧祭和吉祭中最为重要的祭祀礼仪,三献礼主要包含初献、亚献和终献等三部分,其中初献、亚献属于丧祭,终献属于吉祭。

《河南黄氏族谱》载有祭献礼式图(见图5-3)①,三献礼祭祀的对象主要是指天神和祖先,祭祀主体主要是宗族主要成员;祭品主要包含:大三牲、小三牲、豆菹醢、枣、醴、羞燔等。私修谱牒记载祭品较多,例如,《河南程氏正宗世系》载有祭品:"鹿、兔、猪、羊、鱼、帛、鹿羹、太羹、和羹、鱼醢、兔醢、疏醢、藁鱼、形盐、芹菹、菁菹、韭菹、笋菹、枣、栗、榛、菱、芡、黍、稷、稻、梁、酒、香、烛、黑饼、白饼、鹿脯、脾肵、豚胸。"②

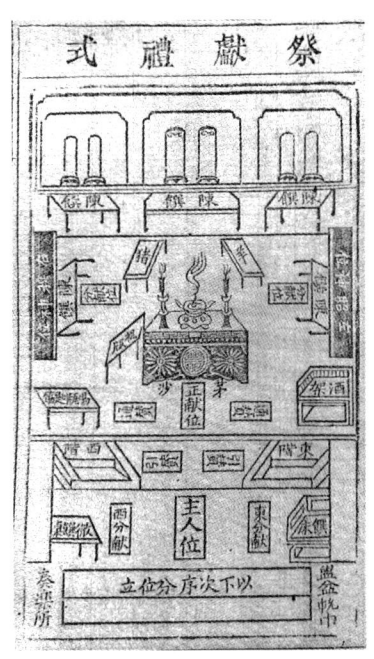

图5-3 河南黄氏族谱载有祭献礼式

---

① 未题纂者:《河南黄氏族谱》,中南大学中国村落文化研究中心影印版,未题时间。
② 未题纂者:《河南程氏正宗世系》,洛阳理工学院图书馆,1987。

三献礼中初献礼最为复杂,其程序现代祭祀主要包含六部分:一是主祭者执杖起草出灵帷;二是诣盥洗所蘸水、握巾、净手、净脸等;三是诣更衣所稳冠、整衣、束带、纳履等;四是献酒樽、献羹、献馔、献帛文等;五是宣读祭文;六是主祭者跪叩等。主祭者跪扣之后,初献礼基本完成。黄尚军和王振的《成都市新都客家三献礼的主要流程与功能》一文翔实叙述了成都市新都客家三献礼的主要流程包括五部分:一是前期准备,包含纠仪、盥洗、迎神和安神;二是初献礼,包含赞香帛、过堂、赞酒樽和羹馔、旋转、献供品、读祝、歌诗和奏乐;三是亚献礼,包含讲书、作歌、升炮和作乐;四是终献礼,包含献贡品、俯跪和作歌;五是送神,内容为:"祭百客毕,主祭送神,将诸位、所、台等一并撤除,取出各所香、烛、帛,至家门前,面向西方焚烧,烧后孝子面对余烬三打拱。送神时,主祭颂念《送神词》。"①

举行三献礼时,每献分别把祭品等献给尸(祭祀时替逝者受祭的活人)、丧祝(祭祀时执事、主持的活人)和佐食(祭祀时执事的下级人员,主要任务是辅助尸和丧祝食用祭品),尸、丧祝接过献来的祭品,先祭酒,后尝酒,再祭肉,而后尝肉,把酒喝完。佐食不同,因为在祭祀时属于下级人员,比参加祭祀的亲戚朋友身份低一些,帮助尸和丧祝用完祭品后,他们在祭祀堂外屋,接过献来的酒喝完。

祭祀时,不同的身份接献地方不同,祭品的摆放亦不同,例如《河南程氏正宗世系》宗族祭祀时启贤堂、正殿和两厅的祭品摆放种类不同,(见图5-4,5-5,5-6)②,随着祭祀地方的不同,祭品也在变化,越重要的祭祀地方,祭品越贵重,祭品种类越多、越全,随着祭祀地方重要性的降低,祭品的种类随之递减。

---

① 黄尚军、王振:《成都市新都客家三献礼的主要流程与功能——基于近十年来对新都及周边地区的田野调查》,《西华大学学报(哲学社会科学版)》,2016年第3期第4页。
② 未题纂者:《河南程氏正宗世系》,洛阳理工学院图书馆,1987。

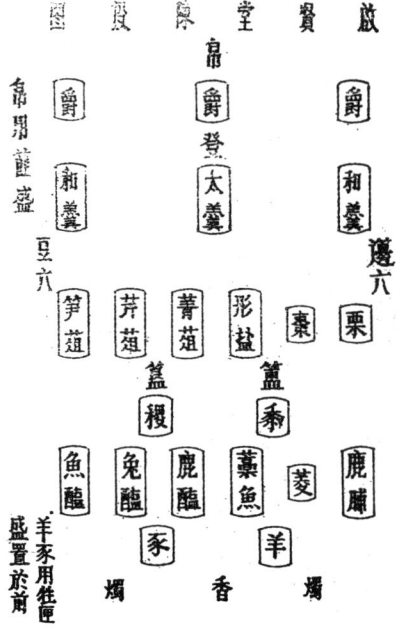

图 5-4 《河南程氏正宗世系》启贤堂陈设祭品摆放图

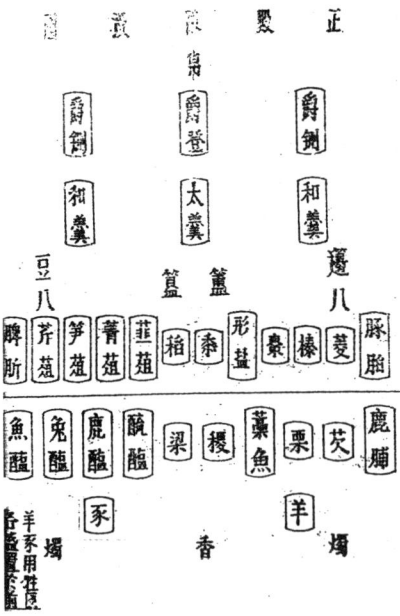

图 5-5 《河南程氏正宗世系》正殿陈设祭品摆放图

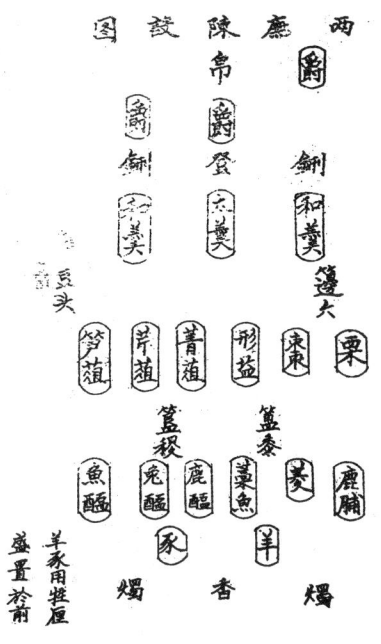

图 5-6 《河南程氏正宗世系》两厅陈设祭品摆放图

中国祭祀主要包含虞祭、卒哭、袝祭、祥祭、禫祭、禘祭等内容,其中三献礼与虞祭并非完全相同,虞祭分为初虞、再虞和三虞。葬后的当天中午在殡宫祭祀,称为初虞,隔日再虞,三虞后为卒哭之祭。三献礼与虞祭不同之处有两点:一是三献时,尸不还礼,主要呈现主祭者、主祭妇人和宾长的礼仪。而虞祭时,尸要还礼,主祭方和接受方都要有礼仪,不过随着时间的推移,到现代,中国大部分地区三献礼和虞祭的仪式等同了;二是虞祭主要用于逝者葬后迎接其魂魄于殡宫之祭,三献礼用于重要日子祭祀祖先的活动,表达对逝者殷切思念之情。常规祭祀地点在祠堂和坟地,《家谱会通》记载:"祠宇,祖宗神灵所依,坟墓祖宗魂魄所藏。子孙衷慕不可见仰。其所依所藏之处,即是祖宗一般。"[①] 杨逸在《浦江郑氏家族的〈家礼〉实践》一文中对郑氏家族

---

① 张序宗辑:《家礼会通(集新堂藏版)》,中南大学中国村落文化研究中心影印版,1734,第 111 页。

的祭祀活动进行详细叙述①,文中列表记载了郑氏家族一年有三十二个祭祀时间或祭祀种类,其中有十三次用到三献礼,分别为:第一处为立春祭先祖郑淮,礼仪内容为对一世祖冲素府君郑绮、五世祖龙游县丞郑德圭、青田县尉郑德璋袝食,行三献礼;"祭毕,祭无后宗祠",行三献礼。第二处为二月初八祭再传祖考曜父府君诞辰,礼仪内容为行三献礼,再祭八世祖郑涛之墓。"同日,家长率祠院管理书祝旧管往双溪上博士府君坟","就墓所祭之"。第三处为二月十五日仲春大祭,礼仪内容为行三献礼。第四处为二月二十八日九世祖长史府君郑楷生辰,礼仪内容为"是日,于、黄子孙往石姆岭迎接府君遗像,悬挂有序堂祭奠",行三献礼。第五处为三月初三龙游府君(郑德圭)代弟青田府君(郑德璋)死难,礼仪内容为素服祭拜,行三献礼。第六处为四月初十日祭天神阁,祭忠孝之神,礼仪内容为行三献礼。第七处为五月初九日冲素府君生辰,礼仪内容为行三献礼。第八处为五月十三日祭关夫子圣诞,礼仪内容为行三献礼。第九处为七月十五早晨荐享,礼仪内容为夜祭无嗣宗祠,行三献礼,祝辞与立春祭祀相同。第十处为八月初十日金事府君郑深生辰,礼仪内容为行三献礼。第十一处为八月十五仲秋大祭,礼仪内容为行三献礼。第十二处为十月十三日,合族往青萝山祭宋文宪公,礼仪内容为行三献礼。第十三处为冬至祭始祖,礼仪内容为行三献礼。

　　三献礼是宗族祭祀礼仪的重要组成部分,在维系宗族情感方面,祭祀活动具有十分重要的作用,同时,祭祀活动也是宗族生活中不可或缺的部分,正如杜靖认为:"宗族祭仪本质上是一种象征文化体系的展演,它向外透漏出地方社会的无数信息和文化观念。"②宗族祭祀以仪式的形式叙述宗族成员对祖先的一种尊敬与怀念,表达了在血缘亲属内的宗族成员对父、祖这一直系男性祖先的尊崇,宗族祭祀仪式的每一个环节都带有叙事性,如果说宗法是为了通过血缘亲属关系维护宗族嫡长子继承的合法性而特意产生并巩固的,那么宗族祭祀则是要在思想上和精神上认同并固化这种对祖先的尊崇和对宗族权利的敬畏,这样一表一里实现了凝聚宗族力量的完美统一。

---

　　① 杨逸:《浦江郑氏家族的〈家礼〉实践——以家族祭祀活动为中心》,《文化遗产》,2016年第6期,第111-122页。
　　② 杜靖:《大、小首人制度:山西曲沃靳氏宗族祭仪研究》,《民族论坛》,2016年第7期,第53页。

(四)祭器中的三足

祭器中的三足是父系氏族"崇三"文化基因的进一步延伸,在宗族生活中,祭祀用的器物是其他器物之首,并具有其他器物不可比拟的神圣性质,《礼记》记载:

> 凡家造,祭器为先,牺赋为次,养器为后。无田禄者不设祭器;有田禄者,先为祭服。君子虽贫,不粥祭器;虽寒,不衣祭服;为宫室,不斩于丘木。大夫、士去国,祭器不逾竟。大夫寓祭器于大夫,士寓祭器于士。①

从这里可以看出祭器的神圣性:一是大夫要建造家具,首先要造祭器;二是无论多么贫穷,祭器是不能卖的;三是无论是大夫,还是士,要离开故土,祭器不允许携带出境。

中国宗族祭器主要有匧(宗庙里安放神主的器具,筐形,无足)、神主(宗族祖先崇拜及祖先精神寄托之物,底长方形,无足)、豆(盛放肉酱或羹类的器具,主要有高柄豆、盖豆、方座豆、陶盖豆、石豆、漆豆等,平底,无足)、笾(盛放果实等干物的器具,多为竹制品,平底,无足)、簠簋(盛放五谷的器具,簠多为方形,簋多为圆形,无足或四足)、镬(古代煮牲肉的大型烹饪器具,圆形,无足)、鼎(古代煮牲肉的大型烹饪器具,鼎的形制与镬相似,二者最为不同之处在于是否有足,鼎为圆形,三足或四足)、铏(盛放菜羹或肉羹的器具,圆形,三足)、筐(带有饰纹或铭文盛放食物的器具,方形,四足)、俎(盛放肉的器具,长方形,四足,近足两底横联)、爵(用于盛放、斟倒和加热酒的器具,椭圆形,三足)、彝(具有鸟兽、禾稼和龟目等物像的盛酒器具,古有六彝:鸡彝、鸟彝、虎彝、斝彝、黄彝、蜼彝,方形或圆形,无足或三足,少数四足)、尊(具有鸟羽、牺牲、大象、山川和物体形状等物象的盛酒器具,古有六尊:献尊、壶尊、著尊、大尊、象尊、山尊,无足或三足,少数四足)、卣(多有饰纹的盛酒器具,平底,无足)、罍(刻有云雷形的较大盛酒器具,方形或圆形,平底,无足)等,献酒时根据饮酒器的不同而分尊卑,《礼记》载有:"有以小为贵者。

---

① 陈澔注:《礼记》,上海古籍出版社,1993年版,第18页。

宗庙之祭,贵者献以爵,贱者献以散,尊者举觯,卑者举角。"

此外,还有张贴祝文的祝版、用以舀酒浆的龙勺、祭祀中进献给祖先的帛、盥洗用的盥巾或覆盖器具的疏布巾和画布巾等如表5-1所示。

表5-1 宗族祭祀活动时祭器一览表

序号	类型	名称	用途	是否有足
1	先祖精神容器	匣	宗庙里安放神主的器具	无足
2		神主	宗族祖先崇拜及祖先精神寄托之物	无足
3	祭祀食器	豆	盛放肉酱或羹类的器具	无足
4		笾	盛放果实等干物的器具	无足
5		簠簋	盛放五谷的器具	无足或四足
6		镬	古代煮牲肉的大型烹饪器具	无足
7		鼎	古代煮牲肉的大型烹饪器具	三足或四足
8		铏	盛放菜羹或肉羹的器具	三足
9		俎	盛放肉的器具	四足
10		筐	带有饰纹或铭文盛放食物的器具	四足
11	祭祀酒器	爵	用于盛放、斟倒和加热酒的器具	三足
12		彝	具有鸟兽、禾稼和龟目等物像的盛酒器具	无足或三足,少数四足
13		尊	具有鸟羽、牺牲、大象、山川和物体形状等物象的盛酒器具	无足或三足,少数四足
14		卣	多有饰纹的盛酒器具	无足
15		罍	刻有云雷形的较大盛酒器具	无足
16	其他	祝版	张贴祝文的板	无足
17		龙勺	用以舀酒浆的勺	无足
18		帛	祭祀中进献给祖先的礼物(主要是玉器)	无足
19		巾	盥洗用的盥巾或覆盖器具的疏布巾和画布巾	无足
20		幕	盛放尊、彝等器具的垫	无足

通过表5-1可以看出,宗族祭器有三足的主要有鼎、铏、爵、彝和尊,《河

南程氏正宗世系》载有的三足祭器是鬲和爵(见图5-7和5-8)①。这些祭器三足出现可以从两个方面来考虑:

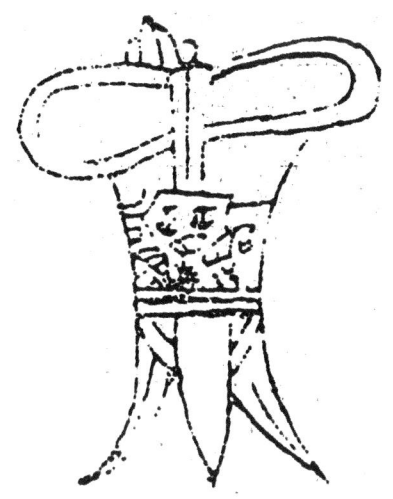

图5-7 《河南程氏正宗世系》载有三足祭器鬲　　图5-8 《河南程氏正宗世系》载有三足祭器爵

一方面从平衡性上考虑,三足的稳定性比较好,这样祭器放置在平面上不会轻易倒,三足祭器的形体大多是圆形或方形,蕴含了天圆地方的文化意义,傅修延在《试论青铜器上的"前叙事"》一文中指出:

> 青铜器的形状有"圆"有"方"。面朝天空的容器似应模仿天空的形状,加上圆形比方形更容易使食物均匀受热,这就造成了青铜器中圆形多于方形。不过,沉重的青铜器要想平稳地立于地面,需要向下伸出至少三只脚以构成一个平面,或者让其底部剖面呈平整形状。出土青铜器中那些上圆下方的簋器,如邵王簋、蔡侯申簋、绞龙纹簋和蟠龙纹簋等,代表了这种理想的"天圆地方"形状。②

"天圆地方"的象征之数是三和四,由于当圆的直径与方的边径相等时

---

① 未题纂者:《河南程氏正宗世系》,洛阳理工学院图书馆,1987.
② 傅修延:《试论青铜器上的"前叙事"》,《江西社会科学》,2008年第5期,第35页。

圆的周径与方的周径之比为三比四,正如杨希枚所言:"就周径而言,圆是三,而方是四。三四两数既是圆方之数,也是天地之数,且由于圆天方地,也就更是天地之数。"①可见祭器中的三足具有平衡性表面意义之外,还具有天地之数转化的意义。另一方面从平衡性衍生出祭器三足的男根崇拜考虑,尤其是彝和尊的三足,多和鸟类有关,即部分彝和尊的造型像鸟或体型上刻画了鸟的图像、鸟的象征物等,造型像鸟的彝或尊大多都是三足,其神圣性与中国宗族先祖的男根崇拜具有密切联系,赵国华认为:

> 鸟禽交尾时,雄立于上,雌承于下,雄性鸟禽为保持平衡,两足不断踩踏雌鸟之身。因此,今日北方民间犹将鸟禽的交尾称为"踩蛋"。这是以"足"代表雄鸟的生殖器,以用"足""踩"代表交配……男根崇拜对陶器造型的影响,除了鸟形器这种具象形式的表观之外,还有三足鼎这种抽象形式的表现。半坡文化遗存晚期出现的三足鼎,具有特殊的象征意义。鼎是从圆底陶盆发展而来的,它之所以加上三足,是用其三足象征男根,以形成一种新的崇祀男根的祭器。鼎三足与鸟三足的含义是一致的。鼎三足尖端的三点构成一个平面,便于鼎的放置,客观上推动原始先民将晚出的尊、鬲、盉、角等陶器也都制作为三足。②

从这里可以看出,包括富有抽象意义的三足鼎在内,三足器具的文化内涵与男根崇拜具有直接联系,这也是三足祭器的神圣性所在。

宗族圣数三是宗族文化中的重要组成部分,三族中蕴含了增强宗族内聚力,巩固宗族关系;三年之丧是丧期的结束,蕴含了"满"和"完"的文化意义,表达慎终追远,感恩对逝者恩情的报答,如果仅仅从"三年"这个词上考虑的话,三年表达时间之久,也就是说主祭者要对逝者表达长久的哀思,感念逝者的恩情,从这一点出发,"三年"蕴含了长期或永久之意;三献礼和祭祀三足蕴含了追念、祈福于宗族祖先,确认与展示主祭者和参祭者的身份及

---

① 中国社会科学院科研局组织编选:《杨希枚集》,中国社会科学出版社,2018年版,第397-398页。

② 赵国华:《生殖崇拜文化论》,中国社会科学出版社,1991年版,第274-280页。

地位,神主、祭器和祭品的摆放具有严格昭穆顺序,进一步表达宗族成员之间严格的伦理关系,这既是宗族祭祀系统正常运行的逻辑结果,又是支撑宗族成员日常生活得以存在的重要精神支柱,这些在宗族节日中展现了独具特色的神圣性,并在日常生活过程中发挥着重要的作用。

三、宗族圣数五

在私修谱牒叙事文本中,宗族圣数五的出现比较常见,主要有五世、五服等。

(一) 五世

五世主要包含五世图和五世迁宗两个方面,五世图是私修谱牒叙事文本世系部分的显著特点,翻阅众多私修谱牒叙事文本,有相当一部分世系排列为五世一页,这五世以己为中心上下两代,一共五代。这也是宋代欧阳修编纂《欧阳氏谱图》的延续,每五世一图,第二图从第五世起至九世,第三图从第九世起至十三世,以下类推。欧式谱图主要适合于房份较多,人口较多的情况。其叙述原则是"五世一图",以世次为纬,以支派为经,自一世祖始,第二世以长幼为序横排始祖子辈,第三世以长幼为序单独横排第二世每位子辈的子辈,五世一图,五世一断,则只记本支,不记旁支。如《南阳刘氏宗谱》所载世系图为欧阳氏谱图(见图5-9)①,与欧阳氏五世图不同的苏氏谱图,其世系叙述原则的小宗之法从第一世起,将所有同辈人按长幼次序排列,再第二世、第三世往下编排,以此类推。小宗之法表达了五世则迁之意,《礼记·大传》:"别子为祖,继别为宗。继祢者为小宗。有百世不迁之宗,有五世则迁之宗。百世不迁者,别子之后也。宗其继别,子之所自出者,百世不迁者也。宗其继高祖者,五世则迁者也。尊祖故敬宗,敬宗,尊祖之义也。"②这里可以看出,小宗只能继承高祖的宗,五世迁宗,与苏氏谱图所表达意义相同。如《黄氏族谱》所载世系图为欧阳氏谱图(见图5-10)③。其实,五世迁宗对于一个宗族的发展具有关键性的作用,是区分大宗与小宗的重

---

① 报十堂纂:《南阳刘氏宗谱(卷)》,中南大学中国村落文化研究中心影印版,1908年版,第139页。
② 陈澔注:《礼记》,上海古籍出版社,1993年版,第191页。
③ 未题纂者:《黄氏族谱(卷一)》,中南大学中国村落文化研究中心影印版,1882年版,第2页。

要关口,上连九族,下通三族,成为宗族祭祀不可逾越的部分。

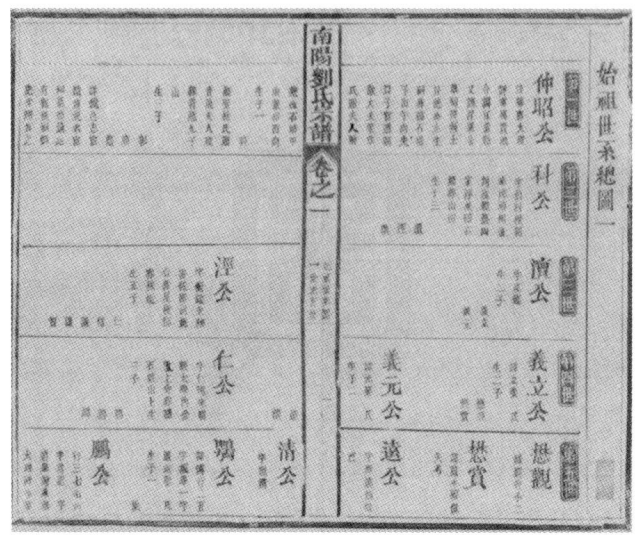

图5-9 南阳刘氏宗谱世系图

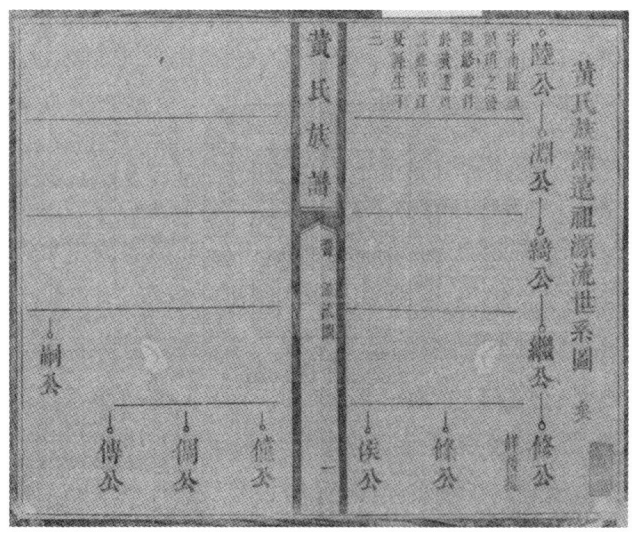

图5-10 黄氏族谱世系图

此外,有些祠堂供奉的神主在排位时要表达五世之迁,赵华富在《关于徽州宗族制度的三个问题》一文中指出:"一个宗祠之中供奉众多祖先神主,而且代数很多。少者四五代,多者八九代,甚至更多。怎样实行'五世则迁'

的规定呢?据调查,按宗祠的规定,除了'百世不迁'的神主以外,其他祖先神主在宗祠只供奉4代(儿子、孙子、曾孙、玄孙),玄孙死绝即亲尽,至玄孙之子出了'五服',神主即从宗祠龛室中迁走,或埋于墓地,或置于祠堂寝室高阁。"①其实,神主一方面呈现世系谱图物化的存在,另一方面表达宗族关系的亲疏。无论是欧阳氏谱图,还是苏氏谱图都是通过五世一图的连续性,向"百世不迁"延伸,成为世系图的终极指向。正如杜靖在《再议五服与宗族的关系问题——与历史学家钱杭教授的再讨论》中所指出:"'欧苏谱法'或谱学原则虽然是小宗制度的谱学原理,且有意识与大宗法相区分,但在客观上却与大宗法'百世不迁'原则殊途同归,其后世效仿该谱法原则之所修谱与大宗谱在世代规模追求上没有什么根本的不同。即'欧苏谱法'的结果使族谱每页虽只书写'五世',但若干页相连,则变成了'百世不迁'谱。"②

随着后世修谱的勃兴,明清私修谱牒世系图渐渐兴起了大宗之法,追溯世系繁多而驳杂,形成了私修统谱,大多私修统谱叙事文本囊括了全国多省同姓,少则几十个支派,多则上百个支派的世系,这就造成了统谱的泛化和虚构,失去了私修谱牒的某些真实性。如,1950年编撰的《吴氏大统宗谱》载有世系503支,共计40册。从当前现存私修谱牒叙事文本来看,欧阳氏大宗五世图要多于苏氏小宗世图,王铁指出:"从对后世家谱的影响来说,苏氏谱远不如欧阳氏谱。占现在公共图书馆藏谱约三分之一的浙东各县市的清代、民国宗谱,几乎都是欧式的世系图加世传,不过稍有改进,主要是后世的宗谱都是数支合修,分迁者的子孙凡是参与修谱的都载,这样,第二幅图的第五世,第三幅图的第九世,等等,人数越来越多,而不是如欧阳氏谱图都只有一人。此外,世系图上父子、兄弟之间以直线连接,迁徙、官职也在图上简要地注出。"③

随着时间推移,私修谱牒的编纂也在慢慢发生变化,内容门类也在增加,五世图的模式基本没有太大变化。此外,世系形式除了五世图外,还存在欧苏混合世系图、宝塔世系图、牒记汇编世系图、章牒结合世系图等形式。

---

① 赵华富:《关于徽州宗族制度的三个问题》,《安徽史学》,2003年第4期,第52页。
② 杜靖:《再议五服与宗族的关系问题——与历史学家钱杭教授的再讨论》,《长江师范学院学报》,2016年第4期,第63-64页。
③ 王铁:《中国东南的宗族与族谱》,汉语大词典出版社,2002年版,第9-10页。

(二) 五服

五服是中国古代国人丧葬仪式的基本服饰,其样式、材料和类别的选择都非常严格,蕴含了宗族亲属亲疏远近的等级差异性,分为斩衰、齐衰、大功、小功、缌麻五种丧服。宗族五服制是指宗族治丧期间因服丧者与逝者的关系不同而穿戴五种服式的规格形制,此外,还包含治丧期间服丧者饮食和住所等方面严格规矩和重要禁忌。中国古代丧服制度包含服饰制度、服叙制度和守丧制度三部分内容,五服制度是服饰制度最为重要的内容。丧服服饰的等级与宗族亲属等级排序紧密结合,形成了丧服服叙制度。丁凌华在《中国丧服制度史》中指出:"服叙制度实际就是中国古代亲属等级计算之标准。"①可见服叙制度对于宗族亲属的划分是多么重要。如果说服叙制度是宗族亲属等级关系的内在规定,那么守丧制度就是宗族亲属等级关系的外在表现。因此,丧服服饰制度是服叙制度和守丧制度形成的基础,五服服饰制度在宗族丧葬活动中显得尤为重要。

制作丧服服饰具有一定的规则,《礼记》载有:"服术有六:一曰亲亲,二曰尊尊,三曰名,四曰出入,五曰长幼,六曰从服。从服有六:有属从,有徒从,有从有服而无服,有从无服而有服,有从重而轻,有从轻而重。"②这里的"服术"指丧服服饰的制定规则,在这六条规则中,最为主要的是前两条"亲亲"和"尊尊"两条规则,这也是众多私修谱牒叙事文本中族规的核心内容。何为"亲亲"?《礼记》载有:"亲亲,以三为五,以五为九。上杀、下杀、旁杀,而亲毕矣。"③这里"以三为五"是指以自己为中心,上亲父、下亲子,形成三世相亲。此后由父而亲祖,由子而亲孙,扩展为五世相亲;"以五为九"是指在五世相亲的基础上,再往上推,亲及曾祖、高祖;再往下推,亲及曾孙、玄孙,这样就扩展为九世相亲。"上杀"指由自己的父亲往上推,血缘关系越来越远,亲情越来越薄,丧服越来越轻;"下杀"指由自己的儿子往下推,血缘关系越来越远,亲情越来越薄,丧服越来越轻;"旁杀"指在旁系亲属中,和自己血缘关系越来越远,亲情越来越薄,丧服越来越轻。"亲毕"指这样向上逐世系

---

① 丁凌华:《中国丧服制度史》,上海人民出版社,2000年版,第114页。
② 陈澔注:《礼记》,上海古籍出版社,1993年版,第190页。
③ 陈澔注:《礼记》,上海古籍出版社,1993年版,第181页。

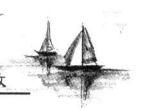

减损,向下逐世系减损,向旁逐世系减损,超出九族之外,亲情关系就完结了。何为"尊尊"?"尊尊"是指对君王的尊崇,从其根本意义上来看,尊尊是在血缘亲属的基础上,以己为中心向上推,对直系男性祖先的尊崇,从而蕴含了对宗族父权制尊崇的文化意义。在封建阶级社会中,这种对父权制的尊崇就延伸为对君王的尊崇。"尊尊"就是通过以血缘关系为基础的这种宗亲尊崇集体意识的进一步转化,延伸为对君王的尊崇。这六条规则可简单理解为:第一条是根据血缘关系的远近,第二条是根据社会地位的尊卑,第三条是根据异姓女子嫁来以后所取得的名分,第四条是根据本族女子出嫁与否,第五条是根据死者成年与否,第六条是亲属或非亲属关系的远近有受服或无受服。根据以上六条规则制作五服,《仪礼》载有:"丧服。斩衰裳,苴绖、杖、绞带,冠绳缨,菅屦者。"①丧服服饰主要由五部分组成:第一部分为衰裳,衰为丧服上衣的统称,裳为丧服的下衣。男子丧服服饰分为上衰下裳,而女子丧服服饰为上衰下裳一体。第二部分为苴绖和绞带,即系衣服的内外腰带。第三部分冠绳缨,即服丧戴的帽子,又称丧帽或孝帽。第四部分为菅屦,即服丧穿的鞋子。最后一部分为杖,即哭丧时手持的棒子,古代多为竹子或桐木去枝叶而成。《家礼会通》规定:"父丧用竹,母丧用桐,妻丧用藜。"②对于主祭者而言,逝者的身份不同其所用服丧杖亦不同。

1. 斩衰服

在五服中,排在第一位的是斩衰服,也是五种丧服服饰中最重的一种,用最粗的麻布做成,服丧期为三年,在传统宗族规定中,子女为父,嫡孙为祖父,妻子为丈夫等均服斩衰之服,并且为了表达内心无比悲痛,服斩衰者在居丧期间禁忌较多,不嬉笑、不嫁娶、不赴宴、不娱乐等。

2. 齐衰服

《仪礼》载有:"疏衰裳齐,牡麻绖,冠布缨,削杖,布带,疏屦三年者。"③齐衰在丧服中仅次于斩衰,也是用粗麻布制作而成,但所用粗麻布比斩衰所用粗麻布要细一些。齐衰丧期分为齐衰三年、齐衰杖期、齐衰不杖期和齐衰

---

① 彭林译注:《仪礼》,中华书局,2018年版,第353页。
② 张序宗辑:《家礼会通(集新堂版·坤卷)》,中南大学中国村落文化研究中心影印版,1734年版,第44页。
③ 彭林译注:《仪礼》,中华书局,2018年版,第360页。

三月等四个等级。服齐衰三年之丧的情况主要有:"父卒则为母,继母如母,慈母如母,母为长子。"①服齐衰杖期之丧的情况主要有:"父在为母,妻,出妻之子为母。出妻之子为父后者则为出母无服。父卒,继母嫁,从,为之服,报。"②服齐衰不杖期之丧的情况主要有:孙为祖父、祖母;为伯父母、叔父母;大夫嫡长子为大夫妻子;为兄弟,为长子之弟或妾之子,为兄弟之子;大夫的庶子为其嫡兄或嫡弟;祖父为嫡长孙;过继者为自己亲生父母;女子嫁人者为亲生父母、兄弟中立为父亲之后者;继父而与之同居者;妻子为丈夫的国君;对姑姑、姐妹、女子已嫁人没有丧主(即没有祭主)的,她们用一年之丧回报;为国君的父亲、母亲、嫡长子、祖父母;妾为君的嫡妻;媳妇为公公、婆婆;为丈夫的兄弟之子;诸侯的妾、大夫的妾为他们的儿子;女子已嫁人者为祖父母;大夫之子为伯父母、叔父母、子、兄弟、兄弟之子;姑姑、姐妹、女子家中无祭主者以上为大夫命妇者可服丧一年,只是子女不用相同的丧礼回报;大夫为祖父母以及嫡长孙而有士的身份者;诸侯的妾以及士的妾为她的父母。服齐衰三月之丧的情况主要有:"为曾祖父母。寄公为所寓国之君。丈夫、妇女为宗子,为宗子之母、妻。大夫在外,其妻、长子为旧君。为旧君及其母、妻。为继父不同居者。大夫为旧君。庶人为国君。"③在这四种情况中,服丧期间的起居饮食皆有规定,尤其是服齐衰三年之丧,在初丧时,除了两日不食与服斩衰三年之丧的三日不食不同外,其余规范基本相同。对服丧期间成员而言,饮食简单,不嬉笑、不食肉、不饮酒等。

3. 大功服

等级比齐衰服低一等。大功丧期为九个月,其服用熟麻布制作,麻布的粗细介于齐衰服和小功服之间。《仪礼》载有:"大功布衰裳,牡麻绖,无受者。"④大功服分为殇大功服和成人大功服两种情况。殇服分为长殇服、中殇服、下殇服和无殇服等级别,就殇大功服而言,只有长殇与中殇两个级别。《仪礼》载有:"子、女子子之长殇、中殇。昆弟、姊妹之长殇、中殇。为叔父、姑之长殇、中殇。为嫡孙之长殇、中殇。为夫之昆弟之子、女子子之长殇、中

---

① 彭林译注:《仪礼》,中华书局,2018年版,第360页。
② 彭林译注:《仪礼》,中华书局,2018年版,第362页。
③ 彭林译注:《仪礼》,中华书局,2018年版,第364—376页。
④ 彭林译注:《仪礼》,中华书局,2018年版,第377页。

殇。公、大夫为嫡子长殇、中殇。大夫之庶子为嫡昆弟之长殇、中殇。"①服成人大功之丧情况在《仪礼》中载有:"姑、姊妹、女子子适人者,从父昆弟;为人后者为其昆弟,庶孙;适妇,女子子适人者为众昆弟;侄丈夫妇人,报。夫之祖父母、世父母、叔父母,大夫为世父母、叔父母、子、昆弟、昆弟之子为士者;公之庶昆弟、大夫之庶子为母、妻、昆弟,皆为其从父昆弟之为大夫者;为夫之昆弟之妇人子适人者;大夫之妾为君之庶子;女子子嫁者、未嫁者,为世父母、叔父母、姑、姊妹,大夫、大夫之妻、大夫之子、公之昆弟为姑、姊妹、女子子嫁于大夫者,君为姑、姊妹、女子子嫁于国君者。"②

4. 小功服

等级比大功服低一等。小功丧期为五个月,其服用洗过的麻制作丧带、首绖和腰绖。《仪礼》载有:"小功布衰裳,澡麻带绖,五月者。"③小功服分为殇小功服和成人小功服两种情况。服殇小功之丧的情况在《仪礼》中载有:"叔父之下殇,适孙之下殇,昆弟之下殇,大夫庶子为适昆弟之下殇,为姑、姊妹、女子子之下殇,为人后者为其昆弟、从父昆弟之长殇,为夫之叔父之长殇;昆弟之子、女子子,夫之昆弟之子、女子子之下殇;为侄、庶孙丈夫妇人之长殇;大夫、公之昆弟、大夫之子,为其昆弟、庶子、姑、姊妹、女子子之长殇;大夫之妾为庶子之长殇。"④服成人小功之丧的情况在《仪礼》中载有:"从祖祖父母,从祖父母,报;从祖昆弟,从父姊妹、孙适人者,为人后者为其姊妹适人者,为外祖父母;从母,丈夫妇人报;夫之姑、姊妹、娣、姒妇,报;大夫、大夫之子、公之昆弟为从父昆弟,庶孙,姑、姊妹、女子子适士者;大夫之妾为庶子适人者;庶妇;君之父母、从母;君子子为庶母慈己者。"⑤

5. 缌麻服

这是五服中最轻的一种丧服。缌麻丧期为三个月,无受服,即葬即除服,无变服,其服用缌布制作,经带用麻布制作。服缌麻之丧的情况在《仪礼》中载有:"族曾祖父母,族祖父母,族父母,族昆弟;庶孙之妇,庶孙之中

---

① 彭林译注:《仪礼》,中华书局,2018年版,第377-378页。
② 彭林译注:《仪礼》,中华书局,2018年版,第379-383页。
③ 彭林译注:《仪礼》,中华书局,2018年版,第385页。
④ 彭林译注:《仪礼》,中华书局,2018年版,第385页。
⑤ 彭林译注:《仪礼》,中华书局,2018年版,第386-388页。

殇;从祖姑、姊妹适人者,报;从祖父、从祖昆弟之长殇;外孙,从父昆弟侄之下殇,夫之叔父之中殇、下殇;从母之长殇,报;庶子为父后者,为其母;士为庶母;贵臣、贵妾;乳母,从祖昆弟之子,曾孙,父之姑,从母昆弟,甥,婿,妻之父母,姑之子,舅,舅之子;夫之姑姊妹之长殇;夫之诸祖父母,报;君母之昆弟;从父昆弟之子长殇,昆弟之孙之长殇,为夫之从父昆弟之妻。"①

在五服中,小功和缌麻属于轻丧,在初丧时,服丧者需两餐不食或一餐不食,丧期内亦不娱乐、不食肉、不饮酒等。到明清时期,丧服的制作简化了许多,就剩下服饰的布料选取和下边是否缝合两部分。斩衰,用最粗的麻布制作,不缝下边;齐衰,用稍微粗的麻布制作,缝下边;大功,用粗熟布(麻布或棉布)制作;小功,用稍细熟布(麻布或棉布)制作;缌麻,用细熟布(麻布或棉布)制作。

丁凌华指出:"丧服制度是中国等级制度的一个缩影,并由于其涉及宗法血缘等级与政治等级两大范畴,而极具代表性。"②可见丧服制度在封建社会的等级制度中具有重要的地位,由于其划分宗族血缘等级的特殊性,时至今日,在民间宗族日常生活中,已形成一种集体无意识,继续延续着,尤其是其中的五服,仍具有一定的现实意义。人类学家杜靖通过田野调查山东费县闵村的宗族生活,在其博士论文《闵氏宗族及其文化的再生产——一项历史结构主义的民族志实践》一文中提出:"五服房支是现实中他们(闵村族人)具体的运作单位。他们的房支和亲属认知范围,以及生育、婚姻、丧葬、祭祀等活动事实上是维系五服的文化手段……通过对闵人日常的生产、生活、生育、婚姻、丧葬、祭祀等几个方面的考察,我们看到闵人基本的活动单位是'五服'。"③可见,"五服"在宗族日常生活中具有重要地位,虽然,人类学家杜靖是以个案的形式翔实剖析了闵氏宗族的生活、生产方式,但从私修谱牒叙事文本来看,在民间这并非个案,有一部分私修谱牒叙事文本专门叙

---

① 彭林译注:《仪礼》,中华书局,2018年版,第388-394页。
② 丁凌华:《中国丧服制度史》,上海人民出版社,2000年版,第5页。
③ 杜靖:《闵氏宗族及其文化的再生产——一项历史结构主义的民族志实践》,中央民族大学博士论文,2005年,第106-111页。

述了服制的重要性,并谱载了丧服总图,如《邓氏支谱》载有丧服总图(如图5-11)①、本宗九族五服正服之图、三父八母之图等;再如《杜氏族谱》载有服制图定例,定例之后,载有九族五服之图,按顺序还载有丧服总图、族服图、妾为家长服图、出嫁女为本宗降服之图、外亲服图、三父八母服制之图等。五服之内为近亲,五服之外九族之内为远亲,九族之外亲毕。五服是宗族伦理的基础,以孝道垂范宗族成员,将礼仪嵌入人心,同时,五服也是凝聚宗族团结的核心力量。

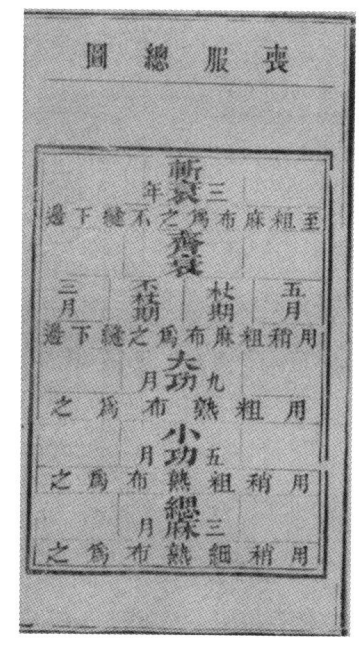

图 5-11 邓氏支谱所载丧服总图

四、宗族圣数九

宗族圣数九在私修谱牒叙事文本中主要是指九族,主要存在于族规、祠堂祭祀、神龛位次排序等方面。关于文献"九族"的阐释主要分为古文经学派九族说、今文经学派九族说和《尔雅》九族说。古文经学派九族说以直系世系的纵向世代为轴线,以"己"为轴心,上至高祖,下至玄孙,每一世代为一族。今文经学派九族也是以"己"为轴心,包含父族四、母之父族三和妻之父族二。《尔雅》九族说同样以"己"为轴心,主要包含己之宗族,己之母党,己之妻党,己之婚姻。古文经学派九族说与今文经学派九族说、《尔雅》九族说的主要区别在于古文经学派九族说只指父系,而今文经学派九族说与《尔雅》九族说包含了父系、母系和妻系三部分。此外,人类学家芮逸夫、张小军、钱杭、杜靖等学者进一步对中国九族进行了解读,人类学家多把九族相关文献与亲属制结合研究,形成九族亲属范畴。九族说所见文献主要有:《尚书·尧典》载有:"以亲九族";《诗经·王风·葛藟》载有:"周室道衰,弃其九族焉";《礼记》载有:"亲亲,以三为五,以五为九"等,以及唐宋之后的王朝法典中多载有"本宗九族五服图"(如明

---

① 未题纂者:《邓氏支谱(南阳堂)》,中南大学中国村落文化研究中心影印版,1883年版,第217页。

会典所载本宗九族五服之图,如图5-12)①,这与私修谱牒叙事文本中所载九族五服之图基本相同(如《杜氏族谱》所载九族五服之图,如图5-13)②,不同之处在于明会典所载九族五服之图是上至高祖,下至玄孙,而大多私修谱牒叙事文本所载九族五服之图是上至高祖,下至元孙,也就是说在私修谱牒叙事文本中更注重嫡系长子、长孙的传承。在九族中,纵向有父母、祖父母、曾祖父母、高祖父母、己身、子、孙、曾孙、玄孙;横向,有己身、兄弟、堂兄弟、再堂兄弟、三堂兄弟、姊妹、堂姊妹、再堂姊妹、三堂姊妹。围绕着纵横向的九族,形成了九族与五服的家族结构图。往上数,上辈中有叔伯父母、堂伯父母、再堂伯父母、祖伯父母、堂伯祖父母、曾祖伯父母、姑、堂姑、再堂姑、祖姑、堂祖姑、曾祖姑等。往下数,下辈中有侄妇、堂侄妇、再堂侄妇、侄女、堂侄女、再堂侄女、侄孙妇、堂侄孙姑、侄孙女、堂侄孙女、曾侄孙妇、曾侄孙女等。私修谱牒叙事文本中的九族主要用于辨世系、明血缘、别亲疏、识称谓。

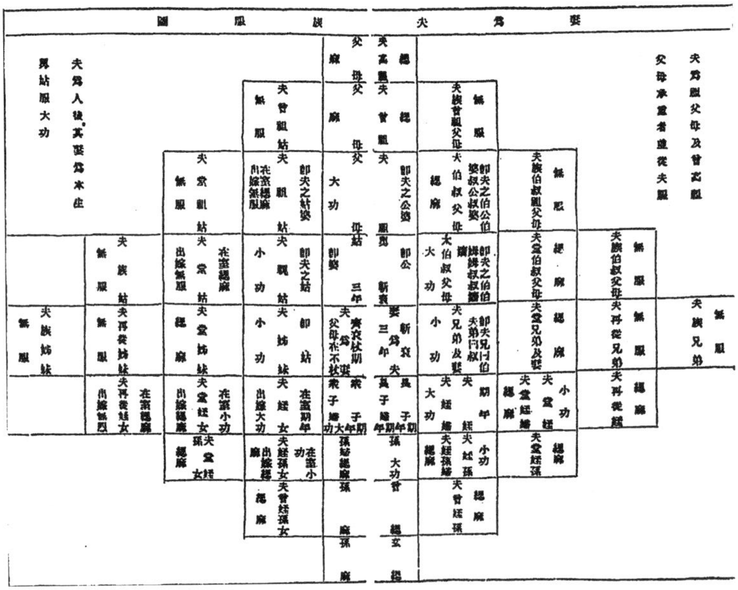

图5-12 明会典所载本宗九族五服正服之图

---

① 申时行等修:《明会典(万历朝重修本)》,中华书局版,1989年版,第565页。
② 未题纂者,《杜氏族谱》,中南大学中国村落文化研究中心影印版,1867年版,第217页。

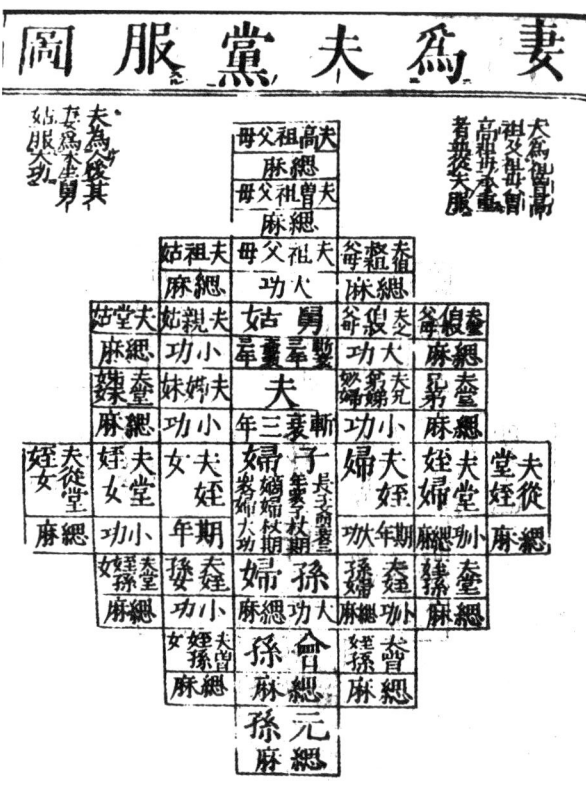

图 5-13　杜氏族谱所载本宗九族五服之图

此外,在私修谱牒叙事文本的堂号中还有一些宗族圣数的存在,含有宗族圣数的堂号主要有一本堂、一诺堂、一耀堂、一诚堂、第一堂、中一堂、一梅堂等;含有宗族圣数二的堂号主要有两仪堂、两全堂、二妙堂、双桂堂、二贤堂、二礼堂等;含有宗族圣数三的堂号主要有三槐堂、三让堂、三礼堂、三贤堂、三公堂、三宗堂、三义堂、三在堂、三秀堂、三邑堂、三略堂、三甲堂、三峰堂、三厚堂、三治堂、三元堂、三荣堂、三策堂、三德堂、三异堂、三哲堂、三省堂等;含有宗族圣数四的堂号主要有四本堂、四箴堂、四行堂、四善堂、四顺堂、四元堂、四当堂、四益堂等;含有宗族圣数五的堂号主要有五知堂、五凤堂、五枝堂、五云堂、五美堂、五常堂等;含有宗族圣数六的堂号主要有八顺堂、六桂堂等;含有宗族圣数七的堂号主要有七步堂等;含有宗族圣数八的堂号主要有八龙堂、八叶堂等;含有宗族圣数九的堂号主要有九如堂、九华堂、九成堂、九侯堂、九言堂、九合堂等;含有宗族圣数十的堂号主要有十思堂等,此外还有百里堂、百忍堂、百咏堂等。

在这些堂号中,有些是本姓特有的堂号,如三哲堂是冉氏谱牒所特有的堂号,三哲是指孔子门下三大哲人,冉雍、冉耕和冉求。冉氏子嗣为纪念三位先祖,将冉姓堂号命名为"三哲堂";有些是两姓共有堂号,如三让堂是吴氏和阎氏共祖特有的堂号,周太王古公亶父的长子名泰伯,又名太伯,次子名仲雍,三子名季历。周太王亶父见三子季历贤能,并且三子季历的儿子昌有圣王之兆,有意将王位让于三子季历以传季昌,泰伯为了满足亶父的愿望,与仲雍避居荆蛮之地,纹身断发,称为一让;泰伯与仲雍以为亶父治病采药为由外出避让,称为二让;亶父去世后,季历打算把王位还给泰伯,泰伯与仲雍远走东吴,称为三让。后世称泰伯为"三让王"。吴氏、阎氏三让堂由此而来。有些是通用堂号,如一本堂,此堂号源于《孟子·滕文公上》:"且天之生物也,使之一本。"也就是说上天所生养万物,让其只有一个根源,即每一个人只有一个父母,一本即同一根本。根据顾燕统计:"以此为堂号的姓氏有:干、马、王、尹、叶、朱、任、向、齐、刘、孙、李、杨、汪、沈、张、陈、林、罗、周、赵、胡、袁、晏、徐、桑、黄、章、鲍、谭,共30个。"①再如六桂堂,公元945年,据史书记载,闽国被吴越国和南唐联合攻陷,当时翁氏闽国重臣,翁乾度官至宰相,为躲避追杀,携家眷归隐莆田竹啸庄,并将六子依次改为洪、江、翁、方、龚、汪六姓。所谓六桂,就是这六姓的总称。王衍村指出:"我国闽粤一带的翁、洪、江、方、龚、汪六姓,共用一个堂号——六桂堂,'六桂堂'出现于距今大约一千年以前的北宋初年,它是我国一个十分著名的堂号。据历史文献记载,南方的这六个家族,虽然其姓氏完全不同,但实际上却是一父所出的同一家人。追本溯源,统统都是翁家的后裔。"②这六个姓氏都有其祖系源流及衍派谱系堂号。是宗族文化的一种展示,具有深刻的宗族文化烙印,蕴意深刻,可辨血缘、明播迁、传族风、聚族人,包含着宗族的主观愿望及宗族所崇尚的品质。这些宗族圣数在堂号中表达了本宗族姓氏的特色,从深层意义上可探知,堂号中的宗族圣数蕴含着维护宗族的责任感和一种与生俱来的对宗族祖先的崇拜感。

---

① 顾燕:《中国家谱堂号溯源》,上海古籍出版社,2015年版,第335页。
② 王衍村、秦明晓:《漫谈中国姓氏堂号》,《中州今古》,1997年第11期,第46页。

第三节 宗族圣数的叙事意义

从历史叙事学的角度来看,通过对私修谱牒叙事文本的客观分析,确定其中最真实的或最合理的数据,进一步讲述这些数据用以证明的宗族事件是私修谱牒的编纂者孜孜以求的事情。从这一点出发,私修谱牒的编纂者是一个宗族话语权的叙述者,私修谱牒叙事中所讲述的宗族事件是对宗族历史现实领域中经历过的事情的临摹,而仅仅就这件事情而言,可以看作是对宗族现实生活的真实写照。私修谱牒叙事文本蕴含的宗族史、宗族世系、父系传统、祭祀活动及名人传记等宗族事件是对宗族历史成为可能的一种记录和保存,并加以生产,具有较强的实用价值。宗族圣数存在于私修谱牒叙事文本中,潜含着一定的宗族文化,是宗族集体无意识的一种表现形式。

一、宗族圣数与神秘数字的联系

相同的宗族圣数与神秘数字具有同源性,也就是说宗族圣数是在神秘数字的基础上通过宗族实践产生了一定的文化意义。宗族圣数既包含了神秘数字最基本的含义,同时,随着原始先民进入氏族社会之后,宗族渐渐发展起来,而后又具有与神秘数字不同的含义。

神秘数素"一"在原始先民时期具有特殊重要的意义,叶舒宪指出:"在神秘数字王国里,也许没有哪个数字比'一'更加神奇,更加重要,更加具有基础和本源意义了。"[①]神秘数素一具有整体、全部、本源和最初的含义,宗族圣数"一"主要继承了最初和整体的含义,比如,私修谱牒叙事文本中记载"一世"是指本宗族的始祖;"一宗"是指整个宗族整体。

神秘数素"三"在原始先民那里并非是数字"三个"的意思,"这个数的

---

① 叶舒宪、田大宪:《中国古代神秘数字》,社会科学文献出版社,1998年版,第1页。

神秘性质起源于人类社会在计数中不超过3的那个时代。那时,3必定表示一个最后的数,一个绝对的总数,因而它在一个极长的时期中必定占有较为发达社会中的'无限大'所占有的那种地位。"①许多、很多和无限大是"三"最初的文化含义,随着人类的进步,又相继包含了圆满、和谐和稳定的意思。宗族圣数"三"在私修谱牒叙事文本中具有强烈的宗族文化内涵,主要包含三个方面:一是从神秘数素"三"的基本含义"很多和无限大"衍生出"长久"之意,如三年之丧;二是从圆满、和谐和稳定衍生出完满、团结和祖先崇拜之意,如三族、三足等;三是宗族圣数"三"蕴含了伦理观念,具有"尊尊、亲亲"之意,如三献、三族等。

神秘数"五"是原始先民"由四而五"方位进化的体现,也是原始先民以自我为中心辨别事物的内空间意识的呈现。五的出现,凸显了"中"位的神圣性,《同文举要》提到:"圣人画卦,由四而五,有君道,故曰:五位,天地之中数也。"由"中"方位逐渐衍生出有关"中"的文化内涵,尤其是在中原地区,人民口中所说的"中",潜含着中原地区人民的集体无意识,并具有了独特的文化意义。同时,以自我为中心的五方观念隐喻地传达了中华民族的宇宙观,逐渐形成了五行思想。宗族圣数五具有神秘数字五的文化本质意义,即凸显人类自身的存在,并将"以自我为中心"发挥到极致,如五世,以己身世代为中心,以一成三,由三生五,追溯上下两代共五世;如五服,所包含的斩衰、齐衰、大功、小功、缌麻五种丧服正是以自身为中心,从伦理上分辨亲属亲疏远近的等级差异性。因此,宗族圣数五除了具有神秘数字五的基本意义外,还具有独特的宗族神圣意义,宗族圣数五在私修谱牒叙事文本中表达"亲疏""远近"的界限,同时具有等级的意义。

神秘数"九"是一个极数,蕴含着空间、权力等无限大的意义,表达穷尽、极限的意思。宗族圣数九主要表达九族之意,阐释了伦理的重要性。

此外,私修谱牒叙事中的其他宗族圣数多具有神秘数字最初的基本含义,同时,又兼顾了宗族集团利益,蕴含了宗族的集体无意识。

二、宗族圣数之间的共性

私修谱牒作为叙事文本,是一个宗族的历史记忆场,以文字的形式叙述

---

① 列维-布留尔:《原始思维》,商务印书馆,2004年版,第202-203页。

着整个宗族的悲欢离合,见证着宗族的兴衰更替,对宗族成员的感情情深意远,叙事学家傅修延指出:"家谱上记载的祖宗业绩,老一辈人口述的先人创业故事,在文学上或许难登大雅之堂,但对有志于光耀门楣的后辈儿孙来说,其激励功能可能贯彻终生,任何'外人'的故事都不可能产生同样的效果。"①古代宗族的日常生活最主要的两件事是祭祀和农耕。通过祭祀来表达对祖先的尊崇与怀念,同时享受祖先的庇护。"所有活着的人是活在他们祖先的庇护下面。死亡并不意味着与在世的人永远的分开,它只不过是将生者与死者的关系改变一下。活着的人对家庭或宗族中已去世的成员的态度完全不是恐惧,而是一种永久的怀念和自始至终的爱。"②这种爱是来自于对祖先的崇拜。通过农耕使得宗族家庭之间开展相互帮助,进一步增进宗族之间的团结。宗族在举办祭祀和开展农耕的过程中,通过长期的发展与演变,逐渐形成一些宗族圣数,每个宗族圣数在拥有神秘数字基本涵义的基础上,并具有了宗族的神性,即神圣的克里斯玛特质,"被赋予克里斯玛特质的,既有创造过历史的人物与影响深远的事件,也有相关事件发生的地点和时间,甚至还包括一些带有纪念碑意义的有形无形创造物。这些重要的人物和事件等不可能不在历史上留下深刻印记,人们因而视其为传统的化身,近乎本能地对其持尊重态度。"③在数字的表层之下蕴含了"亲亲"和"尊尊"文化意义。宗族圣数所蕴含的传统文化积淀了某一宗族集团由于长期的共同生活和宗族实践而形成的价值观念和思维方式等内容,成为一种形式化了的文化符号,再进一步追寻文化的深层次潜含的集体无意识,宗族圣数的神圣性终极指向为"祖宗崇拜"。

---

① 傅修延:《一时代有一时代之叙事——关于中国叙事传统的形成与变革》,《文学评论》,2018年第3期,第63页。
② 许烺光:《祖荫下:中国乡村的亲属·人格与社会流动》,王芃、徐隆德译,(台北)南天书局,2001,第208页。
③ 傅修延:《论叙事传统》,《中国比较文学》,2018年第2期,第5页。

第六章

中西私修谱牒叙事传统中文本体例比较论析

何为叙事传统？叙事即叙述事件,是一种语言再现模式。传统是一种通过历史沿袭,世代相传作用到现在并影响今后的行为方式。"叙事传统即世代传承、相沿成习的故事讲述方式。"①私修家谱承载着家族历史的发展历程,是家族历史经验存在的一种基本模式,其独具特色的世代传承性及历史属性,注定了这是一类具有丰富叙事传统的叙事文本。私修谱牒叙事传统的首要目的是借助私修家谱叙事文本完成对家族某一历史过程或家族信息的指涉功能,通过信息的传递表达某一意图,这一意图是整个家族生存和团结向前的一种精神信仰。中西私修谱牒的叙事传统无论是在编纂者的编纂方法上还是叙事文本上,乃至叙事观念上都存在一定的差异性。本书仅试图从传统叙事的视角切入论析中西私修谱牒叙事传统中的文本体例,探究体例差异所体现的叙事目的及叙事观念。

---

① 傅修延:《论叙事传统》,《中国比较文学》,2018年第2期,第2页。

第六章 中西私修谱牒叙事传统中文本体例比较论析

第一节 中西私修谱牒叙事体例类型

海登·怀特的历史叙事理论在中西方文学批评界产生了重大影响。他以历史编纂和历史研究作为自己的研究对象,认为:"历史修撰中最重要的不是内容,而是文本形式。而形式说到底就是语言,因此,历史'是以叙事散文话语为形式的语言结构'。"[①]海登·怀特注重叙事文本的形式,其目的是通过对不同的历史叙事文本进行比较研究,探寻共同的结构因素。中西私修谱牒作为历史的重要组成部分,其在叙事体例上具有共同之处,也存在一定的差异。

中国私修谱牒基本叙事体例繁多,第一章主要介绍了18种基本叙事体例,主要包含谱序、世系、源流、传记、播迁概况、宗祠、坟茔、族规家训、族产义田、恩纶录、像赞、碑文、祭祀、楹橡等。根据传统历史的编排,作者将上述基本叙事体例归为:史、表、图、志、传、文共六种叙事体例。其中史包括谱序、姓氏源流、宗族播迁等;表主要包括世系世传等;图包括祖先像、祠堂图、祭祀器物图、住宅图、播迁图、坟空图、书院图等;志包括祠堂志、讲堂志、碑记、墓志等;传主要包括人物传记等;文包括诗文、像赞、族规、祭文、字辈排行等。中国私修谱牒叙事文本中蕴涵着丰富的宗族文化内涵,潜含着宗族的集体无意识。而西方私修谱牒叙事体例具有明显的简约性特点,主要包含家谱树、财产记录、出生记录、死亡记录、婚姻记录、选举记录、法庭记录、保险记录、土地记录、业绩记录、犯罪记录、传记素描、籍贯、移民记录、遗嘱认证记录、房屋记录、家庭或家族成员关系、诗、专利、工艺品等。有些西方私修谱牒根据自己所在地方的社会特点和主要工业特点,增添一部分内容,如"今日家谱"[②]载有采矿事故、铁路记录、军事记录、监狱记录、病历、城镇报

---

① 海登·怀特:《后现代历史叙事学》,陈永国、张万娟译,中国社会科学出版社,2003年版,第2页。

② http://www.genealogytoday.com/。

告、学校记录和年鉴等。为了叙事分析的必要性,我们也可以试着将其划分为史、表、图、志、传、文六种叙事体例,其中史主要包含家族成员的出生记录、婚姻记录和死亡记录,从出生到去世记录了一个人的一生;表主要包含车轮状、树状和纵向列表式的家族世系;志主要包含自然、政治、经济、文化、社会与家族有关的记录资料;图主要包含画像、图画、纹章等;文主要包含诗文、日记、信函、遗嘱等。无论是中国还是西方,其家族成员在岁月的流逝中生活着、工作着,在现实社会中实践着、探索着。

其实,家族成员们的这种生活实践过程本身就是一种行为的"文本"。这一"文本"记载着成员们生活的实践历程,各成员为了把岁月流逝的人、事和物固化为永恒记忆,就会把这些写入家谱,形成家谱文本。中西私修谱牒文本本身就是家族成员生活实践的一个隐喻。我们可以看出,中西私修谱牒叙事文本是家族历史存在的主要场所,也是家族知识体系的主要载体。对于一般的家族而言,家族后人真正获得关于家族过去的知识,绝大多数来自编纂者所编纂的家谱和父母对家族的回忆。私修家谱叙事文本包含两个大的部分:一部分是故事结构;另一部分是叙事话语。其中故事包含世系结构、事件和存在物。中国的世系结构由世系表和世系中人物简介组成;西方的世系由家谱树或按照字母先后顺序排列的宝塔体世系表组成。事件由事件行动和事件状态组成。存在物由人物和环境组成。私修家谱叙事话语以直义为主,转义为辅,直义话语直陈其事,转义话语隐陈其事。这是一种直陈其事与隐陈其事相结合的话语形态。家谱叙事中的故事是一个符号系统,具有两方面的指向:一方面是叙事中所描写的事件集合;另一方面是"历史学家选作事件结构之语像的故事类型。"① 作为这样一个符号系统,私修家谱叙事不再再现其所描绘的事件,而是通过比喻或隐喻的象征结构告诉我们应该怎样思考家族事件,赋予我们对所思考的家族事件以各自的情感价值。

---

① 海登·怀特:《后现代历史叙事学》,陈永国、张万娟译,中国社会科学出版社出版,1997年版,第181页。

第二节 中西私修谱牒传统叙事中的表

在中国私修谱牒叙事体例中,表主要指世系,世系在家谱文本中占据的分量最重。如,《白居易家谱》世系篇占据家谱文本的40%;《杜氏族谱》世系篇占据家谱文本的60%,《邵氏家谱》和《河南程氏正宗世谱》世系篇占据家谱文本近70%。世系是中国私修谱牒叙事文本中最占篇幅的体例。从历史叙事学角度分析,私修家谱文本是以陈述式方式叙述世系,并且具有普适性。这一陈述式文本包含四部分:隐含编纂者、叙述者、受述者、隐含读者。在中国私修谱牒世系中,直系之外均为旁系,且以直系为主、旁系为辅的形式呈示在世系中。因此,从这一角度分析叙事文本,直系与旁系虽不是本书划分叙事文本的主要标准,但我们仍将其作为主要参照,并依据钱杭教授对世系划分标准的见解进行叙事文本分析。

有序是指本宗族世系中直系与旁系按照宗族成员出生前后次序及辈分顺序进行排列;无序则指世系中直系与旁系的宗族成员出生先后不清或同辈之间辈分不明;连续是指宗族本支世系从远祖至编纂者能够一脉相承,无中断现象;间断是指宗族本支世系从远祖至编纂者有中断现象。我们在第一章中将叙事文本分为四类:有序连续陈述式文本、有序间断陈述式文本、无序连续陈述式文本、无序间断陈述式文本。有序连续陈述式文本直系与旁系世代清楚、辈分明确,从远祖至编纂者世系连续无中断,《范氏家谱》与《河南程氏正宗世谱》均属此类,且远祖均为黄帝。我们可以看出,越是远祖遥指神话,且有序连续的世系文本,其虚构性就越强。有序间断陈述式文本直系与旁系世代清楚、辈分明确,而远祖至编纂者这一支世系有断代现象。《白居易家谱》属于此类,远祖为周太王之次子仲雍——简——叔达——虞仲……①虞公……百里奚——百里视——白乙丙……白起——白仲……邕

---

① ……表示世代前后不连续;——表示世代前后连续。

(仲十三世孙)……建(邕五世孙)——士通——志善——温——鍠(温之第六子,鏻,温之次子,温生六子,长、三、四、五无从查清)——季庚(鍠之长子,鍠生四子,次子季般,三子季轸,四子季宁。)——居易(季庚之次子,季庚生四子,长子幼文,三子行简,四子幼美)。白居易无子嗣,"公五十八岁生子,讳阿崔,三岁亡。会昌元年(841),以兄幼文次子景受嗣。"①此后,《白居易家谱》叙述方式就成为有序连续陈述式了。无序连续陈述式文本世系中同辈之间无长幼标志、难以辨认,而世系单支传承连续无间断。孟津《刘氏族谱》属于此类,远祖为尧,世系连续,同一世代之间用简单表格呈现,无世代辈分先后顺序标注。无序间断陈述式文本世系中同辈辈分之间无长幼标志,难以辨认,世系传承也有间断或模糊不清。《白氏家族历代家谱》属于此类,世代不明、世系断代,家谱谱序中已说明:"白氏宗族分四门。"而在家谱叙事文本中,仅载有一门、二门和四门,而缺少第三门。

在中国传统世系中,最基本的组成结构是家庭。家庭由父母和儿子组成,中国文化叙事学和神话叙事学的拓荒者张开焱教授认为:"对儿、父、母三元进行更高层次的抽象,就得到一个原生性行动者范畴及其结构关系。"②这一结构关系是张开焱教授受弗洛伊德和拉康的婴儿期儿子与父母的最初关系以及格雷马斯二元对立原则的启发建构的三元对立示意图:

该图从神话叙事学角度阐释了父子之间的冲突,父亲与母亲之间,儿子与母亲之间具有一种引力和对立的关系。这种关系是家庭构造中最稳固的一种相互关系。三个角色中任何一个角色的离开对剩余两个角色都是一种缺失;三个角色中的任何一个角色(尤其是母亲)对另外两个角色的选择都将导致一种冲突的产生,这种冲突是"一种饱和与缺乏的冲突。"这个三元三维结构在本质上是"一种非饱和的不均衡结构,这种不均衡性孕含着对立和冲突关系。"③图6-1是具体结构,图6-2和图6-3则具有了普遍意义。

---

① 白书斋编纂:《白居易家谱》,中国旅游出版社,1983年版,第2页。
② 张开焱:《神话叙事学》,三峡出版社,1994年版,第207页。
③ 张开焱:《神话叙事学》,三峡出版社,1994年版,第206页。

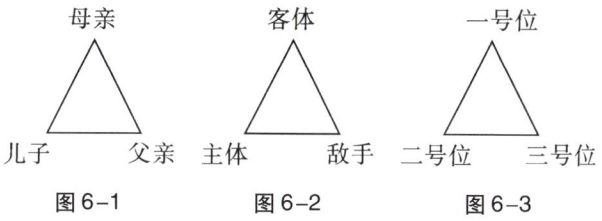

在中国私修谱牒叙事世系的四种陈述式文本中,世系的传承也蕴藏着这样一种内在结构。不过这种结构具有连续性和延续性,我们不妨借助三元结构继续深化,尝试建构世系的人物功能三元结构示意图,如图6-4①所示。

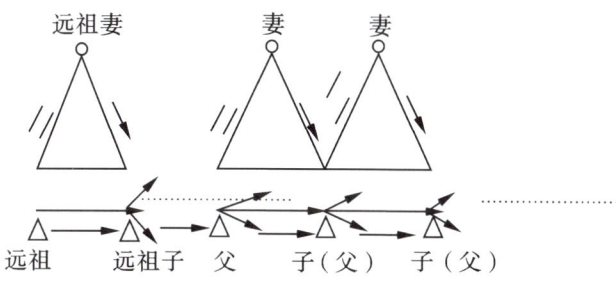

图6-4 世系的人物功能三元结构示意图

在世系中,"母亲"作为客体,是欲望的对象,"父"与"子"是欲望的主体,"母亲"无论被任何主体行动者所拥有,对第三方而言都是一种欲望的缺失。这个世系三元结构是宗族家庭结构的一个标准,家庭中的三元在微对立和微冲突中建构着家庭的总平衡。这也是世系得以延续的基础,任何一元的缺失都将导致家庭的失平和世系的断链。通过三元结构示意图可以清晰地看出家谱世系的传承过程。如果说宗族的祭祀活动是把现代宗族成员带到过去,那么中国私修谱牒中历史性叙述则会把过去带入现代。宗族成员通过家谱世系的深入思考、远祖的英雄事迹和人格精神将转换为祖宗崇拜意识潜含到宗族文化中。此外,从世系中的人物小传可以看出,越久远人物小传的虚构性越强。如《范氏家谱》世系中载有历代世图表,从上古世袭

---

① 示意图中:△表示男人;○表示女人;=表示等同;→表示传承或分支。

开始记载其传记,包括盘古氏、天皇氏、地皇氏、人皇氏、有巢氏、燧人氏、五帝纪,等等。在远祖神话历史中,有些家谱依靠编纂者们一次又一次编纂和阐释,将宗族引向上古神话,与其说是编纂者的主观意识倾向,不如说是整个宗族文化的内在需要。其实,正是神话人物在家谱中的存在,加速了宗族整体无意识的发展,使整个宗族拥有了一个向内的归属感。

而西方私修谱牒中的表是指轮状、树状和纵向列表式的家族图式。如果说中国是一个以血缘关系为纽带,以家庭为单位形成的传统宗族社会,那么西方则是以地缘政治为基础,以契约精神为法律基础的集团社会。中国通过中庸和平彰显族群认同,西方则崇尚彰显个人本位。中国私修谱牒贯穿着从上而下的宗族整体意识,西方私修谱牒贯穿着从下而上的个体家庭寻祖观念,所以,中国形成了大宗、小宗世系,西方形成了简单的轮状、树状和纵向列表式的世系表。

《皇家花园——附政治寓意画的克里斯蒂娜女王族谱》载有欧洲当时王室成员树状世系表和轮状世系表(见图6-5)①。西方的世系表大多比较简约,仅仅以家族成员的形式排列存在,西方私修谱牒的世系多以有序连续陈述式文本的形式存在。

《巴伐利亚贵族族谱集》的树状世系与其他西方私修谱牒树状世系不同,林伯爵家族分支的树状世系的主干中存在了夫妻两人的名字(见图6-6)②。此外,阿拉伯地区的私修家谱世系多为宝塔体,如《阿拉伯部族和家族宗谱表》,这部宗谱世系表按字母顺序编排③,里面记载了家族成员的出生地及部分历史故事,尤其是里面的名人(如穆罕默德等)轶事,世系表分为两部分:一部分为卡赫塔尼人和也门部族人的传统阿拉伯人世系;另一部分为阿德南特人和伊斯玛仪部族人的阿拉伯化的阿拉伯人。

---

① 谢林·罗森汉恩《皇家花园——附政治寓意画的克里斯蒂娜女王族谱》,瑞典国家图书馆,1645年版,第15—24页。
② 约翰·弗朗茨·艾克荷·冯·卡普辛:《巴伐利亚贵族族谱集(第27卷)》,巴伐利亚州立图书馆,1724年版,第144页。
③ 海因里希·费迪南德·伍斯特纳费德:《阿拉伯部族和家族宗谱表记录册》,美国国会图书馆,1852年版,第6页。

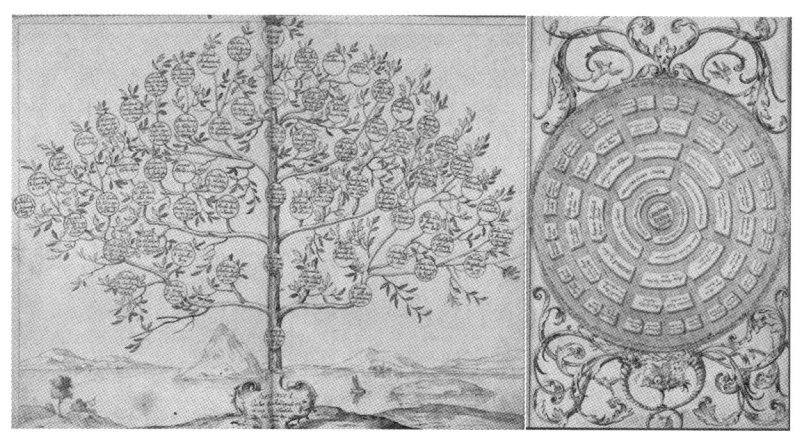

图6-5 《皇家花园——附政治寓意画的克里斯蒂娜女王族谱》所载树状世系表和轮状世系表

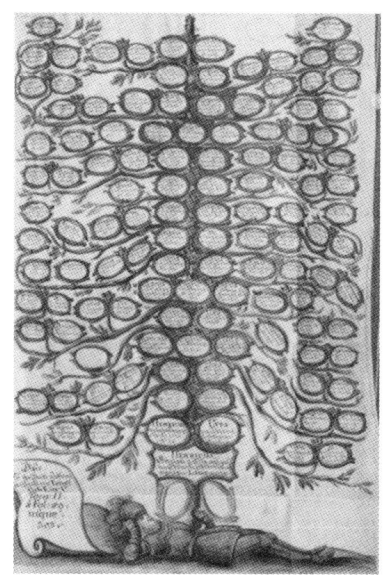

图6-6 巴伐利亚林伯爵家族分支世系

通过中西私修谱牒体例世系表的对比可以发现,中国私修谱牒世系表在宋代以前没有固定规范,欧阳修、苏轼之后,多采用"欧苏谱法",且欧阳氏谱法多于苏氏谱法。中国私修谱牒世系表的叙事模式以欧苏谱法为主,此外还存在欧苏混合世系表、宝塔世系表、牒记汇编世系表、章牒结合世系表等形式。西方私修谱牒世系表叙事模式主要以树状、轮状、纵向列表的形

式。中西私修谱牒世系的叙事传统也不尽相同,中国私修谱牒世系表的叙事传统表现为:一是根据宗族的大宗、小宗之分,讲伦理、重孝道;欧苏谱法流传下来的世系表,通三族、连九族,且每页的五世表蕴含着中国五服之亲和五世之迁等传统文化内涵。二是在传统宗法的影响下,世系表中显著叙事观念就是父权意识,一方面注重子嗣的继承,如果后世没有男性,要想办法过继一个男孩来传宗接代,称为继子;另一方面如今男女均可入世系,而在中国封建社会时期十分轻视女性的地位,明清之前的世系表中,女性罕见入谱。西方私修谱牒世系表的叙事传统以"平等"为核心,无论男女,均可入谱,强调个体在家庭和社会中的独立性。在世系表的叙事观念中,中西私修谱牒都注重寻根问祖,而中国私修谱牒的世系更注重血缘关系和伦理精神,讲究世系辈分明晰,先亲情而后友情,先兄弟情义而后朋友情义;西方私修谱牒的世系崇尚平等,彰显个体在家庭和社会中的价值,常常以友情优先为原则,家庭成员之间要像朋友一样相处,追求平等是西方家庭伦理形成的基础。

第三节 中西私修谱牒叙事中的史

中国私修谱牒中的史主要包含谱序、姓氏源流、宗族播迁等基本叙事内容。私修谱牒中宗族史的叙述方式与官修史志略有不同。《左传》是中国第一部较为完整的编年体史书,且对中国传统叙事产生了深远的影响,编年体史书把叙事时间置于中心位置,时间脉络次序分明是其主要特点。《史记》代表我国史书纪传体的高峰,其显著特点是把人物传记置于中心位置,人物性格的塑造在叙事中就显得尤为重要。而家谱中的宗族史则以姓氏源流、宗族播迁和修谱概况作为叙事重点,其叙事时间也就显得尤为重要。这里要分清文本时间与事件时间的区别,文本时间是指家谱叙事文本中所出现的时间状况,这一时间是宗族事件在叙事中的虚拟时序,即语言的叙述时间;事件时间是指某一或某系列事件按照其发生、发展、变化的先后顺序所呈现出来的自然顺序时间。通过文本时间与事件时间的对比，就会出现倒叙、预叙、插叙等叙述策略。如《河南程氏正宗世系》载有明隆庆壬申岁（1572年）程孟宗撰写的《重录河南程氏正宗世谱序》：

> 而程伊川后二十代嫡孙程宗孟，自袭职回无他可能，惟以读书为事。一日读《河南先公伊川谱》，从吾辈推而上之世系，至先公秀而止。读《新安统宗谱》从秀公推而上之世系至先公元谭而止。读《河南上程谱》从元谭推而上之世系，至先公黄帝而止。三谱中间虽黄帝一脉分派，谱不同，怏而派不相连。知者以为谱名虽异，而远宗则一。不知者，以为至此而失宗也。吾深为惧焉，遂联三和一，照依旧规，次第编录。自黄帝而孕生元谭，自元谭而孕生秀公，自秀公而孕生吾辈。是上有所统，此一本而统乎万殊。有吾辈而上宗秀公，有秀公而上宗元谭，有元谭而上宗黄帝，是下有所宗，此万殊而归于一本。名为《河南程氏正宗世谱》。落成不性以见吾程氏正派流长之盛，且俾伪者不得以肆其乱焉，是为序。①

我们可以看出，这里的文本时间顺序为：A. 程宗孟读书；B. 读《河南先公伊川谱》，世系推至始迁祖程秀；C. 读《新安统宗谱》，世系推至始祖程元谭；D. 读《河南上程谱》，世系推至远祖黄帝；E. 分析三谱世系顺序；F. 修谱的目的。而ABCDEF事件的自然时间应该是432156，文本时间与事件时间大致可以概括为这样一种序列关系：$A_4-B_3-C_2-D_1-E_5-F_6$。这样，文本中话语时间所出现的顺序与事件发生的实际顺序之间的差别一目了然。就家谱的宗族史而言，宗族事件的发生是立体的；就整个宗族而言，在共时性时间里，可能存在多种宗族事件同时发生，但具体到某一宗族事件，都有其自然发生的时间顺序，时间在宗族史中持续不断地流动着。与文学作品不同的是，这种时间的流动具有不可逆性。伯格森认为："我们的绵延是不可逆的，我们不能再次经历它的一个片段，因为必须首先抹去后面的所有回忆。在必要时，

---

① 未题纂者：《河南程氏正宗世系》，洛阳理工学院图书馆馆藏，未题时间。

我们能从我们的智慧中,但不是从我们的意志中抹去这种回忆。"①家谱叙事文本中存在的便是这种时间记忆,这一线性时间在过去、现在和未来三个坐标中持续流动着,如果将程孟宗撰写的《重录河南程氏正宗世谱序》节选部分用1代表过去;2代表现在;3代表未来,那么,在这一谱序叙事文本中涉及过去、现在、未来的错时可以这样表示:$A_2-B_1-C_1-D_1-E_2-F_3$。这种错时关系呈现了宗族事件次序与文本次序的虚构差异,宗族事件表达的是一种追述;而文本则是一种预述。

西方私修谱牒基本采用全知视角叙述家族的发展历程。大多采用顺叙形式,少有倒叙现象。"祖先网"(ancestry.com)为当今世界拥有用户数量最多的西方私修谱牒网站之一。网站所载家族史主要包含人口普查、出生,婚姻、死亡和重要事件等。出生,婚姻和死亡记录涵盖了西方家族祖先生活中的里程碑。它们包括日期、地名、职业和父母的名字。这些主要用于帮助家族成员追溯家庭中的后代,找到诸如祖先的名字之类的事实。在人口普查中,就采用了倒叙的形式,首先概述了1790年至1940年期间美国人口普查的情况,"自1790年以来,已经进行了22次联邦人口普查,最近的一次是2020年开展的……数据在普查年后72年公开发布。因此,最近可公开访问的美国人口普查记录来自1940年的人口普查。根据1950年的人口普查,美国人口普查记录的下一个发布日期定于2022年。"并介绍了美国人口普查的起源及其作用,概述之后,再从1790年开始,以时间为顺序,将时间分为七个部分,即1790年至1840年、1850年至1880年、1890年、1900年至1920年、1930年、1940年及近几十年来的人口普查。并叙述了人口普查开展的情况,主要普查姓名、年龄、居住地、出生地、婚姻状况、职业和教育程度等。美国人口普查记录了家庭概况,在与其他记录一起使用时,可以了解该家庭在过去几十年中的发展情况。"ancestry.com"网站认为:"私修家谱是家谱研究的核心,是了解家庭故事的起点……家谱是家族史的钥匙。"家族史是西方人编织自己独特家庭故事的素材来源。

通过中西私修谱牒史的对比,发现两者都注重家族的源流,但中国私修谱牒中的史侧重家族的起源、播迁和始迁祖开创基业的卓越事迹。叙事

---

① 亨利·伯格森.《创造进化论》,姜志辉译,商务印书馆,2004年版,第11页。

模式以家族的播迁为轴线,叙述家族的发展状况;而西方私修谱牒史侧重家族事业的发展。叙事模式以个体的事业发展为轴线,叙述家族的发展状况,且西方私修谱牒史具有档案的作用,是人口普查的主要参考对象之一。从叙事传统上来看,中国私修谱牒的史以血缘为纽带主要传承家族精神,彰显的是家庭本位主义。而西方受古希腊文化和地缘环境的影响,冲破血缘纽带,强调个人利益、个人追求和个人意志,要求家庭服从个人。在西方私修谱牒史中,家族结构比较散乱,家庭观念相对较弱,个体意识极强,凸显个体在家族发展中的积极作用,彰显个人本体主义。这种叙事传统导致中国以血缘关系为纽带的同姓之间的家族举办大型活动相对十分容易,而西方则多是某一姓氏家族内部举办活动,同姓之间家族活动举办较为困难。

第四节 中西私修谱牒叙事中的图

中国私修谱牒中的谱图,包含祖先像、祭器图、宗祠图、坟茔图等;西方私修谱牒中的谱图主要指纹章、肖像和其他图。谱图叙事具有直观性,与传和志最大的不同在于空间与时间的侧重点。"在文学中的艺术时空体里,空间和时间标志融合在一个被认识了的具体的整体中。时间在这里浓缩、凝聚,变成艺术上可见的东西;空间则趋向紧张,被卷入时间、情节、历史的运动之中。时间的标志要展现在空间里,而空间则要通过时间来理解和衡量。这种不同系列的交叉和不同标志的融合,正是艺术时空体的特征所在。"①谱图叙事的本质就是要让时间空间化,侧重瞬间的永恒,而文字叙事则侧重时间的连续性,正如莱辛所言:"绘画在它的同时并列的构图里,只能运用动作中的某一顷刻,所以就要选择最富于孕育性的那一顷刻,使得前前后后都可以从这一顷刻中得到最清楚的理解。"②"这一顷刻"正是绘画者所要描绘的

---

① 巴赫金.《巴赫金全集(第三卷)》,河北教育出版社,1998年版,第274-275页。
② 莱辛:《拉奥孔》,朱光潜译,人民出版社,1984年版,第82页。

瞬间。

谱图叙事就是家谱中的谱图以视觉再现事件或事物,把家族历史中的事件或事物浓缩在某一空间,借助图的形式叙述出来。谱图叙事可分为两类:静态叙事和动态叙事,其中静态叙事图主要包含祖先像和建筑图、坟茔图及其他图画。这类谱图叙事以空间为主,占据绝大部分画面,几乎没有时间的流动,以名词性的事物充斥着我们的视觉,但其中仍然潜含着叙事张力,要理解这一叙事张力,读者需结合自己的知识、家谱编纂时的社会经济背景进行综合判断。"文学在视觉文化时代正在被其他媒介方式所重构,已是一个不争的事实。"①编纂者通过重构谱图,使其具有了一定的主观性,这一主观性蕴含着虚构成分。然而,这些祖先像也并非是真正的存在者的照片,而是编纂者根据家族历史文献、族人描述及祖先的事迹等再加上自己的想象重新绘制而成。绘制祖先像者大多懂一些中国相术,且绘制而成的祖先像还要争取大多数族人的认可后方可入谱。绘制而成的祖先像多为坐姿,在绘制的过程中最注重服饰的修饰,相貌描绘大多威严端庄、尺度饱满。其实,族人绘制祖先像在文化层面还潜含着自画像意义,以表达自己对祖先的敬仰。正如萨特所言:"人在为自己做出选择时,也为所有的人做出了选择。因为实际上,人为了把自己造成他愿意成为的那种人而可能采取的一切行动中,没有一个行动不是同时在创造一个他认为自己应当如此的人的形象。"②祖先像的形成过程具有一定的虚构性,再加上读者叙事解读,就形成了虚构的虚构。如《木氏宗谱》载有云南丽江木氏土司从第一世到第三十三世的世系考,并载有从第一世到第二十九世木氏祖先画像,根据画像服饰变化可以看出三个方面:一是第一世非官(见图6-7)③,识字,喜打坐念禅;二是从二世及之后,世代为官,并有官职变化;三是家族历经宋元明清四个朝代。

---

① 周宪:《说不尽的"拉奥孔"——文学与其他艺术关系史的一个考察》,《中国比较文学》,2020年第3期第54页。
② 萨特:《存在主义是一种人道主义》,《现代主义文学研究》(下册),袁可嘉等编选,中国社会科学出版社,1989年版,第544页。
③ 袁嘉谷题名:《木氏宗谱》,中南大学中国村落文化研究中心影印版,1932年版,第12页。

图 6-7 《木氏宗谱》所载第一世画像

中西私修传统家谱所载祖先像大多存在三个方面的不同：一是中国祖先像多端庄正坐，而西方祖先像多站立；二是中国祖先像只有祖先一人，西方祖先像多为一人，也有夫妻同在或女性祖先单独存在的现象；三是中国祖先像多双手合拢放在衣服里，或手握笏板、卷轴、如意、扇子或其他具有文化意义的东西，也有双手放在膝上，或一只手放膝上，另一只手握着革带等；而西方祖先像多手持兵刃或书籍。从图 6-8[①]、图 6-9[②] 可以看出，西方人喜"动"的一面，中国人喜"静"的一面。

---

① 未题纂者：《荥阳潘氏宗谱（卷二）》，北京图书馆馆藏，1910 年版，第 5 页。
② 约翰·弗朗茨·艾克荷·冯·卡普辛：《巴伐利亚贵族族谱集（第 27 卷）》，巴伐利亚州立图书馆，1724 年，第 38 页。

图6-8 巴伐利亚贵族所载祖先像

图6-9 荥阳潘氏宗谱所载仁二公像

建筑物也是静态叙事的一部分。《邵氏家谱》载有邵氏宗祠图(见图6-10)[①],邵氏宗祠谱图即以静态事物的形式呈现在我们的视觉之中,其叙事性在该图中很难发现,这样的静态图都会附有文字介绍,文字起到叙事的关键作用。该图后附文字:"洛城里南天津桥畔,康节邵先生安乐窝在焉,夫安乐窝乃先生所居之故宅也,其祠轫于宋之嘉祐间,高堂楼阁与水木相辉映;迨金元朝竟成废址,自大明景泰时复踵与之,历于今宦游人乃按踵而葺修者,亦屡矣。"[②]静态事物与文字的融合才使得该谱图具有了叙事意义。从谱图和文字介绍中,我们可以看出该祠堂建造后的繁华与落寞,其文字按照事物建造与修葺的时间顺序进行叙述。

另一类是动态叙事。这类谱图叙事,指作者在某一事件中抓取某一动作的瞬间呈现在纸上。这一动作的瞬间暗示着事件的前因后果,具有决定性的作用,在这里时间性显得尤为重要。《范氏家谱》载有范仲淹江淮赈灾图(见图6-11)。

---

① 未题纂者:《邵氏家谱》,洛阳理工学院图书馆馆藏,未题时间。
② 未题纂者:《邵氏家谱》,洛阳理工学院图书馆馆藏,未题时间。

第六章 中西私修谱牒叙事传统中文本体例比较论析

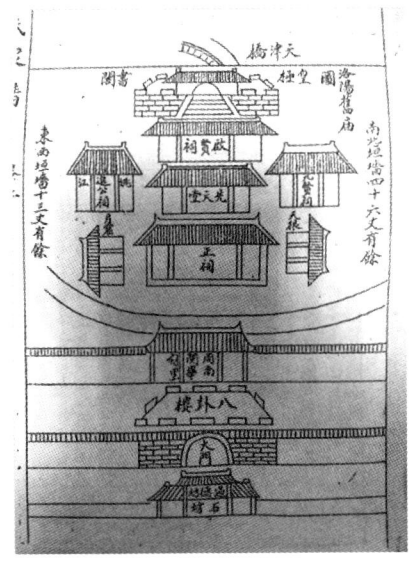

图6-10 邵氏宗祠图　　图6-11 范仲淹江淮赈灾图

在这一动态谱图叙事中,时间停留于范仲淹慰问难民这一瞬间。这里可以看出,范仲淹神态虔诚、情感丰富,蕴含着"先天下之忧而忧,后天下之乐而乐"朴实思想,画面简洁、流畅、朴实,生动传神,以形状写神,突出了情感的力量,展示了官民患难与共的瞬间,此瞬间可以呈示两层含义:其一是范仲淹每到一处灾区,都十分关爱受灾的劳动农民;其二是难民都很爱戴范仲淹。至于范仲淹如何是受皇命,还是自愿,那就要考察历史或靠读者自己的想象了。中国绘画的写意,凸显的是以形传神,正如沈括所言:"书画之妙,当以神会,难可以形器求也。"①画面朴实,却生动传神,以流畅简洁的线条,叙述人物的相貌、举止,以及人物衣服的褶皱,表达出人物的神态、情感及动作的发展趋向。

西方私修谱牒动态谱图叙事更加注重场景的瞬间性,将时间停留于一瞬,通过这一瞬间的场景表达叙事寓意。如《皇家花园——附政治寓意画的克里斯蒂娜女王族谱》的第一部分包含很多插图,交替穿插着族谱和寓意

---

① 沈括:梦溪笔谈,中华书局,2009年版,第179页。

画。克里斯蒂娜女王族人生活图①是一幅克里斯蒂娜女王族人生活图,这幅图停留于劳作之后休息的场景,悠闲的生活场面表达了族人对生活的热爱。

在某一动态叙事谱图之外,中西私修谱牒中还存在多幅动态叙事组成的谱图。在这一系列时间进程中的动态叙事中,人物的穿着、注视的方向、谈话的内容、身体的姿势和手势动作等都蕴含着叙事内容。有些文本空白往往是作者故意留下的,又称之为留白。这时,读者的想象力起到了至关重要的作用,不同读者的不同经历和不同生活背景所填补的空白也迥异。

纹章在西方私修谱牒中占有十分重要的地位,是家族成员的身份象征。"起初只是作为个人标志的纹章到 12 世纪末成为可继承之物,这种家族式遗传为纹章赋予了确定的实质性内容。"②在《富格尔家族荣耀秘笈》中载有大量的纹章,纹章主要凸显在四个方面:一是手持的盾牌上;二是衣服等纹饰上;三是家族联姻上;四是姓名的首字母图案上,如图 6-12、图 6-13 所示。

图 6-12　富格尔家族纹章　　图 6-13　富格尔家族某一分支纹章

富格尔家族的纹章为百合花③,这一百合花蕴含着丰富的叙事意义。在

---

①　谢林·罗森汉恩《皇家花园——附政治寓意画的克里斯蒂娜女王族谱》,瑞典国家图书馆,1645 年版,第 16 页。

②　米歇尔·巴斯图罗:《纹章学——一种象征标志的文化》,谢军瑞译,上海书店出版社,2002 年版,第 20 页。

③　约尔格·伯瑞乌:《富格尔家族荣耀秘笈》,巴伐利亚州立图书馆,1548 年版,第 17 页。

《圣经》的《雅歌》中对百合花有明确的描述,渐渐成为圣母的标志,象征着纯洁与童贞,富格尔家族如此崇拜百合花,不难理解,富格尔家族应该信仰基督教。通过纹章的演变可以看出西方家族联姻的过程,从最初的一个盾形纹章随着时间的流逝,家族的发展被分成越来越多的部分,不同的纹章与原来的纹章组合在一起,《富格尔家族荣耀秘笈》载有大量重组后的纹章①。通过对这些纹章进行比较,其潜含的叙事意义表达了五方面的含义:一是家族内的继承关系,组合纹章的继承者非长房长子;二是姻亲关系,大多组合后的纹章能看出妻子一方家族来源;三是所拥有家族的社会地位高低、封地多少或封号大小等关系;四是家族产业经营范畴的变化;五是本支家族历史的发展历程。

在纹章的继承过程中,西方有着严格的规定,就像中国的私修家谱一样,只有家族内长房长子才有权利持有完全的家族纹章,其他子嗣要根据姻亲或职业等对纹章作一定的改变,即便是这种改变比较小,也是被允许的,用于表明长房长子与其他子嗣的区别。

《巴伐利亚贵族族谱集》记载了特林伯爵家族纹章、家谱树和虚构的肖像图,其中纹章内容占据这一家谱总内容的70%。翔实记载了最初的家族纹章②,家族通过子嗣延续,形成了各具特色的纹章③。如图6-14、图6-15所示。"纹章作为一种社会代码,通过其组成规则,往往可以确定某一个人在某个团体内的定位。"④西方经常通过私修家谱中的纹章辨别两个表面上没有亲属关系的家族是否出自同一祖先。有趣的是,翻阅西方私修谱牒中的纹章可见西方私修谱牒中姓的形成往往滞后于纹章,西方家族总是先形成纹章,而后由于习惯了这一纹章之后才形成了这一个姓,这与中国母系氏族时期因图腾崇拜而得姓如出一辙。

---

① 约尔格·伯瑞乌:《富格尔家族荣耀秘笈》,巴伐利亚州立图书馆,1548年版,第260页。
② 约翰·弗朗茨·艾克荷·冯·卡普辛:《巴伐利亚贵族族谱集(第27卷)》,巴伐利亚州立图书馆,1724年版,第40页。
③ 约翰·弗朗茨·艾克荷·冯·卡普辛:《巴伐利亚贵族族谱集(第27卷)》,巴伐利亚州立图书馆,1724年版,第502页。
④ 米歇尔·巴斯图罗:《纹章学——一种象征标志的文化》,谢军瑞译,上海书店出版社,2002年版,第75页。

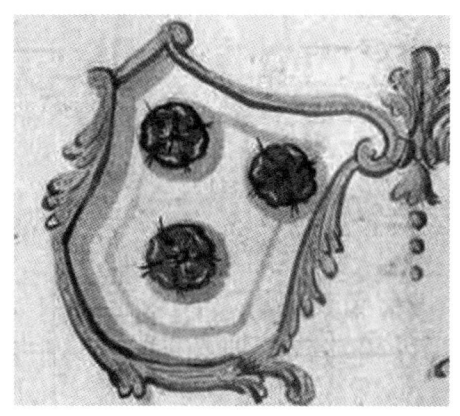 

图6-14 巴伐利亚贵族林伯爵家族纹章　　图6-15 巴伐利亚贵族林伯爵家族某一分支纹章

中西私修谱牒图的叙事模式都可以分为静态叙事和动态叙事,但两者的叙事传统不同,中国私修谱牒中图的叙事传统是以尊祖睦族和天人合一的叙事观念为核心,彰显家族的中和思想。如祖先像多具有儒家气息,建筑图多以中间为中轴线,左右对称,凸显尚"中"思想。西方私修谱牒中图的叙事传统则是以骑士精神为核心,展现的是家族争取财富的冒险精神。

第五节　中西私修谱牒中的传、志、文

传、志和文的叙事最接近文学叙事。中国私修谱牒叙事中的传,其叙述视角多采用全知视角,叙述方式多采用顺叙,少有倒叙,如《张氏家谱》载有《张孝子传》《都御史张公传》《叔考治中张公传》等,多采用顺序的方式,如《张孝子传》开篇记载:"孝子名士益,字进德,号泉,永宁人,幼颖慧,有大志,读书日累千言。"[①]而西方私修谱牒的传基本上为全知视角,叙述方式为顺

---

① 未题纂者:《张氏家谱》,洛阳理工学院图书馆馆藏,未题时间。

序,内容简单,仅仅介绍传主的出生地及职业。西方私修谱牒的传也采用全知视角进行叙述,如《圣经》所载耶稣家谱可以从两个地方找到:一是马太福音,从亚伯拉罕开始,叙述了他之后的四十一世,至耶稣;二是在路加福音,从耶稣开始,叙述了他之后的七十七世。通过阅读路加的家谱,我们可以看到耶稣是如何通过血缘关系证明他是真正的上帝之子。

在志中,中国私修谱牒包含艺文志、祠堂志、族规、家训、诗文、铭赞、碑文、恩纶录等多种基本叙事体例,所以其叙述方式也咸有不同。其中祠堂志多采用方位顺序的叙述方式,且以空间叙事为主。如《邵氏家谱中》载有嘉靖年间丹阳姜宝撰写的《洛阳安乐窝祠记》:

先生自共城来,日游于天津桥,今安乐窝其遗墟也。在洛水以南,天明以东,离城三里许,窝门台阁三间,仍其旧區曰"安乐窝",门以内建坊三间曰"周南溯里",前"奎聚堂"五间,后"先天堂"五间。左"天根",右"月窟"。东西厢房十二间,以为神厨斋戒之所。后为"安乐窝"三间,以肖康节先生三贤像。东建"九贤祠"三间,西建"启贤祠"三间,后建"皇极阁"三间。有司春秋致祭祠外,周围地十顷,奉旨除粮以为后裔家祭焚修之费,累朝设守祠门役二名,每年每名工食银七两二钱,在洛阳县大粮内支领额,设奉祀生员六名,以崇生邑。①

这里以空间叙事的形式介绍了安乐窝的规模,建祠堂的意义,祠堂的看护与维护费用来源。

志中的墓志铭多采用倒叙的叙述方式,先介绍逝者已逝,再介绍其生平,最后配有韵语结尾的铭,如《范氏家谱》载有欧阳修所撰《文政公范公神道碑铭》,首先采用倒叙方式叙述范仲淹卒于徐州,葬于"河南伊樊里之万安山下",后叙述其生平与功业,最后以铭结尾。铭中叙事的虚构与文学叙事虚构相差不多,如《张氏家谱》载有吴伟业所撰《张公鼎延神道碑铭》、王铎所撰《通议大夫巡抚葆一张公墓志铭》等。

---

① 未题纂者:《邵氏家谱》,洛阳理工学院图书馆馆藏,未题时间。

西方私修谱牒中的志主要包含自然、政治、经济、文化、社会与家族有关的记录资料,多以事件或事物简单罗列的形式进行记载,这些记录材料主要用于档案管理。大部分西方私修谱牒网站以用户为核心,开发特色鲜明的记录栏目,提供全方位的人性化的服务,从用户录入的信息出发,根据用户的需要进行建构家谱树,并根据用户的信息提供相应的关于用户祖先记录资料,并将与祖先有关的自然、政治、经济、文化、社会等记录资料较为全面地罗列出来,供用户筛选,最终基本可以确定用户的家族历史、民族、祖先身份等。

中西私修谱牒中的文,其叙事方式与文学叙事不无相同。如《范氏家谱》载有范仲淹的诗文;《张氏家谱》载有张鼎延的《苍苍说》和《异井记》。西方私修谱牒中载有诗文、日记、信函、遗嘱等。

中西私修谱牒的传、志、文在涉及父辈遗产继承方面都是长子继承制,不过中国私修谱牒中传和志的叙事传统以父子为主轴,以血缘为纽带,以宗法为中心,展现的是家族持续的传承性和向内的凝聚力;而西方私修谱牒中的传和志以夫妻为主轴,以兴趣和经济基础为纽带,以平等和自由为前提,展现的是家庭的契约精神和爱情至上观念。

第六节 中西私修谱牒传统叙事文本的虚构性

纵观中西私修谱牒叙事体例可以发现,为了家族发展的需要,中西编纂者在修订私修家谱叙事文本的过程中通过对一个系列事件进行重构,形成一个可以理解的故事,或通过世系人物及简介纵横相连形成一个家族的过往和现在,并对这些情节结构赋予一定的象征意义。编纂者创造家谱文本的过程包含着对宗族的阐释,并努力赋予某些片段性的文献或不完整的事件于意义,且不得不运用自己的想象力将自己认为有用的素材按照一定的次序进行编排,形成一个整体,再赋予一定意义,从而创造出适合于表述其理解的最佳叙事形式。编纂者与历史学家一样,"历史学家们以某种意识形

态蕴含为准则对有助于说明其观点的历史事件进行解释,力图使读者以他认可的方式接受历史。"[1]如果说文学是将叙事形式强加于事件,而家谱叙事则相反,是将事件强加于叙事形式。家谱无论描绘一个环境,还是整个宗族历史进程,或填补世系结构,或讲述宗族故事,都是一种话语形式,都具有一定的叙事功能,只不过这种叙事功能是以虚构形式讲述宗族的"真实事件"。读者借助理解前结构,将使家谱叙事文本朝着有利于自己理解的方向前进。在阅读和理解的过程中不断为自己的存在寻求宗族庇护,寻找自己在家族中的坐标,这种意识融合到阅读中,形成新的理解前结构,并伴随着进入下一步阅读,这一阅读和理解过程就带有虚构性和差异性。一般来说,家谱叙事文本应该随着读者的阅读和理解之后而结束。事实不然,读者在阅读和理解家谱叙事文本的实践中进行着自己的历史叙述,形成新的行为文本。这对于其他族人而言,又可成为阅读和理解对象,同时,其中的某一个或几个读者又或许成为下一次家谱叙事文本的编纂者,编纂出因虚构而虚构的叙事性家谱,以供家族内在敦宗睦族和外在寻求发展的实际需要。只有发挥私修家谱的实用性,才能实现其存在的价值。

综上,通过中西私修谱牒叙事体例的比较可以看出二者在叙事传统上存在一定的差异性。

一是受自然条件的影响。中华民族主要生活于黄河、长江等河流所流经的平原流域,以农耕文明为主,农耕劳动主要以家庭为主,有时需要族人之间相互协助才能完成。在中国私修谱牒文本中的宗祠、祭祀等内容中,彰显了以家庭单位为核心的族群认同感。而西方民族多地处沿海,以工商业文明为主,地理环境比较开放,征服大海、追求利益,从西方私修谱牒的人物传记中的职业及事迹可以看出,西方民族追求个性独立的个人本位主义。

二是受父系氏族社会制度的影响,通过中国私修谱牒世系体例可以看出,以始祖的嫡长子为继承原则的大宗,其余别子、庶子为小宗的父系血缘关系牢不可破,凸显了族人中男性的强权地位和族长的特殊地位。而西方由于受到大规模的移民影响,不同民族之间大融合,造成血缘意识的淡薄,形成不同阶级、不同职业或不同地区的政治经济集团,从而凸显家族集团的

---

[1] 陈新:《西方历史叙事学》,社会科学文献出版社,2005年版,第282页。

力量。

三是受"国权不下县"的影响,秦汉之后的传统中国农村处于自治状态,中国私修谱牒充满了宗法思想,里面的家训、族规随处可见,彰显了宗法制度在宗族日常生活中的权威性;通过西方私修谱牒的遗嘱记录可以看出,西方崇尚契约精神,通过契约原则满足个人在集体中获得自己需要的东西,从而依附于所谓的民主政治体制。

四是受传统文化的影响,由于中国崇尚文化的共性和宗族集体荣誉感,重姓轻名,姓在前,名在后,且忌讳祖先名,尤其近祖,不能直接称呼其名;西方崇尚个体的"自由",以自我为中心,重名轻姓,名在前,姓在后。

五是受传统礼制影响,在私修家谱的谱序、辈分排序、恩纶录、像赞、修谱原则中,显示出以德服人、以礼待人的中和思维,强调天人合一的思想;通过西方私修谱牒的纹章可以看出,西方崇力尚争,以个体商业经济为基础的扩展家族产业,以个人为中心,坚持功利主义的道德原则。

中西私修谱牒叙事文本不仅是家族历史意识的载体,在各自的叙事传统下,编纂者在编纂家族历史叙述本身的同时,也成了一种家族历史意识的实践。因此,在这里,叙事文本通过体例进行的家族叙事已不再仅仅是一种叙事手段或方式,成为家族历史实践的承载者。通过中西私修谱牒体例的传统叙事分析,我们要在充分尊重不同文化的前提下,以平等对话的形式相互沟通与理解,崇尚和而不同,使中西历史叙事传统达到一种新的和谐。

第七章

私修谱牒叙事渗透的文化观念与功能

时至今日,"文化"这一概念的定义有二百余种,宽泛地审视"文化"这一概念:"它与自然相互区别,指人类创造的、使自己以超自然方式生活的、有相对稳定性的全部成果和条件。"①对人类而言它有内在和外在两种存在方式。文化的内在存在方式是指人类在其自然心理结构基础之上转化生成的文化心理结构;文化的外在存在方式指人类创造的器物系统、制度系统和表达精神观念的符号系统。它是人类文化心理结构的外化形态和结果。当代文化诗学对"文化"这一概念的使用做了更狭义的选择,即仅仅从精神观念系统角度界定"文化"这一概念:"从实际的理论和批评活动看,大多数从事文化诗学研究的学者都将'文化'这一概念的疆域基本限定在精神文化的层面,即将其界定为人类自己创造的、以符号的形式(如神话、哲学、宗教、文学艺术、历史学、科学、法学等)积淀和存在、以人类对于世界和人的本体论、价值论观念为核心内涵的精神现象。这种理解基本上将'文化'的概念限定在'意识形态'的领域,或者说,它与'意识形态'就是同义词。建立在这种'文化'概念上的诗学基本上就是意识形态诗学。当然,这不是以政治观念为核心内容的那种意识形态诗学,它的疆域要广阔得多。然则,意识形态这一概念就其哲学的界定看,远不仅指政治观念,也包含了上面的'文化'的基本形

---

① 张开焱:《文化与叙事》,三峡出版社,1994年版,第24页。

式和内容,即,它是社会一切观念系统之总和。"①

本章将从这个角度理解和界定"文化"概念。对私修谱牒的叙事文本而言,这里的文化是指私修谱牒积淀和表达的文化观念与内涵,它们可以分为无意识积淀传承和有意识表达两个部分:无意识积淀传承的部分指编纂者未必有明确意识,却在延续前人使用的宗族史叙事构架、体例、话语时无意识继承下来;有意识表达的部分则是私修谱牒编纂者明确表达出来的文化观念。但无论是无意识积淀还是有意识表达的文化内涵,它们最终都关联着社会意识形态。本章试图从文化叙事学入手分析私修谱牒的叙事文本,探究其潜含的文化观念与功能。

第一节　私修谱牒叙事积淀和表达的文化观念

私修谱牒的结构像一个外壳把文化观念隐藏其内,要想真正触及文化观念本身,就必须对这一外壳进行剖析,挖掘外壳之内的东西,这些才是文化观念的载体。就私修谱牒叙事语境而言,真正的意义不仅在于研究宗族史的形成、确立宗族世系的实际构成,还在于探究其意识形态。私修谱牒的叙事话语在大量直义之下存在着转义,是直陈其事与隐陈其事的结合体。这里的叙事文本无论是直陈其事还是隐陈其事都蕴含着一定的文化观念——意识形态。私修谱牒叙事中的文化观念是指,私修谱牒叙事文本所记载的,长期生活于同一文化环境中的本宗族成员,逐步形成的对自然、社会、宗族以及成员本身的观念。

一、宗族世系中文化观念的早期雏形

谱牒雏形出现于母系氏族社会后期。在文字出现以前,世系已经存在,而经历口传谱牒与结绳谱牒再到甲骨谱牒这一时期,世系是其最主要的部

---

① 张开焱:《意识形态诗学的主体论和文化论视角》,《广东职业技术学院学报》,2000年第3期,第16页。

分,主要记载同一祖先延续下来关于继嗣系统繁衍的情况。从母系氏族开始的继嗣系统有父系也有母系,但从父系氏族之后直至今天,谱牒以父系系统传承。

我们从"宗族世系"这一名词来看,"宗"字起源较早,钱杭认为:"狭义之'宗'是动词,来源于人们对某一位(或某一组)偶像的仪式性崇拜行为。此'宗'与'尊'字相通……广义之'宗'是在动词基础上的名词化,指受人所'尊'之偶像。"①

1. 私修谱牒中"宗"

在私修谱牒中"宗"至少有四方面含义:一是具有尊敬、崇拜之意;二是由祖宗引申为宗族,同族同祖为宗;三是先祖、祖宗;四是宗庙、祖庙、宗祠等。这四方面都蕴含着本族的本源及其传承过程的基本意义,宗的这一意义表现为本宗族成员对本宗族父系先祖由近及远向前连续性的整理与追溯,这种追溯具有鲜明的价值追求与实践特征,潜含着宗族内心追求一种归属性的渴望。

2. 私修谱牒中"族"

对于"族"的理解,其本义与对事物的归纳性认识皆有关联,《周易·同人》:"君子以类族辨物。"东汉韦昭注《国语·楚语上》:"族,部属也。《传》曰:'栾、范以其族夹公行。'时二子将中军,中军非二子之亲也。"②唐代李鼎祚也认为:"以类族辨物,谓方以类聚,物以群分。"③《周礼·地官·大司徒》中认为:"五家为比,使之相保;五比为闾,使之相受;四闾为族,使之相葬;五族为党,使之相救;五党为州,使之相赒;五州为乡,使之相宾。"④黄怀信认为:"工不族居……族不乡别。"⑤谢维扬认为:"周代(商代应相同)是以族作为父方亲属集团的专有的称呼。换言之,族不仅是亲属,而且一定是父方亲属……周代以族作为父方亲属集团的专有称呼,应该说是反映了周代对父

---

① 钱杭:《宗族的世系学研究》,复旦大学出版社,2011 年版,第 87 页。
② 韦昭:《〈国语·楚语上〉注》,上海古籍出版社,1978 年版,第 29 页。
③ 李鼎祚:《周易集解(第四卷)》,中国书店,1984 年版,第 7 页。
④ 贾公彦:《〈周礼注疏〉卷十〈十三经注疏〉》,上海古籍出版社,1990 年版,第 707 页。
⑤ 黄怀信等:《逸周书汇校集注(修订本卷二)》,上海古籍出版社,2007 年版,第 174 页。

方亲属宗亲地位的强烈意识……从这里可以看出周代(商代应相同)人们视父系宗亲的集合为亲属间的最基本的完全集合的心理。"①这里的族具有性别性,钱杭认为:"'族'的本义当为动词,表示凝聚集合之意;引申为名词,表示同类物品或人群的集合形态达至'群''众'的规模。"②陈其南认为:"宗族的'宗'字,用今天人类学的术语来说,就是 descent,而'族'即为具有共同认同指示(identity)的一群人之谓,实际上即是近日吾人所谓群体或团体。'宗族'之谓,不过是说明以父系继嗣关系,即所谓'宗'所界定出来的群体。"③众多学者比较认可陈其南的解释,所以宗族是指以某一父系氏族的始祖开始继嗣延续的群体。

3. 世系

宗族史可以通过连续有序的宗族世系文本得以具体呈示,那么世系应如何理解呢?世系是中国传统文化中一个比较悠久的宗族专用名词,其中"世,《世说》'三十年为一世',从卉而曳长之。按金文'世'从止不从卉,《说文》据后出字形为说,不可信……《诗·下武》'绳其祖武',《传》云:'武,迹也。'谓足止迹也。此即世字确解。意者古代祖先祭坛上,必高悬多少绳结以记其世系。故《诗·抑》云'子孙绳绳',《螽斯》云:'宜而子孙绳绳兮',并此事之实录。孙之从系,系亦像绳形。盖父子相继为世,子之世即系于父之足趾之下,故今人犹云'踩到祖先足迹',仍古俗之遗也。"文字出现以前,从结绳记事中看世系的阐释是用绳结的数量来象征子嗣的繁衍情况,用结绳行为来象征父与子之间先后相续的事实之录。徐灏在《说文解字注笺》中解释许慎的《说文解字》"三十为一世"时认为:"《礼》'三十曰壮,有室,'始有子,子以著代,又三十而有孙子。大抵一世三十,故三十年为一世。世者,父子相继之称,故从卅而引长之。"④以三十年为一世,世代连续,子孙绵绵不绝。系与世意义是相通的,王安石认为:"父子相代谓之世,世之所出谓之

---

① 谢维扬:《周代家庭形态》,中国社会科学出版社,1990 年版,第 35 页。
② 钱杭:《宗族的世系学研究》,复旦大学出版社,2011 年版,第 25 页。
③ 陈其南:《家族与社会——台湾与中国社会研究的基础理念》,台北联经出版事业公司,1990 年版,第 217 页。
④ 李学勤等:《中华汉语工具书库·雅书部》,徐灏《说文解字注笺》第三上"世",安徽教育出版社,2002 年版,第 36 册,第 42 页。

系。"①这里的世与系相通相连,互为前提,邵晋涵在《尔雅正义》解释《尔雅·释诂》"系,继也"时:"係,通作繫。《说文》云'系,繫也。'《易·繫辞传》《释文》云'繫,续也。'《春官·小史》云'奠繫世',言定其继世之叙也。"②在此意义基础之上,孙诒让给定了世与系义同,不烦区别的说法。对于分析私修谱牒中宗族世系的文化观念仅仅停留在"宗族世系"这一名词的分析或从早期的"结绳—绳结"去分析是不够的,必须立足于私修谱牒的叙事文本,分析宗族世系的文化本质。

宗族世系作为私修谱牒最重要的组成部分,在形成宗族史这一历程中潜含着意识形态,意识形态叙事在其素材与形式上必然都是集体的,每一私修谱牒宗族世系都是一种环境,那里栖息的不仅是宗族姓名和词语的组合,更重要的是宗族整体观念的呈示。

二、私修谱牒叙事中的意识形态

编纂者在编纂私修谱牒时,有两种可能:"第一种可能性是,历史学家要限定自己准确地描述已经发生了的事情,建立起一种可以称之为是对过去事件的朴素叙述的东西;另一种可能性是,它超出这种朴素的叙事之外,目的不是单纯的述说已经发生过的事情,而是(在某种意义上讲)要解释它。"③在作者看来,私修谱牒的编纂者在编纂或辑录时,会无意识地摄入自己的主观意识,也恰恰是这种无意识显现出整个宗族成员所共有的观念性的东西。这些观念在宗族史的长河中慢慢形成,具有共同性和统一性。它们不仅在于解释宗族事件,更在于阐释事件背后的文化,以上便是意识形态的呈示。私修谱牒谱序大多数都有撰写时间,这些时间暗示着撰写者所存在的文化背景,以及其文化背景对谱序中所描写的时间的重要性。谱序中的时间意识实际上就是本宗族意识形态传统作为宗族历史观的表现。而纵观河洛地区众多私修谱牒的叙事文本,其积淀和表达的文化内涵则贯穿整个宗族史,

---

① 王安石:《周官新义》,清咸丰三年南海伍氏刊行,1853年,第10册,第188页。
② 李学勤等:《中华汉语工具书库·雅书部》,邵晋涵:《尔雅正义》卷一《释诂第一上》,安徽教育出版社,2002年版,第43册,第552页。
③ 沃尔什:《历史哲学导论》,何兆武,张文杰译,广西师范大学出版社,2001年版,第3页。

在宗族史中潜含的意识形态主要有:图腾崇拜意识、生殖崇拜与血缘至上意识、祖宗崇拜意识、男权中心意识、忠孝意识、光宗耀祖意识、宗族一体意识。

(一)图腾崇拜意识

图腾崇拜是原始先民早期思维发展的结果。"图腾"一词源于奥杰布韦人,是分布于北美五大湖北部地区的阿尔衮琴人的说法。"ototeman 这种表达,大致上是'他是我的一个亲戚'的意思,这个词是这样构成的:第一个字母 o-,是第三个人称的前缀;-t-,是用来防止两个元音粘合起来的插音;-m-,是所有格;-an-,是第三人称的后缀;-ote-,所表达的是自我与男性或女性亲属之间的关系,这样,这个词就在主语的代际层次上定义了外婚群体。通过这种方式,氏族的成员资格就可以表达出来了:makwa nindotem,意思是'我的氏族是熊';pindiken nindotem,意思是'进来,族兄',等等。"①在早期原始先民的思维中,图腾既是亲属又是祖先,又是氏族的象征标志。

> "图腾"(totem)原为北美印第安人的方言,意为"他的亲族"。所谓图腾,就是原始社会时期人所崇拜的某种动物、植物、无生物或自然现象;他们认为这些"神物"是他们的祖先、保护者,他们这个氏族就是从这种神物滋生出来的。最早的图腾是动物,这与当时的渔猎生活有关,是当时的渔猎生活在意识形态上的反映。其次是植物或自然现象,这是到了原始社会末期,农业成为人们的主要生活来源以后的一种反映。到了原始社会崩溃时期,图腾崇拜遂为祖先崇拜所代替;在阶级社会中,它仍然残留着一个时期,虽然它的原始意义已经改变。②

随着原始先民思维发展,自然现象和天地万物已不再作为自然的实体而存在,而是作为一种被人格化了的具有超然能力的图腾,成为本族亲属、祖先或保护神的标志和象征。罗伯逊-史密斯、迪尔克姆、杰文斯提出了联

---

① [法]列维-斯特劳斯:《图腾制度》,渠敬东译,商务印书馆,2015年版,第313页。

② 孙作云:《诗经与周代社会研究》,中华书局,1966年版,第1—2页。

第七章 私修谱牒叙事渗透的文化观念与功能

合理论,该理论深入分析了图腾崇拜的意识形式,认为图腾崇拜产生的主要因素是原始先民的集体主义观念和性质。在《图腾主义与外婚制》中,詹姆斯·乔治·弗雷泽把图腾分为三种类型:氏族图腾、性图腾和个人图腾,氏族图腾是指整个氏族的图腾;性图腾是指氏族中男性和女性所分别拥有的图腾;个人图腾是指某一个体的动物或植物保护神。英国功能学派马林诺夫斯基认为图腾信仰之所以成为初民的信仰,主要是由于人类的功利性需要,图腾制度的主要表现是以某些仪式展示动物和植物,满足人类对的实际生活需要,进而形成人类的主要社会组织制度。例如龙在中国是最具普遍意义的图腾之一,其存在于人们的思维意识中,炎黄子孙普遍认为自己是龙的传人。在私修谱牒叙事中,即存在一定的图腾崇拜意识。在湖北长阳县磨石坪的《谭氏宗谱》中载有《系表总述》:

> 周末有谭拾子,汉有谭长、谭贤,皆其后。原居蜀中,族繁。元季,我太始祖之母聂,有遗身,避乱走楚之巴东,历尖刀崖,贼迫入七星洞中,塞洞口。母见洞中有清泉一道,向西流,旁有巨釜一,遂坐釜中,泛至外口,则峭壁无路。俄,一苍鹰集母前,作人言曰:"盍乘而下乎?"母即附其背,闭目下,则平地也。渴甚。俄,一锦鸡旋集母前,啄地出泉,母甘之。锦鸡素质五彩,即鹔雉也。母饥,见蔓荆子荣繁,采食之,饱,无害。近有丛桂,荣,荫母,因结小栖于下。未几,生一子,名天飞,志祥也。其后,地名落婆坪,母家在焉。有遗迹苍鹰崖,锦鸡水。巴东别有谭氏,乃汉王陈友谅庶子,国亡奔此,易姓成族者,吾巴族多与通谱,吾斥之。吾族世称鹰鹔谭家……太始祖天飞生八子,长桂寅,属巴东木树坪。次桂传,居大水坪。三桂芳,居水田坪。六桂林,后改珍,居湖北长阳磨石坪。七桂枝,居家社坪。八桂海,居落婆坪。八祖既分居,后人又自相谓:八坪谭家也。今诸坪各祖其祖,而我磨石遂祖珍公。①

---

① 刘黎明:《祠堂·灵牌·家谱——中国传统血缘亲族习俗》,四川人民出版社,1993年版,第175页。

从这一叙事中可以看出,这段话既有古代原始神话的元素,又有谭氏族人奋斗的传说故事,并传递着千年的图腾崇拜,谭氏宗族的图腾为鹰鹞,他们自称"鹰鹞谭家","谭氏家谱中的图腾神话,不仅从纵的方向上把血脉从远古维持到近代,而且还从横的方向上,把方圆几百里的同宗谭氏联系在一起。"①从而将同姓族人凝聚在一起,便于开展社会团体活动。

在少数民族私修谱牒叙事文本中,图腾崇拜尤为明显。如,在彝族文献《彝族创世志·谱牒志》《西南彝志》《彝族源流》《土鲁窦吉》《宇宙人文论》等文献中,明确记载了天地万事万物起源于"气","气"是万事万物形成的本源。可以看出彝族先民的最初图腾崇拜是"气",其后演变为动植物图腾崇拜,其中,动物图腾崇拜多于植物图腾崇拜。彝族动物图腾主要有:虎、豹、熊、龙、马、象、蛇、獐、牛、猫、鼠、狗、猪、麂、羊、兔、雕、雁、鹭和鸡等;植物图腾主要有竹、松、荞和蕨等;此外,还有自然物图腾,主要是火。

> 在四川德昌县自称'纳苏'的彝族中,以各种动植物作为他们氏族(家支)的图腾:羊、獐、狼、熊、雉、谷子、李子、鼠等。其中鼠氏族(家支)又分12个小氏族:黑鼠、白鼠、花鼠、粗毛鼠、好吃鼠、贼精灵鼠、臭耗子、小眼睛鼠、长耗子、田鼠、松鼠、钻土鼠。云南北部武定县彝族有用虎、黄牛、鼠、猴、獐、龙、蛇、梨树、水、黑、山、光明等十五六种动物、植物、自然现象作图腾的氏族(家支)。云南西南部新平县及哀牢山元江县自称'纳苏'的彝族有水牛、绵羊、岩羊、白鸡、绿斑鸠、黑斑鸠、獐、蛤蟆、黑甲虫、榕树、香茅草、细芽菜、猪槽等十六七种动物、植物、器物作为图腾的氏族(家支)。②

傈僳族的氏族名称也蕴含着图腾元素,傈僳族的氏族名称一般来自动物、植物和自然物,图腾崇拜主要有火、霜、船和犁等;满族的氏族图腾主要有鱼、猪、狼、桃、黍、槽、盔、雷等。

---

① 刘黎明:《祠堂·灵牌·家谱——中国传统血缘亲族习俗》,四川人民出版社,1993年版,第178页。
② 杜若甫:《中国少数民族姓氏》,民族出版社,2011年版,第641–642页。

（二）生殖崇拜与血缘至上意识

恩格斯认为："根据唯物主义观点，历史中的决定性因素，归根结底是直接生活的生产和再生产。但是，生产本身又有两种：一方面是生活资料即食物、衣服、住房以及为此所必需的工具的生产；另一方面是人类自身的生产，即种的繁衍。"①宗族自身的繁衍不仅是生产力低下社会发展的决定因素，而且在当时也关系到宗族是否可以延续的根本性问题，私修谱牒产生之前就存在生殖崇拜，但在私修谱牒产生之后，其宗族世系中那些传承繁衍下来的宗族人名谱系就成为生殖崇拜的载体，随着生产力向前发展，其最终结果就会转换为祖先崇拜。生殖崇拜是私修谱牒叙事中十分重要的意识形态之一，其伴随于宗族成员的生活风俗、观念与智慧。生产力低下时期的宗族成员在时刻面临着灾难与死亡的威胁，对生命的祈求与渴望便孕育了生殖崇拜意识，也使生殖崇拜成为宗族文化观念的核心之一，赵国华认为："在原始状态的生产方式下，人口的增加就意味着人手的增加。那时，社会培育人手的'投资'很少，而一个五六岁的儿童即可以从事采集劳动。因此，人类自身的繁殖便成了原始社会发展的决定因素。出于对作为社会生产力的人的再生产的严重关切，原始人类中出现了生殖崇拜。换句话说，生殖崇拜反映了绝对庄严的社会意志——作为社会生产力的人的再生产。"②可以看出人类生殖崇拜意识具有悠久的历史。生殖崇拜与血缘至上意识在私修谱牒的叙事文本中尤为突出，在宗族世系中子嗣的传承便是生殖崇拜与血缘至上意识的一种表现形式，葛兆光认为："对于祖先的重视和对于子嗣的关注，是传统中国一个极为重要的观念，甚至成为中国思想在价值判断上的一个来源，一个传统的中国人看见自己的祖先、自己、自己的子孙的血脉在流动，就有生命之流永恒不息之感，他一想到自己就是这生命之流中的一环，他就不再是孤独的，而是有家的，他会觉得自己的生命在扩展，生命的意义在扩展，扩展成整个宇宙。"③血缘至上在宗族观念中至关重要，这也是编纂者在宗族史中反复阐明的主题，通过宗族史加深这一观念或通过人物事件显现人物性

---

① 恩格斯：《家庭、私有制和国家的起源（第一版序言）》，《马克思恩格斯选集（第四卷）》，人民出版社，1972年版，第18页。
② 赵国华：《生殖文化崇拜论》，中国社会科学出版社，1991年版，第391页。
③ 葛兆光：《中国思想史（第一卷）》，复旦大学出版社，2001年版，第24页。

格来彰显"善"的功能。再如《河南程氏正宗世谱》谱序《重纂河南程氏正宗世谱序》:"家谱一书,乃水源本木所系,为子孙者不可不加意考订也。而有不肖者日服尽,则亲尽。亲尽,则情尽;情尽,则途人而已……始依旧章详悉成篇,庶数传之后,不至不识祖父为何人,即迁居他方者,亦不至不识族众为谁氏,是谱落成。"①这里可以看出对血缘的重视,修谱者告诫族人要尊祖敬宗,不忘先祖、不忘本源。

宗族世系本身就是要强调本宗族始祖的来源以表明血统,表现宗族主体延续,血缘至上的性质在宗族成员录谱时尤为突出,即使外姓过继而来者入谱,改其姓,过继仪式严格,谱载时有明确记载,即使是本宗族内部成员之间过继子嗣也要在世系中标明,如《白居易家谱》在《白居易后裔谱系》中:"始祖,讳居易,字乐天。配杨氏,生一子,少亡……生一女,适监察御史谈公。取胞兄幼文次子景受嗣。"②可以看出,白居易以其兄白幼文之子白景传其后裔。

(三)祖宗崇拜意识

自从私修谱牒诞生那天起,祖宗崇拜意识就蕴含其中,世系的传承正是祖宗崇拜意识的呈示,同时也在回答人是从哪里来的问题。祖宗崇拜意识是私修谱牒叙事中潜含的其他一切意识的基础,卡西尔认为:"在很多情况下祖宗崇拜具有渗透于一切的特征,这种特征充分地反映并规定了全部的宗教和社会生活。"③其进一步认为,中国人民拥有祖宗崇拜这一显著信仰。私修谱牒是中国宗族的宗族史,祖宗崇拜意识存在于里面的各个方面。编纂者在编纂宗族世系时普遍对始祖有崇拜感,并且本宗族成员对始祖亦是如此,具有祖宗崇拜的性质,"祖先崇拜是先民对生命来源和人与人之间的社会关系反思的结果,是先民家园意识和归属情感的体现,反映了先民跨越时间维度的价值观念和自我精神的确定。"④随便翻阅一套私修谱牒,无论是

---

① 未题纂者:《河南程氏正宗世谱》,洛阳理工图书馆馆藏,未题时间,第11–12页。
② 洛阳市郊区委员会学习文史资料委员会编:《白居易家谱》,洛阳理工学院图书馆馆藏,1990年版,第94页。
③ 恩斯特·卡西尔:《人论》,甘阳译,上海译文出版社,1985年版,第108页。
④ 李社教:《张扬之美——三星堆文化审美透视》,华中师范大学博士论文,2006年,第50页。

第七章 私修谱牒叙事渗透的文化观念与功能

在宗法、谱序、传记、宗祠、坟茔还是大事记中,都充斥着对祖宗的崇拜感,此亦为宗族收宗睦族的必要方式。私修谱牒是一种关于本宗族的历史载体,"宗族"这一词本身就具有浓厚的祖宗崇拜意识,常建华认为:"宗族即同一父系祖先若干分支结成的同姓集团……宗族已成为一种制度,即它是宗族活动有组织的系统,以祖先崇拜把族人结合在一起,强调共同体意识和互助精神,并有相应的规范。"①从中可以看出祖先崇拜意识在宗族中的根深蒂固,之所以宗族成员可以在一起相安无事,祖先崇拜意识起到了一定的积极作用。

宗族世系中潜含着宗法伦理,祖宗崇拜意识是宗法所呈示出的一个重要文化观念,对宗法的理解,张载认为:"管摄天下之心,收宗族、厚风俗,使不忘本,须是明谱系世祖与宗子法。宗法不立,则人不知统系来处,古人鲜有不知来处者。宗子法废,后世尚谱牒,犹有遗风。谱牒又废,人家不知来处。无百年之家,骨肉无统,虽至亲,恩亦薄……宗法若立,则人人各知来处,朝廷大有所益。"②所以宗法最主要的用意即是知其来处,宗法最初虽源于宗庙类场所对本宗族祖先世系的一种祭祀规则,但其中包含着对本宗族成员身份和对先祖资格的认定。

在谱序中,对于本宗族始祖、始迁祖、迁祖等事迹叙述详细,本宗族的传承具有祖宗崇拜的性质,如《白居易家谱》载有《香山传谱人》对始祖白居易的描绘:"诗人白居易是我白氏迁洛始祖……白居易官高二品,著有《白氏长庆集》七十五卷。诗人为官清正,刚正不阿,不畏权贵,中立不倚。主张达则兼济天下,穷则独善其身,一生光明磊落,功业间出天地。忠国爱民,流芳千秋。"③从叙述文字中流露出对始祖白居易的崇拜,祖宗崇拜并非某一私修谱牒所特有,而是所有私修谱牒所共有的。尤其是始祖具有功业或是历史名人者,此类私修谱牒都显示出更为强烈的始祖崇拜,这样形成独有的文化内涵。白氏家谱的谱序中多次用"高节懿行"来赞美白居易,显示本宗族成员对始祖白居易的极度敬仰。此外这种始祖崇拜还有道德教化意义,以先祖

---

① 常建华:《宗族志》,上海人民出版社,1998年版,第15页。
② 张载:《张载集·经学理窟·宗法》,中华书局,1978年版,第258—259页。
③ 洛阳市郊区委员会学习文史资料委员会编:《白居易家谱》,洛阳理工学院图书馆馆藏,1990年版,第22页。

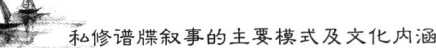

的为人处世来规劝本宗族成员等文化内容。

私修谱牒中记载的宗祠、宗庙是对先祖怀念的场所,其中的宗族祭祀活动是祖先崇拜的一种反映,本宗族成员通过修筑宗庙,举行祭祀活动来表达对先祖的崇拜与尊敬。私修谱牒中载有很多祖先像与祭祀器物等的事物谱图,在这些事物谱图中,祖先像主要通过绘制其面貌来彰显先祖的仁慈、忠厚、善良等内在气质,把中国儒家礼的形象描绘其中,隐含了祖宗崇拜的文化观念。祭祀器物是宗族大型祭祀事件必不可少的容器,主要用于盛放祭品,图形非常多,尤其是动物图形,如《河南程氏正宗世谱》中载有龙、凤、虎、狮、象、饕餮等动物。祭祀器物上的图形具有潜含的文化意义与审美感,普列汉诺夫在《没有地址的信·艺术与社会生活》中这样解释原始民族对动物的肢体与皮毛的重视现象:"这些东西最初是只是作为勇敢、灵巧和有力的标记,所以开始引起审美的感觉,归入装饰品的范围。"①在中国古代思想私修谱牒中,这些图形的存在不仅具有装饰品的意义更被赋予了宗族文化观念,潜含着政治权利的观念。作为装饰品的祭祀图形所营造的严肃、静穆、神秘等氛围,势必引起宗族成员对祖宗的崇拜、敬畏,同时使得本宗族上层对本宗族思想的控制和掌握更为容易,它指引着本宗族思想观念的形成,成为政治理论实现的一个强有力的因素。李泽厚认为:"各式各样的饕餮纹样及以它为主体的整个青铜器其他纹饰和造型,特征都在突出这种指向一种无限深渊的原始力量,突出在这种神秘威吓面前的惧怖、恐惧、残忍和凶狠……它们之所以具有威吓神秘的力量,不在于这些怪异动物形象本身有如何的威力,而在于以这些怪异形象为象征符号,指向了某种似乎是超世间的权威神力的观念……"②这些运用于祭祀器物上的图形,实际上在人与神之间架起了一道可以想象的桥梁,最终指涉祭祀活动本身。罍和尊等图像装饰品在河洛地区私修谱牒记载祭祀活动中经常出现,这也是河洛文化在商周时期作为强势文化的特色之一,尤其是饕餮纹样在祭祀中出现频率更高,"在它那狞厉可畏的外表下,沉淀着无可阻挡的巨大历史力量,正是这种反映了时代精神超人的历史力量才构成了商代青铜艺术的狞厉的美的本

---

① 普列汉诺夫:《没有地址的信·艺术与社会生活》,曹葆华等译,人民文学出版社,1962年版,第12页。

② 李泽厚:《美的历程》,文物出版社,1981,第36-37页。

质,而其狰狞的面目,则是殷商文化崇尚征服之力的写照。"①因此,不难看出这些图形所具有某些超自然力量和似神的意义,此意义便具备了图腾崇拜和自然崇拜的内涵,祖宗崇拜隐含其中。综上,祖先崇拜的文化观念无论是在宏观叙事体例、中观叙事体例,还是在微观叙事体例中随处可见,如,冯尔康在《宗族史话》中指出:"祭祀是祖先崇拜观念的体现,起着凝聚宗族的作用。"②宗族祭祀祖先是一项极其严肃而神圣的活动,如果说祭祀活动是祖宗崇拜意识的内容载体,那么宗祠便是祖宗崇拜意识的形式载体。

(四)男权中心意识

以父系为主的社会形态是中国汉族宗族世系延续的基本原则,在此基础上,私修谱牒皆以父系为主的宗族世系形式呈现。在宗族世系叙事形式建构中,以男性为中心,多采用五世一图进行叙事,也有非五图叙述,也有单纯文字叙述。编纂者多以五世图的形式进行建构世系,其他还有按照世代顺序进行文字建构,这就涉及中国传统文化的三族、五世、九族。《礼记·丧服小记》对此解释为:"亲亲,以三为五,以五为九,上杀、下杀、旁杀,而亲毕已。"③

1. 三族、九族

三族、九族是一个亲属范畴,对于这一范畴有不同的理解,三族,有些学者指本宗族内部父、子、孙这一直系形成的三个宗亲旁系分支,属于世系群;有些学者指由三个不同姓氏宗族由于子女婚姻而形成的姻亲组合,以父族、母族、妻族为特征,属于亲属群。九族是建立在三族建构原则之上的一种宗族制度,对于九族的范畴有古今之别,古义理解九族之说是建立在父系直系原则下的连续九个世代,即九代亲属:高祖、曾祖、祖父、父亲、自己、儿子、孙子、曾孙、玄孙,注重父系直系的传承;今义理解九族是建立在父系直系与旁系结合原则下以父系宗亲为中心涉及母系、妻系异姓氏宗族连襟世代,主要由父系、母系与妻系三者组成,在父系直系的传承中注重与本宗族有婚姻关

---

① 李社教:《张扬之美——三星堆文化审美透视》,华中师范大学博士论文,2006年,第35页。
② 冯尔康、阎爱民:《宗族史话》,社会科学文献出版社,2012年版,第33页。
③ 孔颖达:《礼记正义》卷三二《丧服小记》,载《十三经注疏》,上海古籍出版社,2008年版,第1495页。

系的异姓亲属群。

2. 五世

五世处于三族与九族之间,在私修谱牒中,五世图是欧阳修在《欧阳氏谱图》中表达世系的一种表达方式,由第一代写起,下标注配偶与生子若干,以图引出若干线性分支,这样依次写出第二、三、四、五代,这样第一图完成。另一图,先写第五代,后写第六、七、八、九代,第二图完成。值得注意的是,从第二图开始每一图更新四代,直至本宗族世系叙述完。在私修谱牒的宗族世系中,五世图中每一图世系排列顺序已经超出单纯的五代世系群,涉及亲属群,包括母系与妻系,因此私修谱牒世系分析要站立在父系世系群为主,母系与妻系亲属群为辅的立场来分析这一形式,还有其潜含的意识形态。此外,文字世系也是如此,父系世系群要兼顾母系与妻系亲属群。这样看来,私修谱牒的理解是建立在三族的后一种解释与九族的今义颇为相似。因此,宗族的世系分析比简单的父系这一单系群所隐含的文化内涵要复杂得多、丰富的多。

在私修谱牒的宏观叙事体例中,宗族世系具有不可替代的作用,其表现形式是以文字、线图、表格等表现本宗族世代之间的关系,其叙事文本由四种类型组成:有序连续陈述式文本、有序间断陈述式文本、无序连续陈述式文本、无序间断陈述式文本。在这四种类型的建构中,按照父系世系的原则,直系为主干,旁系为枝干的形式进行叙述,叙述形式主要有宗族用表,有的宗族用图,还有的宗族用文字,在这三种形式中大多以五世图为主。编纂者利用这些形式,把本宗族已去世的和现存的成员编纂入谱,无论编纂者基于什么样的心态去编纂,但以父系为主的直系主干与旁系枝干的叙事原则不变,这也是宗族世系最为基本的原则。通过这一原则,编纂者按照父系世系关系的连续性有序地排列上下世代。

私修谱牒的宗法是男权中心意识转换后的存在形式,宗法分大宗与小宗两种形态。大宗法是指宗族世系中直系宗亲系列,《礼记》中:"别子为祖,继别为宗"[1]是其纲领;小宗法是指宗族由于某些原因对宗族世系记载小范

---

[1] 孔颖达:《礼记正义·大传》,《十三经注疏》上海古籍出版社,2008年版,第1508页。

畴宗族世系,《礼记》中:"继祢者为小宗"是其纲领。对于小宗法的世系,毛奇龄总结为:

> 宗为兄弟设,人皆知之。故郑注亦曰:"小宗者别子之长子,与其兄弟为宗。"而孔疏于"五世迁宗"之下,亦云小宗有四:"一是继祢,与亲兄弟为宗;二是继祖,与同堂兄弟为宗;三是继曾祖,与再从兄弟为宗;四是继高祖,与三兄弟为宗。"夫惟各族各立宗,各从立族者起世。则一父之子,继祢者必亲兄弟宗之为一世;继祖者必同堂兄弟宗之为二世,可由是而推于尽,为五世迁宗之法。①

"五世迁宗之法"也是小宗法的基本内涵所在,大宗法与小宗法在世系中起到不同作用,大宗法在宗族世系中是以纵向的直系形式从始祖开始,无限的向后延伸,呈示宗族的历史性,男权中心意识的不可动摇性,而小宗法在宗族世系中是以横向的旁系为主体,有限的拓宽着整个宗族的规模,呈示的是宗族的社会性。大宗法与小宗法形成,在私修谱牒中也蕴含着宗族的伦理观念,在纵向上展现的是父父子子的伦理观念,在横向上展现的夫妻兄弟之间的伦理观念,尤其是小宗法中还存在婚姻观念,如夫妻、连襟等姻亲。

编纂者编纂宗族世系的目的很明确,就是要确定本宗族成员曾在本宗族的历史中存在过,彰显本宗族的实力与魅力,收宗睦族,繁衍子嗣。那么,宗族成员怎么样才能确立自己在宗族中的特殊位置呢?恩格斯认为:"亲属关系在一切蒙昧民族和野蛮民族的社会制度中起着决定作用。"②父系直系与兄弟旁系是其主要依据,其次母系与妻系是辅助依据,列维-斯特劳斯在分析澳大利亚北部摩恩金人的系统时讲道:"每个人在确定自己的亲属关系时候需要使用四个地方群体,其中三个是固定的,一个是非固定的,利用它们来确定自己在四个亲系之中的位置:本人的,他的'妇女的提供者'的,他的'妇女的接受者'的,以及最后一个可以由他选择的亲系——他的提供者

---

① 毛奇龄:《大小宗通绎(第一册)》,《清经解续编(卷二三)》,上海书店出版社,1988年版,第94页。

② 《马克思恩格斯选集(第四卷)》,人民出版社,1972年版,第242页。

的提供者的亲系,或者是他的接受者的接受者的亲系。"①每个人在自己生活过的地方都有想确立自己位置的愿望,都有想得到本宗族或他族认可的意愿,列维-斯特劳斯所提到的"他的提供者的提供者的亲系,或者是他的接受者的接受者的亲系"是指妇女的父姓,包括母的父姓和妻的父姓。因此,在私修谱牒中本宗族成员的确立需要父系、母系、妻系的结合,宗族世系中包含了主要的亲属关系,如父子关系、兄弟关系、夫妻关系等,在本宗族中,编纂者最大限度地叙述出男性在实际宗族生活中的位置,这样在宗族世系中就确定了男性中心的地位。如今虽然男女均可入谱,但以男权中心意识这一文化观念并没有从根本上得以改变。

(五)忠孝意识

私修谱牒是一个宗族的发展简史,是一个家庭文化观念的载体,忠孝意识便是这一文化观念之一,黑格尔认为:"中国人把自己看作是属于家庭的,而同时又是国家的儿女。在家庭之内,他们不是人格,因为他们在里面生活的那个团结的单位,乃是血统关系和天然义务。"②在中国的家庭中,孝敬是一个十分重要的观念。从私修谱牒的人物传记中即可揣摩出这一观念对宗族的影响。传是本宗族最有影响的人物载体之一,也是编纂者树立宗族光辉形象的地方,每一个人物传记都包含着一个宗族世界,映射着时代文化,承载着宗族的历史使命,感化、引导和激励着本宗族成员。当读者阅读传记时,就是面对着叙述者用话语描绘人物历史,过去他所生活于其中的环境、事件、风俗与生活,要研究人物传记的文化观念,首先引起注意的是人物传记中所表现出来的能展现当时文化特点的宗族图景,而真正体现的文化观念就潜含在人物的文化特征中。私修谱牒人物传记的文化特征存在两种背景:一类是以社会环境为背景,展现传主的建功立业,忧国忧民等文化观念,这类传主一般在当时社会具有一定影响,为国家的繁荣昌盛做出一定贡献,且是中国传统文化中"忠"这一伦理观念的有效阐释者;另一类是以宗族生活为背景,展现的光宗耀祖、传承血脉、树立形象等宗族文化观念,这类传主一般在宗族中具有一定的影响或对宗族的发展起到过关键的作用,其是中

---

① 列维-斯特劳斯:《人类学讲演集》,张毅声译,中国人民大学出版社,2007年版,第151页。

② 黑格尔:《历史哲学》,王造时译,上海书店出版社,2001年版,第122页。

国传统文化中"孝"这一伦理观念的有效阐释者。传记中这些传主的生活方式与做事风范对本宗族成员的影响至深,并对本宗族整体观念的形成具有推动作用,对本宗族事件的进程与结局甚至会起到决定性的影响,但是不能决定宗族历史发展的基本趋势与整体观念的形成。

志中的墓碑志、祠堂志中隐含着祖宗崇拜与"孝"的伦理观念,在《邵氏家谱》的《碑记坟墓》中宋元祐七年(1092)邵雍写道:"坟墓者祖宗之体魄所安,孝子慈孙所思,世守而不忘者……凡我子孙于祖宗坟墓记以碑石刻其上,曰某祖之墓,则世代虽远,碑石犹存。"①祖坟是一个宗族精神支柱转换为实物寄托处,这里可以看出邵氏后人具有强烈的祖宗崇拜的观念与守坟立孝的思想。墓志铭既能体现撰写者对先人崇拜之感,也展现出先人的人格魅力。在《邵氏家谱》的《宋康节先生墓志铭》中宋程颢写道:"先生之德器猝然,望之可知,其贤然不事表暴不设坊畛,正而不谅,通而不污,清明坦夷,洞彻中外。"②对邵雍人格魅力的展现,表达程颢对邵雍的敬佩之情,编纂者把这一墓志铭收录《邵氏家谱》,表明编纂者这一主观选择之下与程颢对邵雍具有相同或相近的情感,或说由于血缘至上的观念,邵氏宗族成员比程颢更具有这方面的情感。

在私修谱牒中,有些会以诗文的形式表达"孝"这一伦理的阐释规劝意愿,《邵氏家谱》载有《康节夫子训世孝悌诗》共10首,叙述了子孝亲的重要性与方法,最后10首之外又增加了一首以表达社稷顺达,宗族平安、田禾丰收的愿望之诗。河洛地区众多私修谱牒中的族规或家训都使宗族上层有利于对本宗族成员的管理和约束,同时给予上层某些特殊权益,在忠孝意识基础之上使其成为权利的象征,具有了政治意义,显示了本宗族的制度观念。

(六)光宗耀祖意识

光宗耀祖意识在私修谱牒的叙事文本中随处可见,若要理解这一意识,就要从四个方面来把握:其一是编纂者;其二是谱序撰写者;其三是叙事文本;其四是本宗族成员。

---

① 未题纂者:《邵氏家谱(卷二)》,洛阳理工学院图书馆馆藏,未题时间,第23-24页。
② 未题纂者:《邵氏家谱(卷二)》,洛阳理工学院图书馆馆藏,未题时间,第38页。

1. 编纂者

编纂者本身就是所该谱编纂牒姓氏源流血脉的延续,即本宗族成员之一。编纂者在编纂的过程中始终带有一种特殊的情感,这种情感贯穿于编纂始末,对先祖和本姓氏的崇拜,对本宗族杰出人物的赞美,对发生在本宗族且有益于宗族或社会的重大事件都会尽可能的浓笔细琢,这其中就潜含着光宗耀祖意识,这样描绘基于两方面原因:其一是有利于增加本宗族成员对本宗族的认可;其二有利于本宗族增强对外族或社会的影响。光宗耀祖意识并非某一编纂者个人所具有的,而是众多编纂者在编纂本宗族私修谱牒时墨守成规的一种文化观念。

2. 谱序的撰写者

翻阅河洛地区这236套私修谱牒中的谱序,载有撰写和撰写时间的谱序占95%以上,如《丘氏家谱》谱前16序,均有撰写者的姓名与撰写时间;《张氏家谱——世德堂》谱前6序,均有撰写者的姓名与撰写时间;《洛阳宜阳裴氏家谱》谱前10序,均有撰写者的姓名与撰写时间等,这也是私修谱牒叙事与历史叙事不同之处的比较重要的部分。在宗族史中,谱牒场起到了关键性的作用,编纂者借助自己感兴趣的素材,以谱牒场为载体,无论是自己精细编纂宗族史,还是借助他者的资料,在宏观上皆具有系统性,利用谱牒场来掌控宗族发展史的叙事节奏,并将光宗耀祖的意识融入其中。读者研读谱序,其间总是充满对先祖的崇拜和对宗族发扬光大的期待。

3. 叙事文本

叙事文本中体现光宗耀祖意识的主要有两个方面,其一是世系叙事文本,其二是人物传记叙事文本。在世系叙事文本中光宗耀祖意识体现在对世系成员生命信息介绍中,尤以官爵的叙述为甚,如《河南程氏正宗世谱》世系中载有:

> 延:晋咸宁中除王屋令,又拜骠骑将军、荆州刺史,又拜侍中、封东阿侯。按旧谱,延为延绍,为咸公一十九世孙。以别派诸谱考之讹,今改正……元谭:东晋为镇东军谋,晋王即位假节行新安太守,多惠政,民大悦,代还民挽留遮道不得去,诏褒嘉之,卒帝为震悼,赐其子孙田宅于歙,是为黄墩始祖。自智彻三子分房,巩洛诸

程、洛赵诸程出曲阿侯,济汝诸程出东阿侯。咸七世至文昌,出自上程房,元谭渡江出自东阿房。三族皆以广平为切望。①

此处对世系成员的官爵做了叙述,是为光宗耀祖意识的一种表现形式。在人物传记中对官爵叙述也有很多,在光宗耀祖意识之下还潜含着崇拜与敬重意识,如《范氏家谱》传记,载有:

> 北宋参知政事范仲淹传:范仲淹,字希文,祖籍邠州(陕西彬县人),唐武则天垂拱中,其十代祖履冰任鸾台凤阁平章事(宰相),始迁长安,唐懿宗咸通十一年,四代祖范隋任处州丽水县(今浙江丽水)丞,浙江裘甫起兵攻中原,不得北归,遂迁苏州吴县。唐亡,归吴越王钱俶下属。曾祖梦龄事吴越为苏州节度粮料判官,祖父赞时为秘书监,父墉于宋太平兴国三年(公元九七八年),随吴越王钱俶归宋,历任武德、武信、武宁三军掌书记,娶陈氏,继娶谢氏。仲淹为谢氏所生,掌书记之五子。②

从中可以看出,在叙述范仲淹之前,先叙述其先祖,在叙述先祖时,着墨最多(或说祖先最具代表性)的是其官爵,官爵在私修谱牒中是光宗耀祖意识的有力表现。并且在呈示光宗耀祖意识时,有些地方会以官爵来代替宗族成员,如这里的"掌书记"来代替范仲淹之父"墉"。此处称谓除了有光宗耀祖意识之外,还有避讳先祖名字之由,可见光宗耀祖意识的背后或多或少即有对先祖敬重并崇拜的成分。

4. 宗族成员

对于宗族成员而言,光宗耀祖意识是作为一种本能性的存在,其存在与宗族成员的自身观念中,无论是从父辈、祖辈或是从私修谱牒中,皆能潜移默化地继承光宗耀祖这一志愿,宗族成员都希望本宗族繁荣昌盛,壮大无比,在先祖的影响之下,这也成了宗族成员追求功名的目标。因此,光宗耀

---

① 未题纂者:《河南程氏正宗世谱(世系篇)》,洛阳理工学院图书馆馆藏,未题时间,第5页。
② 未题纂者:《范氏家谱》,洛阳理工学院图书馆馆藏,未题时间,第104-105页。

祖意识是宗族成员比较持久的一种文化观念的呈示。

(七)宗族一体意识

编纂者编纂私修谱牒最为主要的目的之一就是收宗睦族,尊祖敬宗睦族正是宗族一体意识的呈示,中国的宗族成员大多是群体生活,同姓一家,同宗同族的居住。无论是在实体存在物中,还是文化观念中,宗族一体意识体现在诸多方面,这里重点通过论析谱图来阐释宗族一体意识的形成。众多私修谱牒微观叙事体例中建筑谱图呈现同一性,无论房屋谱图、宗庙谱图还是祠堂谱图,建筑样式呈现出左右对称、坐北朝南,等级建筑、环山饶水(背靠山,前临水)等特点。宗族中的宗祠是祭祀祖先的地方,此外还是祭祀天地,祈求降雨、风调雨顺、多子多福的地方,这也是中国宗族社会所孕育的独特产物,也是一种文化伦理的象征。宗祠在宗族中具有崇高性,它代表着对先祖的尊崇,彰显着宗族等级观念。宗祠左右中轴对称,并在对称轴线上呈现有序排列和左右对称的特点,隐含着宗族伦理秩序和等级森严的宗法制度,同时,这种左右对称的建筑形式具有儒家礼乐的内涵,并具有和谐之美,"这种和谐美,不仅受儒家礼数几千年的影响,而且在一定意义上契合了包括中华民族在内的全人类的某种审美生理与心理机制。"①这样的建筑特点也反映出天人合一与宗族一体的意识,同时呈现了人、建筑、自然之间和谐相处的一种状态,进而可推测出其潜含的中和之美,因中庸之道强调社会的内聚性,即团结和睦,这样的建筑谱图也顺应了私修谱牒敦宗睦族的性质。如,《河南程氏正宗世谱》载有《嵩县敕建两程祠制图》:

> 这是一座坐北朝南的建筑群,背靠耙楼山,前有伊河活水相环绕;最前面是大门,称为诚敬门,过道学堂又有一个门叫礼门,进去后是启贤堂,最里面是两层著述楼,这是一个中轴线,左右对称,若是从中间把此图分开,左右除了建筑物的名称不同外建筑样式完全相同。

---

① 托伯特·哈姆林:《建筑形式美的原则》,中国建筑工业出版社,1982年版,第35页。

第七章 私修谱牒叙事渗透的文化观念与功能

建筑群整体蕴含着天地交流统一的意识反映：房屋建筑图与坟茔图不但具有天人合一的宇宙观，还具有"风水"的性质，这里的风水是建立在科学唯物史观基础之上的一种人居生活方式，如北山面水，即要左右环抱，后高前低，聚气藏风。这里的住宅要求要有生气，不仅要有适宜的气候环境，还要有景观价值以满足宗族成员对山水的特殊爱好和需求。与此同时，宗祠建筑的同一性也体现了宗族内在精神的一体性，宗族一体意识成了宗族精神凝聚的关键所在。

事件谱图是空间叙事的一种表现，其背后潜含着丰富的意识形态，这里的事件谱图有的是一幅图画，有的是多幅图画组合而成。一幅图画的谱图时间停留在意识之外，展现的是事件的一瞬，通过绘画中的人物表情、动作、语言、服饰以及周围的事物来表达事件的内容，编纂者所要表达的真正意义，需要读者通过这一瞬体会这一事，对读者而言，事件完成需要丰富的想象力来填充，并体会其蕴含的文化观念。多幅图的事件谱图是建立在一幅谱图的基础之上，根据众多谱图所突出的情节结构来填充单幅图画之间的内容。虽然，谱图之间没有其他纽带可连接，但也并不会因此造成接受者理解障碍。这是因为私修谱牒的叙述者与受述者之间存在着一种关于空间经验的默契，这一空间经验的默契是以叙述者所假定的读者为载体的，所体现的是通过谱图叙事与现实经验的同一性对本宗族成员进行道德教化，体现了宗族一体意识，同时潜含着建功立业、仁勇忠孝、宗族认同、血缘至上等文化观念。如，《范氏家谱》谱载范仲淹生平简图，其情节结构是突出范仲淹"先天下之忧而忧，后天下之乐而乐"这一主题，情节结构不变，由多幅图画来展现这一事件，谱图中不管是带领民众修筑捍海堰，还是到江淮一带赈灾，还是戎装赴边关等，都是围绕这一主题展现忧国忧民、刚正不阿的形象，从而告诉本宗族成员这就是本族的光辉形象，在这一形象下潜含着建功立业、仁勇忠孝的文化观念，同时，编纂者重申血缘的重要性，增强本宗族的团结意识，而团结意识是宗族一体意识的前提，宗族一体意识是团结意识的归宿。

此外，环境谱图大都比较简单具体，其中的房屋建筑、住宅概况与坟茔位置等这些谱图与人们的经验构成一种隐喻关系，这种隐喻是本宗族集体无意识投射到这些具体事物中的一种反映。我们正是通过环境谱图的外在形象去探究环境谱图内层次所蕴含的意识形态。众多研究者通常用"儒家思想"对中国传统中的社会道德和生活理想予以认同,然而,从根本意义上讲,儒家思想是肯定现实社会的合理性与道德性的一种社会理性观念,在宗族社会中是以体现社会理性的集体无意识呈示的,宗族一体意识正是这种集体无意识的一种表现形式。宗族一体意识对凝聚宗族力量、弘扬宗族精神、团结宗族成员有着不可替代的作用。

总之,宗族作为实体的存在,所展现的意识形态不仅需要私修谱牒在纵向来表现历史中同一姓氏的整体性观念,还需要其在横向上来表现众多宗族成员在社会生活中共同磨合而汇集的趋向统一的整体性观念。私修谱牒叙事中的文化观念对宗族的传承、发展与繁荣具有重要的意义,这一意义在精神上具有增强宗族自信心、团结宗亲、凝聚精神等作用。

第二节　私修谱牒叙事的文化功能

对于私修谱牒的功能研究,由于选择的角度不同,众说纷纭,研究者多集中在社会、人口、政治、伦理以及文化等这几个方面来论析其功能,其中王鹤鸣的见解比较系统全面,他认为:"回顾五千年来中国家谱对社会的功能作用,是不断变化的:在其萌芽阶段,家谱主要是优生功能;在其兴盛阶段,家谱主要是政治功能;在其完善普及阶段,家谱主要是伦理功能;而近五十年来编修新谱的社会作用,可概括为文化功能。"[①]在文化功能的论述中,王鹤鸣认为近50年来中国谱牒的文化功能主要表现在三个方面:"第一,弘扬中华民族历史文化,增强民族凝聚力……第二,促进海峡两岸文化交流,增强台湾同胞、海外侨胞的向心力……第三,促进社会主义公民道德建设,增强家族成员的亲和力。"[②]这是从新中国成立后谱牒的特点分析的,这样从过

---

① 王鹤鸣:《中国家谱通论》,上海古籍出版社,2011年版,第448页。
② 王鹤鸣:《中国家谱通论》,上海古籍出版社,2011年版,第466—467页。

第七章 私修谱牒叙事渗透的文化观念与功能

去封建的三纲五常的伦理功能(伦理也是文化功能之一)转变为如今为社会主义时代服务的文化功能,为坚定文化自信对私修谱牒叙事的文化功能进行总结。这里试图在前人的基础之上,从文化叙事的审美角度来探究私修谱牒叙事中的文化功能内涵。

一、私修谱牒叙事文化功能的范畴

叙事本身具有一定的功能,"叙事的基础功能之一,是建构一个知识系统,但这不是一个可以用科学标准实证的知识系统,而是一个以人的情感、意志、伦理价值、幻想为依据的知识系统,它的核心是人,是关于人的知识,以人为依据、对象和归宿。它与现代以物为出发点、对象和归宿的科学知识是完全不同的系统,两者之间不可通约……叙事的第二个基础功能是为人类建构意识形态系统……叙事的另一功能是:在操作的层面,通过符号的组织,创构一个人类生存状态和历程、人与世界关系的感性完整的图景。对于任何形式的叙事活动,这是重要的一个任务。"[①]从中可以看出,叙事本身的功能具有知识性、意识形态性与符号性,在这三者中知识系统的建构被认为是最为基本的功能。私修谱牒叙事既是历史叙事的重要组成部分,也是文化叙事的内容。若从文化叙事学的角度分析私修谱牒叙事中的文化功能主要涉及四个方面:其一,建构宗族知识史;其二,传达和强化宗族观念,满足族人归宿需求;其三,激励族人光宗耀祖、奋发有为;其四,强化宗族文化,强化社会组织的横向联系,强化村民社会文化空间,有利社会控制与安定。

二、私修谱牒叙事中的文化功能

私修谱牒叙事中的文化功能与文化观念既有联系又有区别,私修谱牒叙事中的文化观念是指私修谱牒文本记载宗族成员长期生活在同一文化环境中,本宗族成员逐步形成的对自然、社会、宗族与宗族成员本身比较一致的观念。而私修谱牒叙事中的文化功能是指私修谱牒文本中的文化系统在宗族成员的社会生活实践中,能适应和满足宗族成员和宗族多种需要的重要作用,对宗族成员起着目标、规范、意见和行为整合的作用,对整个宗族具

---

① 张开焱:《文化与叙事》,中国三峡出版社,1994年版,第111-117页。

有价值导向的意义。

（一）建构宗族知识史

私修谱牒具有建构宗族知识系统的功能。通过谱牒中的世系图谱，一个宗族的源起与发展繁衍的树形历史脉络与过程得以宏观呈现，同时，通过谱牒中的各种中观和微观叙事体例，一个宗族发展历史中那些最重要的人物、器物、规约、财产等得以被忠实记录展示，这些都历史地建构着该宗族的起源和发展的知识系统。宗族知识要从两个方面分析：其一是对私修谱牒文本而言，文本里涉及的宗族史可以被多种不同形式的叙事话语叙述出来，具有明显的虚构性，叙事话语是转义的，这里蕴含的知识具有可变性、不确定性；文本中涉及本宗族世系的客观记载，叙事话语是直义的，这里的知识具有既定性、确定性。其二是对编纂者而言，私修谱牒中的宗族历史知识并非是对真实存在的历史过程一无遗漏的实录，编纂者自己的主观判断、选择、修饰乃至局部的虚构，也起着十分重要的作用，影响着宗族整体历史知识的建构。一方面，编纂者本着坚持实录的原则，但在自己的无意识下又会受到自身的主观情感的影响。在宗族知识系统形成的过程中，编纂者起到引领作用，这里的知识融入了编纂者较多的自身主体理解和选择，其所具有的知识能量成为真实性与虚构性的结合。这里的真实性是以编纂者根据原始材料进行直接陈述事件而言的。虚构性是指带有编纂者主体思想："历史知识在相当的意义上，是渗透了历史叙事者理解和情意的知识，主体性仍强烈的表现在历史叙事中。"[①]因此，私修谱牒中所建构的宗族知识系统功能是客观性与主体性结合的产物。另一方面，编纂者自身的文化程度影响到知识系统的建构，文化程度高者所编纂的私修谱牒叙事文本的知识系统就比文化程度低者所编纂的私修谱牒叙事文本所建构的知识系统要全面，有深度。

建构宗族知识史是私修谱牒叙事中最为基础的一种文化功能，知识史的建构对宗族的发展具有指引作用。私修谱牒的知识史涉及多方面，有学者从历史学、社会学、民俗学、伦理学、人才学、人口学、民族学、经济学、教育学、遗传学、方志学、移民史等不同学科、不同角度对私修谱牒

---

① 张开焱：《文化与叙事》，中国三峡出版社，1994年版，第110页。

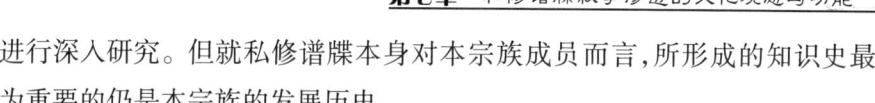

进行深入研究。但就私修谱牒本身对本宗族成员而言,所形成的知识史最为重要的仍是本宗族的发展历史。

(二)传达和强化宗族观念,满足族人归宿需求

私修谱牒有传达和强化宗族观念,满足族人归宿需求等功能,传达和强化的宗族观念主要包括上一章节所涉及的祖宗崇拜意识、生殖崇拜与血缘至上意识、男权中心意识、忠孝意识、光宗耀祖意识与宗族一体意识等。叙事话语本身就渗透了意识形态,编纂者编纂私修谱牒的过程,其实就是阐释本宗族所接受和强化具有统一整体性的文化观念即意识形态的过程。这是一个宗族经历几百年乃至上千年整个宗族成员所形成的共同文化观念,经过一代代人对宗族谱牒的修撰而被积淀、继承、发展和强化。这种意识形态功能形成的原因有三个方面:其一是本宗族历史发展,本宗族的历史是意识形态得以积淀的土壤,在宗族史的发展过程中,本宗族成员的思想观念相互碰撞、擦出火花,在相互的磨合中慢慢形成本宗族文化观念;其二是儒家文化,宗族文化深受传统儒家文化的影响,尤其是其中的教化与伦理功能,对宗族文化观念的形成具有强大的推动作用,宗族本身就是社会成分之一,所以受到儒家文化的强烈渗透,宗族文化与儒家文化相互结合,从而形成更加稳定的宗族文化观念;其三是编纂者自身的社会性质,编纂者自身的社会性质对文化观念的形成处于强势地位,社会地位越高,所潜含的意识形态越代表上层宗族成员的观念;社会地位越低,所潜含的意识形态越代表下层宗族成员的观念。从私修谱牒的整体意义去看这些文化观念,编纂私修谱牒的目的是为了现实活着的宗族成员或宗族社会服务的,其目的是向善的,编纂者把宗族生活中的"真"与"善"转化为艺术美的思想融入私修谱牒中。尤其是编纂者通过一系列表现手法对宗族成员人物传记的刻画,把道德净化以审美体验融入其中,并产生对本宗族的道德规范与道德感染作用,从而使得宗族人物传记的道德之善转化为性格之美,道德意识具有美感,这也是编纂者的目的之一,其并非是要有族规来规劝本宗族成员,其最终的意义是希望这种道德意识转换为美感,使族规条约瓦解,成为引导本宗族成员超越自我局限的有效情感力量。这样,这一功能便具有了伦理教化意义,这一意义实现主要体现在尊祖、敬宗、收族等方面,编纂者在编纂私修谱牒的过程中,把尊祖、敬宗、收族融入编纂的过程中。

首先,编纂者自己在这一方面做表率,从而将这些思想观念纳入自己的编纂内容中,通过这些表明宗族的伦理,从而达到凝聚宗族精神、净化宗族心灵、团结宗族力量、匡正宗族思想、标榜宗族实力等方面的要求,编纂者的这一表率本身就在传达宗族观念。

其次,私修谱牒所描述的宗族是一个群体,其本身就是一个小的社会群体,尤其在封建社会,别选举、定婚姻、昭贵贱等注定了私修谱牒是以血缘关系为基础建立起来的宗族内部等级关系,这种封建等级制度是以本宗族的宗法关系为基础的政治制度,"三纲五常"是其基本准则,三纲指:"君为臣纲,父为子纲,夫为妻纲。"五常是保证三纲得以实施的道德伦理规范,包括君臣、父子、夫妇、兄弟和朋友关系。这些也成为各个宗族制度宗法或族规常遵循的一个标准。这些宗法对强化宗族观念起到关键的作用,本身宗族观念是一种逐渐形成的整体观念,不因个人意愿而改变或转移,但宗法却对宗族观念起到了强化与引导的作用。

最后,私修谱牒大量篇幅在叙述世系传承,世系是私修谱牒最重要的部分,世系的作用有五:其一是标注本宗族入谱;其二是强化血缘关系;其三辨认本宗族成员;其四是表明宗族等级关系;其五是归宗认祖。这些作用是由世系的传承所表现的。对于宗族而言,世系传承过程本身就具有传达和强化宗族观念、满足族人归宿需求这一功能。宗族成员首先是个体存在物,这一个体存在物对生的渴望与对死的恐惧是相等的,在对生的渴望寻求自身的来源时,整个宗族便成了个体存在者的庇护所,在这里也只能在这里才能找到一种归属感,这也成了族人归宿需求的精神寄托。

私修谱牒在宗族文化观念的基础上具有建构宗族世界图景的作用,这里的宗族世界图景是建立在本宗族整体感性愿望基础之上的、以期实现宗族梦想的图景。就是通过理解叙事中的时间意识,理解文化观念中的世界观背景。这里感性的愿望来自两个方面:一是本宗族成员,他们感性的愿望是通过现实的幻想空间进行的,这一宗族的世界图景经历了本宗族所有成员的幻想之后,慢慢形成相似的宗族愿望,这就是本宗族的世界图景。这一世界图景通过叙述者表达出来再被读者解读,这一环节是一个图景经历三次转换才在读者面前形成,未必就是真正的本宗族的世界图景。二是编纂者,编纂者把自己的主观体验融入其中,以自己的主观感受编纂本宗族的世

界图景,那么这要经历两次转换才得以在读者面前形成,这是一种不同于正统的本宗族文化观念呈示,而是叙事中文化精神转变为世界图景的一种表现。这里的宗族世界图景是以世界的经验性与合理性为基础的叙事空间原则,编纂者表达出来以后,读者与叙述者并没有共享自己的经验,而是在阅读中屈从叙述者的叙事意图,这样才能更好地理解宗族的世界图景。

(三)激励族人光宗耀祖、奋发有为

私修谱牒还具有激励族人光宗耀祖、奋发有为的功能,编纂者在编纂私修谱牒文本时,有些是简单的东西,从前人的谱牒中原封不动地搬到自己编纂的谱牒里,有些则在搬迁的过程中结合一些新的因素与情境,所结合的情境会随着编纂的过程不断发生变化以形成新的思想或意识。在诸多情境意识中,光宗耀祖与奋发有为比较有代表性。而从传统时间的流程上看,激励族人光宗耀祖、奋发有为这一功能又具有同一性,同一性表现在私修谱牒中强烈的自我意识,表现为对本宗族的虔诚与尊重,对他族不屑与漠视,极尽所能的提高本宗族的自豪感、荣誉感,增加本宗族的凝聚力与向心力,激励本族成员奋发有为,求取功名以光宗耀祖。

(四)强化宗族文化及村民社会文化空间,有利社会控制与安定

强化宗族文化,强化社会组织的横向联系,强化村民社会文化空间,有利社会控制与安定是私修谱牒的社会功能,这一社会功能有利于本宗族的发展壮大,有利于提高本宗族的社会地位或威望。

私修谱牒中的宗族文化主要包括体例和族规,叙事体例在第一章有详细介绍,这里不再赘言,族规是规范本宗族成员立身行事的法规制度,主要包括:族训、族规、族礼、族纪、族法等,这些既是宗族的文化内容也是宗族的历史内容。宗族成员作为个体存在时或从诞生时刻起,便被带入了本宗族的历史中,已经存在的特定气候、地理、习惯、风俗、宗族发展水平等都是宗族史的外化,时刻影响着宗族成员的生命进程。因此,生命也经历着现在或即将变成过去抑或马上到来的未来。从整个宗族史来看,宗族成员个体的这种变化,并非只是纯粹在数量上的增加,而是一种整体远大于部分之和的反映。因此,宗族史及其所潜含的文化内涵也在不断递增,从本质上看,宗族史是宗族文化发展的一个过程,私修谱牒一方面记载本宗族的世系;一方面在传承本宗族历史之余,还是宗族文化汇聚、保存、筛选、积淀、形成的载

体。邹贤敏认为:"谱牒本来就是一种特殊的历史文化,其文化内蕴是相当丰富的。如果说记录宗族世系为族谱之本(体),那么承载宗族文化则是宗谱之魂。没有世系,谱牒乃无本之木;没有文化,谱牒成无魂之体。本因魂在而鲜活,魂因附体而有灵。"①可以看出,谱牒文本与文化是相辅相成的一体。河洛地区的私修谱牒所承载的宗族文化具有地域性,与儒家文化一脉相承,讲传统、讲礼义、讲正气、讲利民、讲仁爱、讲忠孝、讲良知、讲奋发向上、讲光宗耀祖。在族规中融合了道德规范,有利于本宗族的安定。

随着时代的发展,私修谱牒由原来的秘不外传慢慢形成如今宗族之间可以相互交流、相互学习的状态。这样有利于强化社会组织的横向联系,强化村民社会文化空间。私修谱牒不仅在本宗族内部是一部行之有效的祖典,同时,也逐渐形成一种社会化物质,纵向上对本宗族的发展起到指引和启示的作用,横向上使得宗族之间和睦相处、相互尊重、共同繁荣,也有利于社会控制与安定。

编纂者编纂谱牒的次数与社会的安定有着紧密的联系,越是稳定繁荣的时代,宗族修谱的愿望越强烈,盛世修谱是宗族成员心之所向,每一次修谱都是一次对自身根源的再次探寻,对自己先祖的深刻缅怀,同时也是对本宗族宗族史作一次全方面肯定和现阶段的总结。通过编纂本宗族的私修谱牒或阅读本宗族的私修谱牒可以起到弘扬宗族文化、传承宗族思想、教化宗族成员,提升宗族一体意识的作用。进而可以增强本宗族成员的凝聚力与向心力,提升宗族的荣誉感和自豪感,为社会的和谐发展起到积极的推动作用。

---

① 邹贤敏:《世系·文化·历史观》,《湖北大学学报(哲学社会科学版)》,2007年第1期,第78页。

后 记

　　私修谱牒叙事文本,无论是叙述宗族史的进程,还是以大量的人物名称连缀世系,还是描绘一个环境或事物,它都是一种话语形式,且都具有叙事性。福柯认为:"历史研究的首要任务已不是解释文献、确定它的真伪及其表述的价值,而是通过了解文献的生成制作情形确定其内涵和意义的建构过程。"① 本书在对私修谱牒叙事研究中,力图客观描述其叙事构成的主要方面,并探究其编纂者在编纂过程中的意识结构,存在于编纂者背后的社会性与文化性的规范,以及宗族本身所具有的文化观念,等等。本书通过谱牒与叙事相结合的形式开展研究,在注重私修谱牒文本叙事形式的同时,还特别注重谱牒叙事所隐含的文化观念论析。通过这个分析,可以得出以下结论:

　　第一,私修谱牒的叙事研究可以成立。私修谱牒本身是中国历史的组成部分,中国学者在官修谱牒叙事方面的研究已颇有建树,私修谱牒与官修谱牒无论是在叙事形式上还是叙事内容上既有相似也有差异,运用历史叙事学理论研究私修谱牒的可能性和必要性无可置疑。

　　第二,尽管因为私修谱牒丰富多彩,多种多样,但从叙事学角度看,仍然可以从中归纳出一些大体相同或相近的叙事模式、规范、体例,它们仍然潜含着某些共同的文化内涵,发挥着某些共同的文化功能;

　　第三,私修谱牒叙事研究可以为历史叙事研究提供了一个新空间,开拓一个新领域,私修谱牒叙事拓宽了历史叙事研究的空间。同时,当私修谱牒叙事研究成为可能的时候,随之而来的一个问题是,官修谱牒应该存在了历

---

① 米歇尔·福柯:《知识考古学》,谢强、马月译,生活·读书·新知三联出版社,1998年版,第6页。

史叙事的何种位置,或进一步说私修谱牒与官修谱牒在叙事特征、文化内涵和功能上有相同和不同之处,它们各自的关系和价值何在等等,都是由此衍生出的研究课题。我希望后来的研究者能对此展开研究。

这本书之所以能够完成,首先,要感谢我的硕士生导师张开焱先生,自2011年9月至2014年7月,在湖北师范大学跟随张先生研读文艺学,方向是叙事学。张先生是中国文化叙事学和中国神话叙事学的最早开拓者和建构者,本书理论视角来自于历史叙事学和文化叙事学,谨蒙张先生诲教、疑惑冰释、悉心指导,方略懂并尝试论文写作。

其次,要感谢我的博士生导师胡彬彬先生,胡先生是中国村落文化研究第一人。为抢救保护和研究中国传统村落文化,胡先生倾一己之力,奔走在中国传统村落的街巷,夙兴夜寐,殚精竭虑,食不甘味,把中国传统村落文化的保护推向了国家文化保护战略,把中国村落文化的研究引入国家人文学科研究的领域。吾之愚钝,学术难登大雅之堂,蒙胡先生不弃,收于中南大学中国村落文化研究中心,攻读民俗学博士学位。

再次,要感谢郑州商学院校长吴泽强教授等诸位领导,给予我努力工作和潜心学习的环境;要感谢青岛大学著名人类学家杜靖教授,虽未谋面,但五年来在我的学术之路给予了诸多帮助,获益良多;要感谢湖北家谱收藏中心夏明智调研员,在研究过程中提供了部分西方私修谱牒叙事文本,让我有机会了解西方私修谱牒;要感谢研究生同学赵梦楠,在写作过程中进行了思想交流,扩展了我的视野;要感谢博士同学范哲林、谢珏璇和王梦琪,他们为本书做了许多文句校对工作。

最后,感谢我的父母及家人这么多年来为我默默的付出,我所取得的每一点进步,都凝聚着他们大量的心血。每每遇到学术困境,看到家人无怨无悔的付出,内心感动油然而生,并给予我更加努力的动力。

此外,感谢郑州大学出版社各位领导和专家们,感谢他们对我这本书的意见与建议。斗胆握管、略述浅薄,中国私修谱牒叙事研究才刚刚开始,囿于学识,其中观点难免有争议,不足之处,恳请诸位师长指正。

参考文献

一、著作类

[1]习近平.决胜全面建成小康社会,夺取新时代中国特色社会主义伟大胜利:在中国共产党第十九次全国代表大会上的报告[M].北京:人民出版社,2017.

[2]论语[M].北京:中华书局,1980.

[3]刘昫.旧唐书[M].北京:中华书局,1975.

[4]杜佑.通典[M].北京:中华书局,1988.

[5]司马迁.史记(卷13)[M].北京:中华书局,1959.

[6]申时行等修.明会典(万历朝重修本)[M].北京:中华书局版,1989.

[7]张载.张载集·经学理窟·宗法[M].北京:中华书局,1978.

[8]阿桂等纂.大清律例[M].北京:中华书局,2015.

[9]钱锺书.管锥编[M].北京:中华书局,1979.

[10]孙作云.诗经与周代社会研究[M].北京:中华书局,1966.

[11]郭庆藩.庄子集释[M].北京:中华书局,1961.

[12]来保.大清通礼[M].北京:四库馆,1868.

[13]冯尔康.中国宗族制度与谱牒编纂[M].天津:天津古籍出版社,2011.

[14]王鹤鸣,王澄.中国家谱史图志[M].安徽:科学技术出版社,2012.

[15]王鹤鸣.中国家谱通论[M].上海:上海古籍出版社,2011.

[16]钱杭.宗族的世系学研究[M].上海:复旦大学出版社,2011.

[17]葛兆光.中国思想史(第一卷)[M].上海:复旦大学出版社,2001.

[18]常建华.宗族志[M].上海人民出版社,1998.

[19]王逢振等编.最新西方文论选[M].南宁:漓江出版社,1991.

[20]李泽厚.美的历程[M].北京:北京文物出版社,1981.

[21]高小康.中国古代叙事观念与意识形态[M].北京:北京大学出版社,2006.

[22]申丹,王丽亚.西方叙事学:经典与后经典[M].北京:北京大学出版社,2010.

[23]杨义.中国叙事学(图文版)[M].北京:人民出版社出版,2009.

[24]杨义.重绘中国文学地图[M].北京:中国社会科学出版社,2003.

[25]傅修延.文本学:文本主义文论系统研究[M].北京:北京大学出版社,2004.

[26]傅修延.先秦叙事研究:关于中国叙事传统的形成[M].北京:东方出版社,2007.

[27]傅修延.中国叙事学[M].北京:北京大学出版社,2015.

[28]张开焱.文化与叙事[M].北京:中国三峡出版社,1994.

[29]张开焱.神话叙事学[M].北京:中国三峡出版社,1994.

[30]张开焱.世界祖宗型神话[M].北京:中国社会科学出版社,2016.

[31]胡亚敏.叙事学[M].武汉:华中师范大学出版社,2008.

[32]龙迪勇:空间叙事学[M].上海:生活·读书·新知三联书店,2015

[33]张寅德选编.叙事学研究[M].北京:中国社会科学出版社,1989.

[34]叶舒宪,田大宪.中国古代神秘数字[M].北京:社会科学文献出版社,1998.

[35]叶舒宪.玉石神话信仰与华夏精神[M].上海:复旦大学出版社,2019.

[36]张光直.中国青铜时代(二集)[M].上海:生活·读书·新知三联书店,1990.

[37]陈新.西方历史叙述学[M].北京:社会科学文献出版社,2005.

[38]中国社会科学院科研局组织编选.杨希枚集[M].北京:中国社会科学出版社,2018.

[39]孔颖达.春秋左传正义[M].上海:上海古籍出版社,2000.

[40]丁鼎.《仪礼·丧服》考论[M].北京:社会科学文献出版社,2003.

[41]林耀华.金翼:一个中国家族的史记[M].上海:生活·读书·新知三联书店,2018.

[42]孔颖达.礼记正义·大传[M].上海:上海古籍出版社,2008.

[43]赵国华.生殖崇拜文化论[M].北京:中国社会科学出版社,1991.

[44]王铁.中国东南的宗族与族谱[M].上海:汉语大词典出版社,2002.

[45]丁凌华.中国丧服制度史[M].上海:上海人民出版社,2000.

[46]顾燕.中国家谱堂号溯源[M].上海:上海古籍出版社,2015.

[47]许烺光.祖荫下:中国乡村的亲属·人格与社会流动[M].王芃,徐隆德,译,台北:南天书局,2001.

[48]韦昭.《国语·楚语上》注[M].上海:上海古籍出版社,1978.

[49]李鼎祚.周易集解(第四卷)[M].北京:中国书店,1984.

[50]贾公彦.周礼注疏(卷十三经注疏)[M].上海:上海古籍出版社,1990.

[51]黄怀信等.逸周书汇校集注(修订本卷二)[M].上海:上海古籍出版社,2007.

[52]谢维扬.周代家庭形态[M].北京:中国社会科学出版社,1990.

[53]白书斋.白居易家谱[M].北京:中国旅游出版社,1983.

[54]赵国华.生殖崇拜文化论[M].北京:中国社会科学出版社,1991.

[55]刘黎明.祠堂·灵牌·家谱:中国传统血缘亲族习俗[M].成都:四川人民出版社,1993.

[56]杜若甫.中国少数民族姓氏[M].北京:民族出版社,2011.

[57]毛奇龄.清经解续编(卷二三)[M].上海:上海书店出版社,1988.

[58]吴灿.明清祖宗像研究[M].长沙:湖南美术出版社,2019.

[59]夏炘.圣谕十六条附律易解[M].南京:江苏书局刊,1868.

[60]李学勤.中华汉语工具书库·雅书部[M].合肥:安徽教育出版社,2002,第43册.

[61]李学勤.中华汉语工具书库·雅书部[M].合肥:安徽教育出版社,2002,第36册.

[62]吕诚之.中国宗族制度小史[M].上海:龙虎书店,1953.

[63]云南迪庆藏族自治州民族事务委员会.居次勒俄[M].昆明:云南民族出版社,1993.

[64]陈朝贤,杨质昌.彝族创世志:谱牒志(一)[M].成都:四川民族出版社,1991.

[65]毕节地区民族事务委员会.西南彝志(一、二)[M].毕节地区彝文翻译组,译.贵阳:贵州民族出版社,1988.

[66]毕节地区民族事务委员会.西南彝志(三、四)[M].毕节地区彝文翻译组,译.贵阳:贵州民族出版社,1991.

[67]王子国.土鲁窦吉[M].贵阳:贵州民族出版社,1998.

[68]黄建明,巴莫阿依.中国少数民族原始宗教经籍汇编·毕摩经卷[M].北京:中央民族大学出版社,2009.

[69]丁文江.爨文丛刻[M].贵阳:贵州民族出版社,2014.

[70]楚雄彝族自治州人民政府.彝族毕摩经典译注(第四十卷夷僰源流)[M].昆明:云南民族出版社,2008.

[71]张序宗辑.家礼会通(集新堂藏版)[M].长沙:中南大学中国村落文化研究中心影印版,1734.

[72]马克思.摩尔根《古代社会》一书摘要[M].科学历史研究所,译.北京:人民出版社,1965.

[73]马克思,恩格斯.马克思恩格斯选集(第四卷)[M].中共中央马克思恩格斯列宁斯大林著作编译局,译.北京:人民出版社,1972,第18页。

[74]恩斯特·卡西尔.神话思维[M].黄龙保,周振,选译.北京:中国社会科学出版社,1992.

[75]恩斯特·卡西尔.人论[M].甘阳,译.上海:上海译文出版社,1986.

[76]黑格尔.历史哲学[M].王造时,译.上海:上海书店出版社,2001.

[77]莱辛.拉奥孔[M].朱光潜,译.上海:人民出版社,1984.

[78]海德格尔.存在与时间[M].陈嘉映,王庆节,译.上海:读书·生活·新知三联书店,1987.

[79]杰拉德·普林斯.叙述学词典[M].乔国强,译.上海:上海译文出

版社,2011.

[80]海登·怀特.元历史·十九世纪欧洲的历史想象[M].陈新,译.南京:译林出版社,2003.

[81]海登·怀特.形式的内容:叙事话语与历史再现[M].董立河,译.北京:文津出版社,2005.

[82]海登·怀特.后现代历史叙事学[M].陈永国,张万娟,译.北京:中国社会科学出版社出版,1997.

[83]弗雷德里克·詹姆逊.政治无意识[M].王逢振,陈永国,译.北京:中国社会科学出版社,1999.

[84]托伯特·哈姆林.建筑形式美的原则[M].北京:中国建筑工业出版社,1982.

[85]米歇尔·福柯.知识考古学[M].谢强,马月,译.上海:生活·读书·新知三联书店,1998.

[86]埃米尔·本维尼斯特.普通语言学问题[M].王东亮,译.上海:生活·读书·新知三联书店,2008.

[87]热拉尔·热奈特.叙事话语·新叙事话语[M].王文融,译.北京:中国社会科学出版社,1990.

[88]米克·巴尔.叙述学:叙事理论导论(第二版)[M].谭君强,译.北京:中国社会科学出版社,2003.

[89]E.H.卡尔.历史是什么[M].陈恒,译.商务印书馆出版,2007.

[90]列维-斯特劳斯著.野性的思维[M].李幼蒸,译.北京:商务印书馆出版,1997.

[91]列维-斯特劳斯.人类学讲演集[M].张毅声,译.北京:中国人民大学出版社,2007.

[92]列维-斯特劳斯.图腾制度[M].渠敬东,译.商务印书馆,2015.

[93]列维-布留尔.原始思维[M].丁由,译.北京:商务印书馆,2004.

[94]茱莉亚·克里斯蒂娃.符号学:符义分析探索集[M].史忠义,译.上海:复旦大学出版社,2015.

[95]亨利·伯格森.创造进化论[M].姜志辉,译.商务印书馆,2004.

[96]萨特.存在主义是一种人道主义[M].周煦良,汤废学宽,译.上海:

上海译文出版社,1988.

[97]米歇尔·巴斯图罗.纹章学:一种象征标志的文化[M].谢军瑞,译.上海:上海书店出版社,2002.

[98]巴赫金.巴赫金全集(第三卷)[M].白春仁,晓河,译.石家庄:河北教育出版社,1998.

[99]普列汉诺夫.没有地址的信·艺术与社会生活[M].曹葆华,译.人民文学出版社,1962.

[100]濑川昌久.族谱:华南汉族的宗族·风水·移居[M].钱杭,译.上海书店出版社,1999.

[101]高延.中国的宗教系统及其古代形式、变迁、历史及现状[M].林艾岑,译.广州:花城出版社,2018.

[102]沃尔什.历史哲学导论[M].何兆武,张文杰,译.桂林:广西师范大学出版社,2001.

二、期刊类

[1]武新立.中国的家谱及其学术价值[J].历史研究,1988(4):34.

[2]葛剑雄.家谱:作为历史文献的价值和局限[J].历史教学问题,1997(6):3.

[3]黎小龙.从民族学资料看家谱起源[J].谱牒学研究,1992(3):26.

[4]杨冬荃.中国家谱起源研究[J].谱牒学研究,1989(1):74.

[5]杨冬荃.周代家谱研究[J].谱牒学研究,1991(2):46.

[6]常建华.元代族谱研究[J].谱牒学研究,1992(3):46.

[7]王鹤鸣.《中国家谱总目》的编纂[J].国家图书馆学刊,2008(1):38.

[8]钟科.探求自己的叙事理论:中国社科院文论室邀请在京专家召开张开焱叙事文化学专著座谈会综述[J].湖北师范学院学报,1995(4):28.

[9]俞林波.上古金文谱牒及其叙事艺术[J].中南民族大学学报(人文社会科学版),2016(6):163.

[10]石坚平.民间故事、地方传说与祖先记忆:以广府地区族谱叙事中的罗贵传奇为中心[J].广东社会科学,2013(4):111.

[11]葛孝亿,陈岭.学业与志业:近代中国族谱叙事中的新女性:基于江西吉安 M 家族知识女性的考察[J].中国教育:研究与评论,2019 年(2):92.

[12]张惟捷,宋雅萍.从一版新材料看甲骨文家谱刻辞的真伪问题[J].出土文献与古文字研究,2018(1):27.

[13]龙迪勇.图像叙事:空间的时间化[J].江西社会科学,2007(9):42.

[14]敏泽.钱钟书先生谈"意象"[J].文学遗产,2000(2):2-4.

[15]薛瑞泽.河洛地区的地域范围研究[J].洛阳师范学院学报,2005(1):5.

[16]王光荣.从民族民间文化谈彝族谱牒家支[J].贵州民族研究,1991(7):71.

[17]赵炎秋.要素与关系:中西叙事差异试探[J].外国文学研究,2018(3):44.

[18]张开焱.叙事作品三维结构的文化基础与精神特征[J].东方学刊,2000(4):6-9.

[19]张开焱.启铸九鼎与夏人神话宇宙圣数[J].井冈山大学学报(社会科学版),2013(15):110.

[20]张开焱.夏商创世神话的宇宙圣数与中国文化元编码刍议[J].民族文学研究,2016(4):15-17.

[21]张开焱.意识形态诗学的主体论和文化论视角[J].广东职业技术学院学报,2000(3):16.

[22]黄尚军,王振.成都市新都客家三献礼的主要流程与功能:基于近十年来对新都及周边地区的田野调查[J].西华大学学报(哲学社会科学版),2016(3):4.

[23]杨逸.浦江郑氏家族的〈家礼〉实践:以家族祭祀活动为中心[J].文化遗产,2016(6):111-122.

[27]杜靖.大、小首人制度:山西曲沃靳氏宗族祭仪研究[J].民族论坛,2016(7):53.

[25]杜靖.再议五服与宗族的关系问题:与历史学家钱杭教授的再讨论[J].长江师范学院学报,2016(4):63-64.

[26]赵华富.关于徽州宗族制度的三个问题[J].安徽史学,2003

(4):52.

[24]王衍村,秦明晓.漫谈中国姓氏堂号[J].中州今古,1997(11):46.

[28]傅修延.一时代有一时代之叙事:关于中国叙事传统的形成与变革[J].文学评论,2018(3):63.

[29]傅修延.论叙事传统[J].中国比较文学,2018(2):2.

[30]傅修延.试论青铜器上的"前叙事"[J].江西社会科学,2008(5):35.

[31]傅修延.论叙事传统[J].中国比较文学,2018(2):2.

[32]周宪.说不尽的"拉奥孔":文学与其他艺术关系史的一个考察[J].中国比较文学,2020(3):54.

[33]邹贤敏.世系·文化·历史观[J].湖北大学学报(哲学社会科学版),2007(1):78.

三、博士论文

[1]杜靖.闵氏宗族及其文化的再生产:一项历史结构主义的民族志实践[D].北京:中央民族大学,2005:106-111.

[2]李社教.张扬之美:三星堆文化审美透视[D].武汉:华中师范大学,2006:35-50.

附 录

河洛地区部分私修谱牒名称一览表

一、洛阳市(19套)

1. 洛阳徐家营崔氏族谱 1 册
2. 洛阳蒙古族李氏家谱 1 册
3. 周氏宗谱 1 册
4. 刘氏家谱 1 册
5. 卢氏家谱 2 册
6. 韩文公家谱(天治门后裔) 1 册
7. 白居易家谱 1 册
8. 黄氏家谱 1 册
9. 邵氏家谱 1 册
10. 郭氏家谱 1 册
11. 乔氏家谱 2 册
12. 谢氏宗谱 1 册
13. 张氏家谱 2 册
14. 潘氏家谱 1 册
15. 金氏家谱 1 册
16. 郭氏家谱 1 册
17. 西王村孙氏家谱 1 册
18. 许氏家谱(河南省洛宁县赵村乡东方村) 1 册

19. 乔氏族谱 1 册

二、孟津(73 套)

20. 吕家村吕氏家谱 2 册

21. 孟津任氏族谱(四门)4 册

22. 郭氏家谱 1 册

23. 孟津县花园村孙氏家谱 4 册

24. 孟津任氏族谱五门 5 册

25. 豫西太原王氏乘王氏宗谱 1 册

26. 孟津孙氏宗谱 1 册

27. 李氏家谱 1 册

28. 郭氏家谱 1 册

29. 孙氏家谱 1 册

30. 郭氏家谱 1 册

31. 孟津李氏家谱 1 册

32. 追远堂李氏家谱 1 册

33. 李氏族谱 1 册

34. 李氏宗谱(五门)5 册

35. 李氏家谱 1 册

36. 尚氏家谱 1 册

37. 周氏家谱 2 册

38. 袁氏族谱 1 册

39. 赖氏家谱 1 册

40. 张氏宗谱 2 册

41. 和氏家谱 1 册

42. 栾氏宗谱 1 册

43. 孟津杨氏宗谱 1 册

44. 李氏宗谱 1 册

45. 林沟村郭氏家谱 1 册

46. 高氏旺公世系妯娌村宗谱 2 册

附录 河洛地区部分私修谱牒名称一览表

47. 孔氏家谱 3 册

48. 孟津王氏家谱 1 册

49. 孟津衡水韩氏宗谱 1 册

50. 卢氏家谱 1 册

51. 杨氏宗谱 1 册

52. 孟津横水崔氏家谱 1 册

53. 孟河家谱 2 册

54. 李氏族谱 1 册

55. 王氏家谱 1 册

56. 陈氏家谱 1 册

57. 薛氏族谱 1 册

58. 郭氏家谱 1 册

59. 李氏宗谱 2 册

60. 陈氏家谱 1 册

61. 崔氏宗谱 1 册

62. 安氏族谱 1 册

63. 卢氏宗谱 1 册

64. 乔氏族谱 1 册

65. 梁氏家谱 1 册

66. 赵氏家谱 2 册

67. 屈氏宗谱 1 册

68. 刘氏宗谱 1 册

69. 杜氏宗谱 1 册

70. 乔氏家谱 1 册

71. 何氏族谱 1 册

72. 创修吴氏宗谱 1 册

73. 吴氏家谱 1 册

74. 梁氏长华支谱 1 册

75. 朱氏世谱 2 册

76. 谢氏宗谱 1 册

77. 韩氏宗谱 1 册

78. 小浪底贾氏宗谱 1 册

79. 李氏家谱 1 册

80. 杨氏宗谱 1 册

81. 卫氏家谱 1 册

82. 周氏宗谱 2 册

83. 卢氏宗谱 3 册

84. 刘氏世系 2 册

85. 萧氏家谱 1 册

86. 许氏家谱 1 册

87. 畅氏家谱 1 册

88. 邱氏家谱 1 册

89. 河阳薛氏族谱 1 册

90. 卢氏族谱 1 册

91. 屈氏家谱 1 册

92. 丘氏家乘 2 册

三、洛宁(55 套)

93. 贾氏族谱 1 册

94. 杨氏家谱 1 册

95. 韦氏家谱 1 册

96. 张氏宗谱 1 册

97. 魏氏宗谱 3 册

98. 曹氏家谱 1 册

99. 司马氏族谱 1 册

100. 郭氏宗谱 1 册

101. 赵氏家谱 1 册

102. 谢氏宗谱 1 册

103. 杨氏族谱 1 册

104. 赵氏世系总谱 1 册

105. 杨氏家谱 1 册

106. 薛氏家谱（河东世第）2 册

107. 牛氏家谱 1 册

108. 张姓家谱 1 册

109. 亢氏乾门世系家谱 1 册

110. 王氏家谱（三槐世第）1 册

111. 张氏家乘 2 册

112. 张氏家谱（清河氏）1 册

113. 张氏族谱 1 册

114. 宋氏世谱 1 册

115. 郑氏老家谱遵旧 3 册

116. 段氏家谱 1 册

117. 张氏家谱（世德堂）2 册

118. 韦氏家谱（三门支谱）2 册

119. 田氏家谱 1 册

120. 完颜家乘 1 册

121. 焦族家谱 1 册

122. 白氏家族历代家谱 1 册

123. 白氏历代家谱 1 册

124. 张氏家谱 1 册

125. 雷氏家谱 1 册

126. 上庄王姓家谱 1 册

127. 夏氏家谱 1 册

128. 王氏家书 1 册

129. 韦氏家谱 1 册

130. 韦氏世谱 2 册

131. 韦氏家谱 1 册

132. 李氏家谱 1 册

133. 李氏家谱 1 册

134. 李氏家谱 1 册

135. 马氏族谱 1 册

136. 孙氏族谱 1 册

137. 王公家谱 1 册

138. 西林张氏世系考 2 册

139. 杜氏家谱 1 册

140. 洛宁谭氏族谱 1 册

141. 邢氏族谱 1 册

142. 陇西氏家谱 2 册

143. 卫氏家谱 1 册

144. 杜氏家谱 2 册

145. 韦氏家谱 1 册

146. 陈吴张氏族谱 1 册

147. 城村张氏族谱 1 册

四、宜阳(14 套)

148. 洛阳(宜阳)裴氏家谱 1 册

149. 宜阳吕氏宗谱 1 册

150. 李氏家谱(密) 1 册

151. 王氏族谱 1 册

152. 薛氏长门家谱 2 册

153. 凡村张氏家谱 1 册

154. 刘氏一脉家谱 1 册

155. 魏氏家谱 2 册

156. 郭氏宗谱 1 册

157. 仝氏宗谱 1 册

158. 周氏家族志 1 册

159. 王氏宗谱 2 册

160. 崔氏家谱 1 册

161. 张氏族谱(宜阳县三乡乡东柏坡支下河西分支) 1 册

五、新安(17套)

162. 新安吕氏宗谱 1 册

163. 洛阳田氏家谱 1 册

164. 裴氏族谱 1 册

165. 王氏族谱(四世五门景祖之后) 1 册

166. 高氏宗谱 1 册

167. 韩氏宗谱 1 册

168. 雷氏宗谱 1 册

169. 孟子后裔新安支谱 3 册

170. 新安卓公支谱 1 册

171. 姬氏宗谱 1 册

172. 高氏宗谱 1 册

173. 庞氏新安支派家谱 1 册

174. 聂氏族谱 1 册

175. 王氏宗谱 2 册

176. 高氏宗谱 1 册

177. 郑氏宗谱 1 册

178. 新安古氏七修族谱 1 册

六、伊川(7套)

179. 周氏宗谱 1 册

180. 伊川县古城村吴氏家谱 1 册

181. 河南程氏正宗世系 2 册

182. 范氏家谱(伊川忠宣房系) 2 册

183. 程子伊川支谱 2 册

184. 刘氏族谱 1 册

185. 伊川宋氏族谱 1 册

七、偃师(6套)

186. 黄氏家传 1 册

187. 萧氏家谱 1 册

188. 曹氏族谱 1 册

189. 锁氏家谱 1 册

190. 梅氏家谱 1 册

191. 偃师李氏家谱 1 册

192. 偃师黄氏族谱 1 册

193. 孙氏家谱 1 册

194. 李氏家谱 1 册

195. 秦氏族谱 1 册

191. 偃师房氏族谱 1 册

八、嵩县(11 套)

192. 嵩县王氏宗谱 2 册

193. 韩文公家谱 1 册

194. 嵩伊宋氏族谱 1 册

195. 河南嵩县宋岭程氏支谱 1 册

196. 卞氏宗谱 1 册

197. 张氏家乘 4 册

198. 窦氏家谱 1 册

199. 嵩县孟氏族谱 1 册

200. 常氏家谱 1 册

201. 郭氏族谱 1 册

202. 李氏家乘 1 册

203. 毛氏家谱 1 册

九、栾川(14 套)

204. 河南卢氏涧西,李氏宗史 2 册

205. 黄氏家谱 1 册

206. 栾川林氏族谱 1 册

207. 赵氏家谱 1 册

208. 胡氏家谱 1 册

209. 严氏族谱 2 册

210. 金氏家乘 2 册

211. 袁氏家谱 1 册

212. 栾川姜氏族谱 1 册

213. 邱氏家谱 1 册

214. 东氏家谱 1 册

215. 栾川朱氏家乘 1 册

216. 洪氏家谱 1 册

217. 姚氏家谱 1 册

十、汝阳(11 套)

218. 汝阳县吕氏宗亲志 1 册

219. 冯氏家谱 1 册

220. 邹氏家谱 2 册

221. 吴氏家乘 1 册

222. 费氏家谱 1 册

223. 汝阳申氏族谱 1 册

224. 夏氏家谱 1 册

225. 刘氏家谱 1 册

226. 水氏族谱 1 册

227. 汝阳樊氏宗谱 1 册

228. 皇甫氏族谱 1 册

十一、巩义(7 套)

229. 李氏族志 2 册

230. 杜氏家谱 1 册

231. 巩义蒋氏家谱 1 册

232. 巩义孝义韩氏族谱 1 册

233. 徐氏家谱 1 册

234.巩义方氏家谱1册

235.郝氏家谱(北山口镇南山口村)1册

十二、固始(1套)

236.固始裴氏宗谱1册